ZAUBER DER GARTENWELT

EVERGREEN is an imprint of Benedikt Taschen Verlag GmbH

Hohenzollernring 53, D–50672 Köln

Text, Abbildungen, Layout und Konzeption: Michel Saudan und Sylvia Saudan-Skira, Genf
Einleitung: François Crouzet
Übersetzung: Sylvia Höfer und Werner Kügler für GAIA Text, München
Redaktion und Realisation der deutschen Ausgabe: GAIA Text, München
Koordination: Petra Hugenschmidt, Köln
Lektorat: Brigitte Hintzen-Bohlen, Köln
Umschlag: Mark Thomson, London

Printed in Italy
ISBN 3-8228-7831-6

MICHEL SAUDAN
SYLVIA SAUDAN-SKIRA

ZAUBER DER GARTENWELT

evergreen

Inhalt

Einleitung

Alle Gärten spiegeln die Seele von Kindern.

Kinder werden erwachsen – und müssen erkennen, daß das, was ihnen einzigartig erschien, alltäglich, und alles, was sie für ewig hielten, vergänglich ist. Sie entdecken, daß alles, was ihnen lieb war, zwischen den Fingern zerrinnt.

Später werden sie glücklicherweise eine weitere Entdeckung machen: Alles vergeht, doch alles ersteht auch aufs Neue. Schöner als alle Gärten sind die Erinnerungen, die sie hinterlassen, die Sehnsüchte, die Träume, die Geister der Gärten, die Gärten, die man beim Anblick eines Blumenstraußes atmet oder mit geschlossenen Augen vor sich sieht, die Gärten der Vergangenheit.

Von seiner Reise nach Amerika, zu Gast beim Gouverneur von Saint-Pierre, berichtet Chateaubriand:

„Aus einem kleinen, blühenden Bohnenbeet entwich ein delikater und anmutiger Heliotropenduft; keine heimatliche Brise trug ihn heran, sondern ein stürmischer Neufundlandwind, der zu dieser Pflanze im Exil keinerlei Beziehung hatte, ihr keine freudig erinnernde Sympathie entgegenbrachte. Diesen Duft hatte die Schönheit nicht geatmet, nicht an ihrem Busen verfeinert und über ihren Spuren schweben lassen. Aber er weckte in mir Erinnerungen an Morgenröte, an Kultur und vornehme Welt; er trug die Melancholie der Sehnsucht in sich, der Trennung und der verlorenen Jugend."

Und Proust in Combray am Beginn seiner *Suche nach der verlorenen Zeit*:

„Und gewiß, wenn sie lange betrachtet wurden von dem bescheidenen Wanderer, von dem seinen Träumen nachhängenden Kind – so wie ein König von einem in der Menge verlorenen Chronisten unbemerkt begleitet wird – hat dies Eckchen hier der Natur, jener Gartenwinkel dort nicht geahnt, daß sie es ihm zu danken haben, wenn sie dazu berufen sind, in ihren flüchtigsten Eigentümlichkeiten die Zeiten zu überdauern; und doch hat meine gesteigerte Aufnahmebereitschaft damals den Duft des Weißdorns, der über den Hecken schwebte, wo die Heiderosen ihn bald schon ablösen würden, das gedämpfte Geräusch von Schritten auf dem Kies einer Gartenallee, eine Blase, die das Wasser des Flusses am Stengel einer Seerose nach oben steigen und zerplatzen ließ, durch so viele aufeinanderfolgende Jahre hindurch mit sich weitergetragen, während ringsum die Wege verschwunden und die Menschen gestorben sind, die darauf wandelten."

Zwei Textstellen, deren Ähnlichkeit betroffen macht, die wie Stimme und Echo wirken, wie ein Gegenstand und seine Spiegelung im Wasser.

Alle Gärten sind Gärten der Erinnerung. Ihre Geschichte hat nicht erst gestern begonnen. Sie hat ihre Wurzeln bei den Griechen und Römern, aber auch bei den Ägyptern, Persern, Türken und Chinesen. In Europa fing alles mit den Italienern an – noch einmal an. Auch die Franzosen haben Anteil an dieser Geschichte. Zwar wurde die Idee, den Garten als schrittweise Erleuchtung zu sehen, als Einweihung, die zur Offenbarung in der Tiefe des Waldes führt, im Italien der Renaissance geboren. Die kunstvolle Unordnung der anglo-chinesischen Gärten wurde in England erfunden. Das Verdienst der Franzosen aber war es, in der Natur immer den Menschen im Blick zu behalten.

So schreibt Charles Perrault, der große französische Märchenerzähler – und gleichen die Gärten im Grunde nicht den Märchen? – folgendes:

„Nachdem der Tuileriengarten neu angelegt worden war, so wie wir ihn heute kennen, sagte Monsieur Colbert zu mir: ‚Laßt uns in die Tuilerien gehen, um die Tore zu schließen. Der Garten muß dem König vorbehalten bleiben; man darf nicht zulassen, daß ihn das Volk zertrampelt und binnen Kürze dem Erdboden gleichmacht.' Seine Entscheidung erschien mir sehr unfreundlich und ärgerlich für ganz Paris. Als wir in die große Allee einbogen, sagte ich zu ihm: ‚Monsieur, Ihr würdet nicht für möglich halten, welche Achtung jedermann bis hin zum geringsten Bürger diesem Garten entgegenbringt; nicht nur, daß Frauen und Kinder niemals auf den Gedanken kämen, auch nur eine einzige Blume zu pflücken, sie wagen es nicht einmal, sie zu berühren. Alle verhalten sich so, wie es verständigen Bürgern geziemt; die Gärtner können es Euch bezeugen; alle Welt fände es höchst betrüblich, wenn der Garten der Öffentlichkeit nicht mehr zugänglich wäre.'

‚Nur Nichtstuer kommen hierher', warf er ein. ‚Menschen, die krank waren und frische Luft genießen möchten, kommen hierher', erwiderte ich, ‚andere, weil sie über Geschäfte zu sprechen haben oder über Heiratsangelegenheiten oder einfach über Dinge, die man passender in einem Garten als in einer Kirche bespricht –

denn dort wird man sich künftig treffen müssen. Ich bin überzeugt', fuhr ich fort, daß die Gärten der Könige nur deshalb so weitläufig angelegt wurden, damit alle ihre Untertanen darin spazierengehen können.'

Meine feurige Rede war ihm immerhin ein Lächeln wert, und da sich unterdessen die meisten Gärtner der Tuilerien bei uns eingefunden hatten, befragte er sie, ob denn das Volk in ihrem Garten nicht großen Schaden anrichte: ‚Keineswegs, Monseigneur', antworteten sie fast alle wie aus einem Munde, ‚die Leute gehen nur spazieren und sehen sich alles an.'

Monsieur Colbert machte seinen Rundgang, gab seine Anweisungen und sprach nie mehr davon, irgend jemandem den Zutritt zu dem Garten zu untersagen."

Die Szene könnte von Molière erdichtet sein: das ewige Aneinandervorbeireden von Menschlichkeit und Amtsperson. Der selbstgefällige Hochmut des in seine Gewißheiten verbohrten Technokraten, der manchmal wie durch ein Wunder seine Meinung ändert, sich dem Klügeren anschließt und dabei so tut, als sei nichts gewesen.

Vor allem wird hier deutlich, was ein Garten im Frankreich des 17. Jahrhunderts darstellt: einen Salon in der Natur. Im darauffolgenden Jahrhundert verfallen die Franzosen eher der Laune, die Natur in ihre Salons zu verpflanzen – und darin liegt womöglich der ganze Unterschied zwischen einem französischen und einem englischen Garten.

In Paris besucht man die Tuilerien, den Jardin du Luxembourg oder den Jardin des Plantes, so wie man in Madrid in die Kirche geht, in Amsterdam oder Frankfurt ins protestantische Gotteshaus oder an die Börse und in Neapel, Rom oder Siena auf die Piazza – zum Vergnügen oder aus ernsthaften Gründen: Liebe, Gesundheit, Familienangelegenheiten, Regelung wichtiger Fragen. Hier treffen weder neuplatonische Philosophen noch exzentrische Lords noch Schwärmer wie der junge Werther aufeinander: Alle verhalten sich so, wie es verständigen Bürgern geziemt. Das ist alles.

Aber der Garten ist nicht nur Abbild, Modell und Symbol der Weisheit, der lenkenden Vernunft und der Kunst der Lebensführung, er ist auch eine Quelle der Verirrungen, Träumereien und Spielereien. Das frische Wasser der Bassins und Springbrunnen, in denen sich die Seele des Dichters spiegelt. „Alles Sonderbare am Menschen, alles, was in ihm an einen Vagabunden und Verirrten erinnert, könnte in diesen beiden Silben enthalten sein: Garten", sagt Aragon.

Ist der Garten nun ein Symbol der Weisheit oder der spielerischen Narrheit?

Wo wir zunächst nur ein vergnügliches Gebilde der Phantasie sehen, in dem wir uns nach Lust und Laune bewegen können, erkennen wir bei näherem Hinsehen, daß hinter den Kulissen ein Wille am Werk ist. Der Garten ist ein Weg, den wir gehen sollen – und nicht immer ein bequemer. Schon Kierkegaard hat gesagt: „Nicht der Weg ist schwierig, die Schwierigkeit ist der Weg." So nimmt alles Gestalt an. Schritt für Schritt enthüllt sich uns die Absicht, die sich hinter der Gartenkunst verbirgt, ein subtiles Lebenssystem, eine allgemeine Naturphilosophie. Und langsam, wie ein Wrack, das aus den Tiefen des Meeres gehoben wird, enthüllt sich uns der Sinn des Gartens.

Die Gärten sind Teil der europäischen Kultur. Die Gartenkunst steht den anderen Kunstrichtungen in nichts nach, sie steht auf einer Stufe mit den Konzerten Vivaldis und den Suiten Bachs, den Dichtungen Popes, den Skulpturen Thorvaldsens, Canovas oder Rodins.

Wie die Töne des Komponisten und die Worte des Dichters, der Stein des Bildhauers und die Leinwand des Malers, so verschönern auch die Gärten unsere Welt. Die Angst, die wir angesichts schwindelerregender Abgründe empfinden, das schaudernde Gefühl, das uns in Höhlen befällt, das betäubende Rauschen herabstürzenden Wassers: Das alles verwandeln die von Menschenhand gestalteten Gärten in ein Schauspiel. In Spiegel, Echos, Panoramen und Ausblickspunkte. Der Garten ist eine Welt im kleinen, ist erfaßbare Natur. Uns obliegt es, seine geheimen Gesetze zu entdecken, „die verborgene Rhetorik", wie Baudelaire schrieb.

Gärten sind vor allem Gärten von Dichtern. Für den Dichter ist der Garten etwas, womit er die Mauer der Vernunft durchbrechen und zum Kern der wesentlichen Dinge vordringen kann: der Welt der Kindheit, dem Zauber der Liebe, der unaufhaltsam fliehenden Zeit, dem stechenden Schmerz des Kummers, dem plötzlichen, wunderbaren und doch wehmütig stimmenden Duft der Erinnerung, dem wieder und wieder verlorenen Glück, dem Schatten des Todes.

Über allen Gärten schwebt derselbe unsagbare und unveränderliche Duft. Der Duft, dem Ronsard und Hölderlin nachjagten, Musset, Heine, Nerval, Verlaine, Rilke. Alle waren sie fasziniert von dem Garten, zu dem nur sie den Schlüssel besaßen – fasziniert vom Geheimnis der Grotten und vom Zauber der Brunnen, in denen sich Narciß erblickt und ertrinkt.

„Träumt, schöne Brunnen, träumt von mir, ohne euch
Wäre meine Schönheit und mein Schmerz mir ungewiß",

läßt Valéry das Echo des Narciß seufzen.

Aus den Brunnen klingt uns das Echo der Worte wie Musik entgegen. Gärten haben die Macht, uns durch Zeit und Raum zu tragen, von Italien nach England, von Deutschland nach Frankreich, von der Renaissance ins 19. Jahrhundert, von kunstvollen Beeten in weite Landschaften. Und immer haben sie in den Künstlern eine besondere Saite zum Klingen gebracht: in den Malern und Komponisten, den Dramatikern und natürlich den Dichtern. Den Garten finden wir überall. Zu allen Zeiten sehnten sich die Menschen danach, in den Garten Eden zurückzukehren. Francis Bacon faßt die Sehnsucht in Worte: „Am Anfang legte der allmächtige Gott einen Garten an. So ist der Garten denn auch die reinste aller menschlichen Freuden." Baudelaires großartiger verlorener Garten war eine Stätte der Erinnerungen, der Eindrücke, der Klänge und Düfte:

„Das Paradies der Liebe, wo wir kindlich leben,
Die Lieder, Blumensträuße, Küsse und Neckereien,
Die Geigentöne, welche rings um Hügel schweben,
Bei Krügen voller Wein, am Abend zwischen Hecken."

Aber Gärten haben nicht nur sinnliche oder ästhetische Funktionen. Denken wir an Robinson Crusoe. Als er sich auf seiner einsamen Insel ein Haus gebaut und zum Schutz gegen Angreifer mit Palisaden und Wällen umgeben hatte, als er sich alles geschaffen hatte, was er zum Leben benötigte – Waffen, Werkzeuge, Einrichtungsgegenstände und Vorräte –, fehlte ihm noch etwas Wesentliches: Er legte sich auf seiner Insel einen kleinen Garten mit schattigen Lauben an.

Es scheint, als hätten wir alle ein angeborenes Verlangen nach der Erfrischung und dem geistigen Halt, den uns ein Garten bietet; zumindest jene von uns, die zur „zivilisierten" Gesellschaft gehören. Der Wilde braucht keinen Garten und kann auch nicht verstehen, warum wir einen brauchen. Er ist bereits Teil der Natur, für ihn ist ein Garten unnatürlich und überflüssig, eine Fiktion, an die nur die Stadtbewohner glauben.

Die Gartenkunst hat viel mit der Dichtkunst gemeinsam. Nicht nur, weil das Auswählen und Zusammenstellen von Wörtern etwas Ähnliches ist wie das Auswählen von Pflanzen, das Zurechtschneiden von Bäumen und Hecken und das Anlegen von Wegen. Der Garten gibt der Natur eine neue Form und verwandelt sie, er macht aus ihr mehr als die Summe ihrer Teile. Auf die gleiche Weise verwandelt die Dichtkunst die Sprache, aus der sie hervorgegangen ist. Kunst wird zur Ethik, und Ethik wird zur Kunst. Niemand hat dies besser ausgedrückt als Nietzsche, als er sagte: „Jede Ethik ist das Gegenteil des Sich-gehen-Lassens, sie ist eine Tyrannei, die über die ‚Natur' und über die ‚Vernunft' herrscht." Das Wesentliche einer Ethik, das, was ihren unschätzbaren Wert ausmacht, besteht darin, daß sie eine langfristige Eindämmung der Natur ist.

Um etwa den Stoizismus oder den Puritanismus zu verstehen, müssen wir daran denken, daß Sprache nur dann Lebenskraft und Freiheit erlangt, wenn sie eingegrenzt, unterworfen wird: durch das Metrum, den Rhythmus und den Reim. Zweckorientierte Geister sehen darin eine verrückte Extravaganz, Anarchisten und Freidenker ein Sich-Beugen vor willkürlichen Gesetzen. So seltsam es jedoch klingen mag, nichts, was in der Geschichte des menschlichen Denkens, der Politik, der Künste oder der Ethik von bahnbrechender Wirkung gewesen ist, hat sich ohne die Tyrannei dieser willkürlichen Gesetze entwickelt.

Es war sicherlich kein Zufall, daß die Gartenkunst den vermutlich höchsten Grad der Perfektion erreichte, als die europäische Kultur im Begriff war, ihren Höhepunkt zu überschreiten und einen langen Niedergang zu beginnen. Die Gärten des ausgehenden 18. Jahrhunderts waren Ausdruck einer zu Ende gehenden fröhlichen Grundstimmung. Bald sollte man nicht mehr Gärten, sondern Grünflächen anlegen; an die Stelle von Wiesen, Alleen, Bosketts und Zierbauten traten riesige Spielplätze. Wurden die Gärten einst wegen ihrer Schönheit bewundert, machte man sie nun zu riesigen Erholungsräumen.

Im 18. Jahrhundert, zu Zeiten des Fürsten de Ligne, war der Garten ein Symbol für das Niveau, das die europäische Kultur erreicht hatte, und man war sich sehr klar darüber, was man einem Garten abverlangte. Ja, oft zog man das gleiche Vergnügen aus der Gewißheit, daß die Gärten aus reinem Vergnügen angelegt wurden, wie aus dem tatsächlichen Akt des Genießens. „Abgesehen von meinen Kindern und den zwei oder drei Frauen, die ich leidenschaftlich liebe oder zu lieben glaube," schrieb der Fürst de Ligne an die Marquise de Coigny, „erfreuen mich meine Gärten mehr als alles andere auf der Welt; es gibt nur wenige, die so schön sind; ich liebe es, sie noch mehr zu verschönern; und doch bin ich fast niemals dort."

Die Gärten dieser Zeit schmückte man auch mit Symbolen einer großen Todesvorahnung: mit Grabmälern, zerbrochenen Säulen, Kenotaphen und Urnen. Als Ruinen angelegte Zierbauten wurden zur Modeerscheinung, Ausdruck einer Verspieltheit, die jedoch zugleich durchaus scharfsichtig war: Abgesehen davon, daß sie auf den allgegenwärtigen Schatten des Todes verwiesen, erinnerten sie daran, daß der Feind schon auf der Lauer lag – in Gestalt des Marquis de Sade, von Rousseau, Beethoven und Victor Hugo. Sade verabscheute offene Räume, seine Landschaften waren aus Mauern, Wäldern und Abgründen. Rousseau hingegen war ein gefährlicher Quacksalber mit manischen Zügen, ein falscher Naiver: Sein „Zurück zur Natur" bedeutet das Ende der Gärten, auch wenn das nicht seine Absicht gewesen sein mag. Beethoven war der Mann der Stürme und des Heroischen, das Genie der Befreiung, das die festen Formen sprengte: doch ohne Form keine Gärten. Die Pastorale guillotinierte die aristokratische Gartenkunst und ersetzte sie durch die demokratische Dorfidylle. Victor Hugo empfand jeden Versuch, die Natur ordnend zu gestalten, als eine Bedrohung, alles, was sich nicht naturhaft entwickelte, als Krankheit:

> „Es träumt sich nicht gut hinter Gittern und Toren,
> Die Freiheit wird auf den Feldern geboren
> Und singt auf den Wiesen des blauen Himmels Pracht;
> Der Mensch hat die Gärten, die Felder hat Gott gemacht."

Aber in einer Zeit ohne Gitter und Tore haben die Gärten keine Existenzberechtigung mehr. Bis dahin hatte jeder sie nach seinen Vorstellungen gestaltet und sich daran gefreut, auch anderen Vergnügen zu bereiten. Nunmehr gehörte das Land allen, und jeder langweilte sich. Heute haben die Befreiungsutopien ihre Vollendung erreicht: Zement und Beton.

Gärten sollen nicht die Seele befreien oder eine verborgene Wahrheit enthüllen. Sie sollen uns beglücken, unsere Sinne betören. Gärten sind Dichtung, nicht Wahrheit. Es war gewiß in einem Garten, vielleicht in seinem eigenen, in Belœil, daß der Fürst de Ligne in einem Brief an eine Dame dieses Mozartsche Andante schrieb, den Schwanengesang einer sterbenden europäischen Kultur:

„Ich kann jene nicht erblicken, der ich von ganzem Herzen zugetan bin, aber ich habe gestern einen Brief von ihr erhalten und werde morgen einen weiteren erhalten. In wenigen Tagen werde ich sie, die ich so sehr liebe, wiedersehen. Ich bin ganz in ihrer Nähe. Jetzt aber habe ich eine Aufgabe zu erledigen: Papier und Tinte liegen bereit, ich bin allein: Das ist die Gegenwart. Beim Abschied versicherte sie mir, sie liebe mich: Das ist die Vergangenheit. Beim Wiedersehen wird sie mir sagen, daß sie mich noch immer liebt: Das ist die Zukunft. Es geht mir gut, und wenn ich morgens erwache, fange ich an zu singen."

Das ist die Macht der Gärten.

1
Der Weg der Initiation
Italien im 16. und 17. Jahrhundert

„... Die Renaissance war das Zeitalter der großen Ungeduld. Der Mensch empfand sein Dasein als spannungsgeladen, und es begann die große Debatte über die Macht des Menschen, die das abendländische Denken bis heute prägt ...“[1] Diese Diskussion sollte die jahrhundertealte Ordnung zwischen Mensch und Natur auf den Kopf stellen, wurde der Mensch sich doch zunehmend der Macht bewußt, die er über seine Umwelt besaß. Immer weniger war er bereit, sich der symbolischen Macht, die sich in einer wohltätigen, aber das Schicksal unberechenbar bestimmenden Natur offenbarte, zu unterwerfen. Das Verhältnis zur Natur war fortan ein Kräftemessen, in dem der Mensch dem Unerklärlichen die Vernunft entgegensetzte. Seine wissenschaftliche Erkenntnis versetzte ihn in die Lage, auf alle die Natur der Dinge betreffenden Fragen positive, rationale Antworten zu geben. Die Rolle des Menschen im Geschehen wandelte sich so von einer passiven zu einer aktiven.

Um in eine andere Beziehung zur Welt treten zu können, mußte der Mensch der Renaissance zunächst die physischen Grenzen seiner Welt definieren und sich Theorien schaffen, mit denen er sich diese Welt erklären konnte.

Den beiden Grundprinzipien *finitio* – der mathematischen Definition aller Objekte – und *collocatio* – ihrer Anordnung im Raum – fügte der Theoretiker Leon Battista Alberti nun ein drittes hinzu, *concinnitas*, das Gesetz der Harmonie: „... Ich nenne die Harmonie eine Gefährtin der Seele und des Verstandes, und sie kann sich auf vielen Feldern manifestieren. Sie durchdringt das gesamte Leben des Menschen und seine Gesetzmäßigkeiten, sie obwaltet in der gesamten Natur ...“[2] Durch strenge Beachtung der Gesetze, die das Verhältnis der Teile zueinander regeln, „... so daß sie sich durch ihre Erscheinung im Einklang befinden ...“[3], sollte der Baumeister zwingende Beziehungen zwischen der Architektur und dem sie umgebenden Raum festlegen. Die Wirkung eines Bauwerks durfte nicht mehr an den Mauern enden, die es begrenzten, vielmehr sollten zwischen Innen- und Außenräumen wohldurchdachte Bezüge entstehen.

Als Alberti, der einer im Exil lebenden Florentiner Kaufmannsfamilie entstammte, 1439 nach Florenz zurückkehrte, stand die Stadt bereits seit fünf Jahren unter der Ägide der mächtigen und einflußreichen Medici-Familie. Deren illustrer Repräsentant war zu jener Zeit Cosimo der Alte, der sich mit einem Kreis von Künstlern und Gelehrten umgab, die später die Platonische Akademie bildeten. Als aktiver und realistisch denkender Mäzen widmete er sich nach seinem Amtsantritt als Stadtoberhaupt der Verschönerung seiner Besitztümer. Unter dem Einfluß der ihn umgebenden Humanisten faszinierte ihn eine damals noch neue, sich auf antike Beschreibungen stützende Bauform: die *Villa*. Für Cosimo und die Medici war sie vor allem ein Mittel zur Selbstdarstellung. Die Villa war eine „offene“ Bauform, empfänglich für den sie umgebenden Raum und nicht zu Verteidigungszwecken angelegt wie das Kastell. Sie war perfekter Ausdruck der Tatkraft, der kaufmännischen und finanziellen Talente der Medici.

Innerhalb von weniger als dreißig Jahren baute Michelozzo, Cosimos Hofarchitekt, die mittelalterlichen Kastelle seines Mäzens – Trebbio bei Cafaggiolo (1427–1436), Cafaggiolo (1451) und Careggi (1457) – zu herrschaftlichen Villen um und errichtete schließlich in Fiesole die Villa Medici (1458–1461). In Cafaggiolo, Careggi und auch Fiesole wurden die Außenanlagen noch nach herkömmlicher Art gestaltet: aneinandergereihte, durch Mauern oder Hecken begrenzte Räume – Abbilder des *hortus conclusus* der Klöster –, die zu den Villengebäuden selbst keinerlei Bezug hatten.

Während Michelozzo noch die Villa Cosimos in Fiesole vollendete, wurde Alberti 1459 von der Familie Rucellai mit der Errichtung der Villa in Quarecchi betraut. Er versuchte, die von ihm als wesentlich erachtete Beziehung zwischen Villa und Garten zu verwirklichen. Wie diese Aufgabe zu lösen war, hatte er bereits in seinen Schriften dargelegt. So werden insbesondere in *De re aedificatoria* die Elemente definiert, die ein Bauwerk den Gesetzen der Harmonie unterwerfen. In seinen von der intensiven Lektüre antiker Texte inspirierten Überlegungen spielten die Übergangsräume – Loggia, Portikus und Galerie – wieder eine wichtige Rolle: Sie waren von grundlegender Bedeutung für die Beziehung des Gebäudes zu seiner Umgebung. Er empfahl sogar, diese Übergangsräume mit Szenen in Trompe-l'œil auszuschmücken, um die Architektur für

Giacomo della Porta, Carlo Maderno
und Giovanni Fontana
Park der Villa Aldobrandini, 1601–1621
Frascati, Rom
Grotte und Quelle der Initiation

eine imaginäre Natur zu öffnen und so von der Umgebung stärker durchdringen zu lassen. Darüber hinaus forderte Alberti die Architekten auf, für die Gestaltung der Räume außerhalb der Gebäude neue Formen zu finden, die auf dem Studium der antiken Architektur basieren sollten.

Acht Jahre nach Albertis Tod rief Cosimos Enkel, Lorenzo der Prächtige, Giuliano da Sangallo an seinen Hof und beauftragte ihn mit dem Bau einer prunkvollen Villa. Der Architekt sollte das alte Schloß von Poggio a Caiano umbauen, das die Medici von den Strozzi gekauft hatten.

Sangallo knüpfte an die theoretischen Studien Albertis an und übernahm dessen neue Sprache der klassischen Architektur. Seine vor Ort gezeichneten Skizzen zeigen, wie intensiv er sich mit den Bauten der Antike befaßte, die ihm eine solide typologische Grundlage verschafften. Natürlich sollten Elemente wie von Giebelfeldern überhöhte Portiken, die Villa „öffnende" Terrassen oder das Spiel monumentaler Freitreppen auf die römische Villa verweisen, aber gleichzeitig erlaubten derartige Zitate, die Innenräume gemäß den Harmoniegesetzen Albertis in die Außenräume zu überführen. Dieser Effekt sollte durch entsprechende Gestaltung der Gärten noch betont werden. Da aber mit dem Tode Lorenzos im Jahr 1492 die Arbeiten noch nicht abgeschlossen waren, wurde der ursprüngliche Entwurf nie verwirklicht. Die großen Projekte, die der Fürst zur Demonstration seiner Prachtliebe in Auftrag gegeben hatte, kamen jäh zum Stillstand. Für Florenz begann 1492 eine turbulente Zeit, und erst 1537, mit der Machtübernahme durch Cosimo I., sollte wieder Ruhe einkehren.

In diesen Jahren übernahmen die Päpste und Kardinäle in Rom die Aufgabe, prachtvolle Villen zu erbauen, was bis dahin ein Privileg der vornehmen Florentiner Familien gewesen war.

Rom, seit 1420 wieder Sitz der Päpste, erwachte aus seiner langen Lethargie zunächst nur zögerlich. Seine grandiosen Ruinen konnten nicht darüber hinwegtäuschen, daß die einst glanzvolle Metropole den Eindruck einer nahezu verlassenen Stadt machte, die sich der Übergriffe der von Sumpfgebieten durchsetzten Natur in ihrer Umgebung kaum noch erwehren konnte. Nach seiner Wahl 1447 ging Nikolaus V. jedoch daran, das Prestige der Stadt als Sitz des Heiligen Stuhls zu erneuern. Rom wurde wieder – und der Niedergang von Florenz Ende des 15. Jahrhunderts beschleunigte diese Entwicklung – zu einem großen kulturellen Zentrum, das Bildhauer, Maler und Architekten aus ganz Italien anzog.

Ende des 15. Jahrhunderts war Innozenz VIII. der erste Papst, der sich eine Villa auf den Hügeln des Vatikans errichten ließ. Als 1503 sein Nachfolger, Papst Julius II., den Architekten Bramante mit der Gestaltung des Geländes zwischen dieser Villa und dem Papstpalast beauftragte, löste er eine radikale Neuinterpretation des Verhältnisses zwischen Villa und Garten aus. Der *Cortile del Belvedere* war der erste Auftrag Bramantes in Rom. Statt die Teilräume zweidimensional anzuordnen, entschied er sich für eine perspektivische, dreidimensionale Sichtweise. Bramantes Interpretation des Gartens ging über das von Alberti verfochtene Harmonieprinzip hinaus. Eine räumliche Wahrnehmung, eine die Symmetrie berücksichtigende Frontalperspektive sollte es fortan ermöglichen, die Villa und ihre Anlagen als unteilbares Ganzes zu konzipieren.

Bramante entwarf den Belvederehof als eine Folge von Terrassen, die durch monumentale Treppen verbunden waren und schuf eine perspektivisch durchdachte Gesamtanlage, in der Portiken an den Längsseiten zu einer halbkreisförmigen Rotunde führten; hier empfing und entließ eine offene Kuppel alle durch das Perspektivspiel der Terrassen erzeugten Fluchtlinien. Dies war die Vision eines antiken Themas. Als Vorbild diente freilich nicht mehr eine Villa, wie sie Plinius beschrieben hatte, sondern eine architektonische Anlage: die Hadriansvilla bei Tivoli. Der Cortile del Belvedere fand bei Bramantes Zeitgenossen begeisterte Zustimmung; leider wurde seine Vision später durch den Bau der Vatikanischen Bibliothek völlig verfälscht.

Doch Bramante hatte den Weg gewiesen. 1517 beauftragt Kardinal Giulio de' Medici, der spätere Clemens VII., Raffael mit der Planung einer Villa, die zum ersten Mal außerhalb der Mauern Roms liegen sollte. Für dieses Projekt zog Raffael Antonio da Sangallo und Giulio Romano hinzu. An einem außergewöhnlichen Standort sollte dieses Projekt die paradiesische Vision der römischen Villa mit einer räumlichen Konzeption verbinden, wobei ein Theater, Terrassen und Loggien als Fortsetzung des Wohngebäudes eine strenge, am Belvederehof orientierte Gliederung schaffen sollten. 1527 setzte die Plünderung Roms durch die Truppen Karls V. den Arbeiten jedoch ein Ende.

Erst gegen Mitte des 16. Jahrhunderts flammte die Begeisterung für die Villa wieder auf – und zwar nicht nur in Rom, sondern auch in Florenz, Venetien und an den Fürstenhöfen Europas. Nachdem die Aufstände niedergeschlagen und die aufkeimenden Demokratieversuche erstickt worden waren, formierten sich von Venedig bis Rom die herrschenden Geschlechter im Schatten der beiden großen europäischen Herrscherhäuser der Valois und der Habsburger. Und an ihren Höfen suchte man nach Schau-

Francesco Colonna
Hypnerotomachia Poliphili, 1546
Tempel, Fassade

plätzen, an denen sich Macht und Herrlichkeit prestigeträchtig, etwa anläßlich der häufig stattfindenden Fürstenhochzeiten, darstellen ließen. Die neuartige Konzeption der Gartenanlage lieferte die perfekte Bühne für eine Gesellschaft, deren wirksamstes Mittel der Machtpolitik noch immer die Intrige war. Doch die Natur und ihre symbolischen Kräfte ließen sich nicht ohne weiteres einem rein architektonischen Konzept unterwerfen, selbst wenn es auf eine glorreiche Vergangenheit verwies – es bedurfte vielmehr einer vertrauenswürdigen, vor allem aber auch faszinierenden Rechtfertigung.

1546 erfolgte die Neuauflage eines Werks, das bei seinem Erscheinen 1499 kaum Beachtung gefunden hatte: Francesco Colonnas *Hypnerotomachia Poliphili,* der *Traum des Poliphilo.* Dieses Buch ermöglichte es dem Architekten, Sinne und Vernunft mit Hilfe der Phantasie zu verbinden. Es wurde zur theoretischen Basis für die neuen Gärten, in denen dem Rationalen die Aufgabe zufiel, die Geheimnisse der Natur zu entschlüsseln und eine harmonische Beziehung mit ihr einzugehen. Die Empfehlungen bekamen einen ganz neuen Wert: Sie boten den Architekten die Möglichkeit, sich aus sterilen, akademischen Vorgaben zu lösen und neue Inspirationsquellen zu finden.

Francesco Colonna, der Sohn einer angesehenen römischen Familie, die mit den Orsini und Farnese verbündet war, hatte, bevor er die *Hypnerotomachia* verfaßte, den Tempel von Praeneste (das heutige Palestrina) restaurieren und den Familienpalast dort wieder aufbauen lassen. Die Besitzungen der Colonna, zu denen auch Palestrina gehörte, waren 1436 von den päpstlichen Truppen verwüstet worden. Der Autor begann seinen Roman somit als Archäologe. Sein fundiertes Wissen über die Forschungen zeitgenössischer Baumeister und Philosophen ermöglichte ihm weitgespannte Visionen, die man am Ende des 15. Jahrhunderts noch nicht zu erkennen imstande war.

Die Kirche hatte sich hinter den Mauern der Inquisition verbarrikadiert, und Francesco Colonna, der die Antwort auf seine Fragen in einer schrittweisen Initiation suchte – einer Initiation, die nur in einer Befriedigung aller spirituellen und physischen Wünsche münden konnte –, geriet selbst in den Verdacht der Ketzerei. Verarmt und verbittert trat er nach Erscheinen des Buches in den Dominikanerorden ein und verstarb 1527 in einem venezianischen Kloster.[4]

Francesco Colonna
Hypnerotomachia Poliphili, 1546
Tempel, Schnitt

Die *Hypnerotomachia* – schon die Erstauflage war illustriert – schildert die Abenteuer Poliphilos auf der Suche nach Polia, der Weisheit. Poliphilo, dessen Weg von Wäldern, Grotten, Ruinen, Fabeltieren, prächtigen Palästen, seltsamen Bauten und herrlichen Gärten gesäumt ist, erkennt schnell, daß durch das Entziffern der auf jahrtausendealte Steine geschriebenen Symbole die Geheimnisse der Natur verstanden werden können: Durch die Kenntnis der physischen Welt gelangt man zur Kenntnis der metaphysischen Welt. Seinem Roman, einem zu Stein gewordenen Traumbild, „... entströmt ein äußerst ambivalenter Duft von Vergnügen und Pflicht; vielleicht wurde der Begriff der Sublimierung noch nie so deutlich veranschaulicht ...“.[5]

Durch diese Sublimierung des Natürlichen, ja Übernatürlichen, mit Hilfe des Verstandes verlieh der Roman seit der Neuauflage den Gärten eine neue Bedeutung: Sie wurden zu Initiationswegen, die Geist und Sinnen gleichermaßen Nahrung boten. Die Eroberung der Natur durch die Ästhetik erlaubte eine Verbindung der Steine mit der pflanzlichen Welt. Statuen, Ruinen und Bauten kamen mit Wasser und Vegetation in Berührung, Ratio und Sinne konnten sich vereinen.

Allegorien, Faune und Nymphen, Götter und Göttinnen stiegen aus den Deckengemälden herab, um die Landschaft zu beleben und den Besucher durch den Garten zu leiten. Er sollte einem vorgeplanten Weg folgen, dessen klar festgelegte Etappen durch eine Folge von Terrassen markiert wurden, die an die breiten Stufen des Fortuna-Heiligtums von Praeneste erinnerten. Auf diese Weise wurden die Gärten, die im Umkreis von Florenz und Lucca – Castello, später Pratolino und Collodi – oder Rom – Tivoli, Bagnaia, Caprarola, später Frascati – entstanden, die idealen Schauplätze, an denen Colonnas Roman nachgespielt werden konnte.

Diese Gärten, die als eine Art Theaterbühne fungierten, brachten den Geist der Epoche am deutlichsten zum Ausdruck, denn „... die architektonische Gestaltung kann hier völlig ungehindert ans Werk gehen und sich dem kapriziösen Willen der hohen Herren anpassen; nichts scheint den Launen des Geschmacks zu widerstehen, der von symbolischen Anordnungen, antikem Dekor und einer Bilderwelt beherrscht wird, die die Lebensfreude darstellen und begleiten soll ... . Die Natur wird zur Komplizin. Sie scheint es zu akzeptieren, daß man sie in den Dienst eines Mächtigen stellt ...“[6]

Der Weg durch den Garten: Auf den Spuren Poliphilos

Die vom Rom Julius' II. ausgehende Begeisterung für weiträumige, von großen Künstlern geplante und ausgeführte Gartenanlagen erfaßte sehr schnell die Fürstenhöfe Italiens, so auch den Hof der Medici in Florenz. 1538, ein Jahr nach seiner Machtübernahme, betraute Cosimo I. den Baumeister und Bildhauer Niccolò Pericoli, genannt „il Tribolo“, mit der Neugestaltung seiner Villa in Castello, in der er seine Kindheit verbracht hatte. Die Gartenanlage sollte den *Traum des Poliphilo,* die *Hypnerotomachia,* widerspiegeln, von dem ein Exemplar durch einen Freund der Colonna, den Archäologen Leandro Alberti, ein Neffe des großen Theoretikers, an den Hof der Medici gelangt war.

Tribolo gliederte seine Anlage entlang einer Mittelachse in drei weite Terrassen. Über die erste, weiträumig und nur spärlich mit Bäumen bepflanzt, trat der Besucher in ein dichtes Wäldchen aus Zypressen, Lorbeer- und Olivenbäumen: ein Zitat des *bosco,* den Poliphilo angstvoll durchquert. Heute kann man sich die Szenerie nur noch an Hand der Beschreibung, die Montaigne bei seinem Aufenthalt in Florenz anfertigte, vorstellen.[7] Im Zentrum des Wäldchens wies ein Springbrunnen mit großem Becken den weiteren Weg. Stieg der Besucher den Hang hinab, gelangte er in einen Obstgarten, dessen Zitronen- und Limonenbäumen in Töpfe gepflanzt und so genau ausgerichtet waren, daß sie die klare Ordnung widerspiegelten, welche die natürliche Welt regiert. Dieser Gartenteil wurde durch die Stirnmauer der obersten Terrasse begrenzt, in deren Mitte der Besucher eine tiefe und kühle Initiationsgrotte findet. In der Mauer versteckte Treppen führten ihn zur letzten Station: Inmitten eines Eichenwaldes erhebt sich hier noch heute die mächtige Allegorie des Apennin von Bartolomeo Ammanati, die das Geheimnis der Lebensquellen zu hüten scheint.

Der Garten von Castello war noch nicht beendet, als der Herzog 1549 eine noch größere Anlage in Auftrag gab. Auf Verlangen seiner Gattin, Eleonore von Toledo, die für sich und ihren Hof eine weniger nüchterne Wohnstätte als den dunklen Palazzo in der Via Larga wünschte, erwarb Cosimo I. von dem Florentiner Kaufmann Luca Pitti einen prächtigen Palast. Er lag vor den Toren von Florenz, auf dem linken Arno-Ufer, in den sogenannten „Borgoli“ oder „Bogoli“, benannt nach der Familie, die hier Weideland besaß. Dieser Name, *i gardini Boboli,* wurde auch der Gartenanlage gegeben, mit deren Gestaltung Tribolo noch im selben Jahr begann.

Der Architekt plante auch hier einen axial ausgerichteten, sanft abfallenden Garten, in dem sich die Natur dank der Ausdehnung des Geländes noch prächtiger entfalten konnte als in Castello. Doch 1550, kaum ein Jahr nach Beginn der Arbeiten, starb er plötzlich. Mit der Fortführung der Arbeiten betraute man den jungen Bartolomeo Ammanati, der kurz zuvor in Rom zusammen mit Vignola die Villa von Julius III. vollendet hatte. Eleonore von Toledo beauftragte ihn, auch den Palast durch einen weiten, die Gärten dominierenden Hof zu vergrößern. Indem er einen Teil des Terrains stark absenkte, gestaltete Ammanati den Hof in zwei Ebenen und schuf ein großes begrüntes Amphitheater in Form eines Hufeisens. Der höhergelegene Teil wurde auf diese Weise zu einer riesigen, mit den Gärten über Freitreppen verbundenen Loge, von der aus man die gesamte Anlage übersehen konnte. Seinen vollen Wert sollte dieses weiträumige Bühnenbild allerdings erst durch die Arbeiten von Giulio und Alfonso Parigi erhalten, die nach der Machtübernahme Cosimos II. im Jahr 1608 die Anlage vollendeten.

In den Jahren nach 1569 zog sich Cosimo I. immer mehr vom Hof und den Regierungsgeschäften zurück. Nach dem Tod seiner Frau hielt er sich am liebsten in Castello auf, um sich seinen Jasminsträuchern zu widmen. Sein Sohn Francesco, der ihm 1574 nachfolgen sollte, beauftragte deshalb Bernardo Buontalenti, die Arbeiten in Boboli fortzuführen. Dieser nahm keine Änderungen am Grundplan vor, aber widmete sich vor allem dem einen wesentlichen Element, das dem Garten noch fehlte, um Poliphilos Traum würdig zu sein: der Zaubergrotte.

Die Initiationselemente waren nun vollzählig vorhanden, doch der Boboli-Garten war schon vom Entwurf her so angelegt, daß die „offenbarende“ in eine „inszenierte Natur“ abgleiten mußte.

Giusto Utens
Villa Medici in Castello
Castello, Florenz
Lünette, um 1599

Die Prüfung im Irrgarten

Zu Beginn des *Traums* durchwandert Poliphilo einen dunklen Wald, „... wo die Bäume so dicht und das Astwerk so undurchdringlich waren ...“[8], daß er sofort an das mythische Labyrinth des Minos denkt: „... ich wußte nichts Anderes zu tun, als laut zu klagen, aber vergeblich, denn niemand außer der schönen Echo hörte mich ..., woraufhin ich die mitleidige Ariadne um Hilfe bat und das Garn herbeiwünschte, das sie dem treulosen Theseus gegeben hatte, damit er ihn durch das Labyrinth leite ...“[9]

Der Irrgarten ist seit dem 16. Jahrhundert ein wesentliches Element der Gartenanlagen. Er erinnerte den Besucher an den Helden, der den Wald durchwandert, und führt eine antike, aus Kreta stammende Tradition weiter: das Thema der dunklen verschlungenen Pfade, der mit Hindernissen gespickten Irrwege, über die der Initiand zur Grotte der Offenbarung gelangte. Der Zusammenhang zwischen Irrgarten und Grotte, der als Symbol einer Rückkehr zum Leben, einer Wiedergeburt verstanden wurde, ist in vielen italienischen Gärten erkennbar, so in Castello, Boboli oder Caprarola. Diese Tradition lebte auch noch im folgenden Jahrhundert weiter, etwa in Verona und Collodi.

Jedoch denaturierte der Irrgarten später zu einem rein dekorativen Element, das in den verschiedensten Formen auftritt. Zahlreiche Traktate, insbesondere von Charles Estienne oder Vredeman de Vries, empfehlen immer wieder, die Parterres als Labyrinthmuster, die sogenannten *Dedalus,* anzulegen, weil deren strenge Geometrie höchste Eleganz erziele. Allerdings sollten die Buchsbäume zu niederen Hecken gestutzt werden, damit der Besucher das ganze Bild der mit duftenden Kräutern wie Thymian und Lavendel bepflanzten Parterres genießen konnte.

Das Wasser führt den Besucher

Am Ausgang des Irrgartens findet Poliphilo eine Quelle, die ihn auf seiner Wanderung fortan leiten wird.

So wurde auch das Wasser zu einem wesentlichen Element der neuen Gärten, das Fürsten und Kardinäle zusehends als Hauptattraktion ihrer Villa wünschten. Wasser ist von seiner Natur her Bewegung, Strömen, Rieseln, etwas, aus dem betörende Musik erklingen kann. Dies erfährt auch Poliphilo: „... ich kniete mich an den Rand des Brunnens, formte mit meinen hohlen Händen ein Gefäß und füllte es mit köstlichem Naß. Plötzlich, als ich es zum Munde führte, vernahm ich den anmutigsten Gesang, dessen Wohlklang mich mehr erquickte als der Trank selbst ...“[10] Diesem Zauber des Wassers, das den Helden zu den seltsamsten Entdeckungen führt, galt die besondere Aufmerksamkeit der Architekten, die ab 1550 in Rom und in der Umgebung prächtige Gärten für den hohen Klerus entwarfen. Tivoli, Frascati und sogar weiter entfernte Gebiete wie die Hügel um Viterbo wurden, nachdem die Folgen der Plünderung von 1527 überwunden waren, zu bevorzugten Standorten für die Landsitze der Kirchenfürsten.

Das erste große Projekt gab der Bischof von Ferrara, Ippolito II. d'Este, in Auftrag. Als er 1549 zum Statthalter in Tivoli ernannt wurde, erwarb er sofort das gesamte Gelände in der Nachbarschaft des Benediktinerklosters, das ihm als Wohnsitz diente. Es handelte sich um einen Nordhang mit zerklüfteten, baumbewachsenen Felsen, der aber durch sein starkes Gefälle einen herrlichen Blick über das Gaudente-Tal gewährte. Die Arbeiten begannen allerdings erst zehn Jahre später, da Ippolito d'Este sich beständig den Vorhaltungen Papst Pauls IV. ausgesetzt sah, der die Prunksucht des hohen Klerus einzudämmen suchte.

Giusto Utens
Boboli-Garten mit dem Palazzo Pitti
Florenz
Lünette, um 1599

Als der Papst 1559 starb, wurde das Kloster zu einer geräumigen Villa umgebaut. Das Hauptaugenmerk des federführenden Architekten, Alberto Galvani di Ferrara, und seines Auftraggebers galt dabei der Gestaltung der Gartenanlage. Durch einen großen Teil Tivolis wurde eine regelrechte Schneise geschlagen und ein 600 Meter langer Tunnel zur Ableitung des Anio-Flusses gegraben, der die Stadt mit Wasser versorgte und nun auch die 50 geplanten Springbrunnen speisen sollte. Mit Hilfe gewaltiger Unterbauten wurde das felsige Gelände entlang zweier verschiedener Achsen in Terrassen gestaffelt – eine neuerliche Reminiszenz an den Stufentempel von Praeneste, der Francesco Colonna so lieb und teuer gewesen war. Eine zur Villa führende Mittelachse wurde auf halbem Weg von Querachsen durchschnitten, um das starke Gefälle auszugleichen. Jede dieser Achsen, gleich ob sie sanft abfielen oder über breite, teils von kleinen Kaskaden gesäumte Treppenabsätze liefen, leitete den Blick auf immer neue Wasserspiele, die sich Wasserorgel, Ovato-Brunnen oder Rometta nannten. Die Harmonie des Gartens sollte durch die Sinne entdeckt werden, nicht durch die Vernunft. Gleich Poliphilo mußte sich der Besucher vom Zauber des Wassers gefangennehmen lassen, von seiner Musik, seinem Licht und seiner Verwandlungskraft. Der Hausherr scheute sich übrigens nicht, künstliche Mittel einzusetzen, um die Faszination des Zuschauers noch zu steigern. Seine „fontanieri“ (Brunnenbauer) sollten die Natur übertreffen, indem sie tönende Brunnen schufen, bei denen das Wasser vogelgestaltige Automaten, die auf Bäumen mit Kupferblättern saßen, zum Singen brachte. Für die Wasserorgel ersann der Franzose Claude Vénard ein hydraulisches System von solcher Ingeniosität, daß daraus vierstimmige Motetten und Madrigale ertönten.

Zwölf Jahre lang, von 1560 bis zum Todesjahr d'Estes 1572, wurde unaufhörlich gearbeitet. Mehr als 20 Künstler waren beschäftigt, doch die Eigenheiten des Kardinals verstand nur der auf Grotesken spezialisierte Pirro Ligorio. Der aus Neapel stammende Baumeister war schon als Knabe nach Rom gekommen und teilte die Liebe seines Mäzens zur antiken Statuenwelt. Auch verstand er voll und ganz den Wunsch des Kardinals, ein goldenes Zeitalter darzustellen, in dem Nymphen, Götter und Göttinnen die Natur beherrschten. Ligorio, dem die künstlerische Leitung oblag, entwarf darüber hinaus die „Allee der hundert Brunnen“, den Ovato- und den Drachenbrunnen. Die einzigartige Gartenanlage der Villa d'Este wurde so zum verfeinerten Ausdruck einer neuen Konzeption des Außenraums, in dem Natur und Architektur sich wechselseitig durchdrangen. Gleichzeitig kündigte sich aber auch schon die Inszenierung an, die für die großen Gärten des 17. Jahrhunderts charakteristisch sein sollte.

Am Garten der Villa d'Este wurde noch gebaut, als 1568 die Arbeiten an der Villa Lante in Bagnaia begannen, einer kleinen Stadt in Latium, die den Erzbischöfen von Viterbo seit dem 13. Jahrhundert als Sommerresidenz diente. Als Kardinal Giovanni Gambara 1566 zum Bischof von Viterbo ernannt wurde, beauftragte er Giacomo Barozzi da Vignola, das Jagdgehege von Bagnaia in eine Villa mit Park zu verwandeln. Der Kardinal, zuvor Sekretär Julius' III., hatte den Architekten in Rom kennengelernt, wo dieser für den Papst die Villa in der Via Flaminia vollendete.

Vignola fand für Bagnaia eine originelle Lösung. Um die axiale Anordnung der Anlage nicht zu stören, sondern sie durch eine strenge Symmetrie noch zu betonen, sah er statt eines Einzelbauwerks zwei gleichartige *palazzine* vor. Auf diese Weise respektierte er das Pyramidenschema, das mit einer breiten Terrasse beginnt, sich zu einer zwischen den beiden Wohnpavillons eingezwängten Doppelrampe verengt und in Form von vier gestaffelten, immer schmäler werdenden Terrassen endet. Auch hier war das Wasser wieder der Leitfaden: Die glitzernde Kaskade, der Tisch des Kardinals, der Gigantenbrunnen, der Wassertisch, die Wassertreppe und die Fontana del Diluvio markierten den Weg des Besuchers. Der für die Initiation nötige Aufstieg zu den Quellen fand damit seinen vollendeten Ausdruck. Am Ende des Weges gelangte der Besucher zum geheimsten Teil des Gartens, wo ihn eine Grotte erwartete, die von zwei den Musen gewidmeten Pavillons flankiert war. Zusammen mit der Fontana del Diluvio am anderen Ende stellen sie die Grenze zweier Welten dar: der Welt des Menschen, die dieser dank seiner Kenntnisse beherrscht, und der Natur, deren geheimnisvolle Kräfte er fürchtet.

Vignola hat den Entwurf der gesamten Anlage an diesem Übergang orientiert: Die strenge Geometrie der untersten Terrasse, die am Ende des Jahrhunderts durch die Aufstellung einer Mauren-Fontäne – die bereits Vignola für das Zentrum vorgesehen hatte – noch betont wurde, verliert sich nach und nach, um aufgelockerten Anordnungen Platz zu machen, in denen der Besucher in enge Berührung mit der Natur kommt. Wenn auch das Künstliche in Bagnaia weniger ausgeprägt ist als in Tivoli, ist es doch immer präsent, so daß die Initiation stets von Sinnesfreuden begleitet wird, die die von der Kunst unterworfene Natur dem Besucher verschafft.

Als Gregor XIII. den stolzen Bauherrn besuchte, bemerkte er alsbald die epikureischen Neigungen des Bischofs. Als ihm klar wurde, welch enorme Summen hier verschleudert worden waren, strich er die Zusatzpension, die er Gambara bezahlt hatte. Als dieser 1587 starb, war der obere Teil des Gartens mit seinen Brunnen vollendet, von den beiden Wohnpavillons erst einer fertig und die untere Terrasse noch unbebaut. Der neue Besitzer, Kardinal Montalto, ein Neffe von Sixtus V., hatte im Vatikan mehr Rückhalt und konnte die Arbeiten durch Carlo Maderno weiterführen und den Maurenbrunnen errichten lassen: ein quadratisches Wasserparterre mit einer kleinen Insel und vier steinernen Schiffchen, auf denen Arkebusiere und Trompeter postiert waren, die mit Wasser schossen oder es durch die Trompete bliesen. Dieses an die Naumachien der römischen Villen erinnernde Konzept war ganz im Sinn der Vision Vignolas.

Als der Kardinal 1623 starb, waren die Arbeiten so gut wie abgeschlossen. 1654 sollte Alexander VII. die Villa seinem Verwandten Ippolito Lante schenken, von dem sie ihren heutigen Namen hat.

Als Vignola für Giovanni Gambara in Bagnaia zu arbeiten begann, war ihm die Gegend bereits bekannt. 1559 hatte ihn ein Freund des Kardinals, Alessandro Farnese, in seine Dienste genommen. Dieser wollte einen Palast vollenden, den sein Onkel, Papst Paul III., etwa 30 Jahre zuvor auf seinem Besitz in Caprarola begonnen hatte. Der von Antonio da Sangallo dem Jüngeren entworfene Bau war ein wuchtiges Kastell und paßte gut zu dem zerklüfteten Hintergrund der kleinen Stadt am Fuße der Monti Cimini an der Straße von Viterbo nach Rom.

Der Palast Pauls III., *Rocca* genannt, wurde von Vignola unter Beibehaltung des ursprünglichen Plans in eine Villenanlage umgebaut. Der Architekt starb noch vor Abschluß der Arbeiten, konnte jedoch den Entwurf eines Landhauses noch beenden, das Alessandro Farnese abseits des Palastes errichtet haben wollte. Die Arbeiten an dieser *palazzina* und dem Garten wurden aber erst 1575 begonnen und 1586 zum Abschluß gebracht. Wirkt der Garten aus diesem Grund wie ein „unvollendeter Weg", dem die letzten Stationen der Initiation fehlen? Wie dem auch sei, sobald der Besucher aus dem Palast tritt, wandelt er auf den Spuren Poliphilos. Einen dicht mit Eichen bepflanzten *bosco* durchwandernd, gelangt er vor eine Zauberquelle, die hier von einer Wassertreppe aus steinernen Delphinen dargestellt wird, über der sich ein Flußgötterbrunnen erhebt. Weite halbkreisförmige Rampen führen zu einer ersten Terrasse, die als ein von Kanephoren umrahmter, mit geometrisch geschnittenen Buchshecken bepflanzter Garten gestaltet ist – eine Anspielung auf eine vergangene Zeit.

Francesco Venturini
Le Fontane dello Giardino Estense in Tivoli, 1750
Tivoli bei Rom
Garten der Villa d'Este, Wasserorgel

Auf dem Weg zur zweiten Terrasse wird der Besucher wieder durch das Wasser geführt, nun durch delphinförmige Wasserspeier, die die Balustraden der Treppen zieren. Nach dem unteren „Garten der Erinnerung“ entdeckt er hier einen „Lustgarten“. Zwischen diesen beiden Terrassen, in der Symmetrieachse der Anlage, liegt die *palazzina*. Sie öffnet sich auf die Terrassen über zwei Loggien, von denen die talseitige, im ersten Stock gelegene den Blick auf den „Garten der Erinnerung“ freigibt, während man von der hangseitigen den „Lustgarten“ betritt. Breite Stufen, gesäumt von einer Wassertreppe, über die das Wasser von Becken zu Becken talwärts strebt, führen den Besucher vor ein monumentales Portal auf einem bewaldeten Hügel, der auf der anderen Seite zu einem Tal hin abfällt. Hier endet der Weg. Unvermittelt, ohne das übliche Durchschreiten einer Initiationsgrotte, steht der Besucher vor der „ungezähmten“ Natur.

Kamen die Arbeiten hier zu einem unvorhergesehenen Halt? Wahrscheinlicher ist, daß Vignola es so geplant hatte. Die Initiation ist nicht mehr angstvolles und zugleich sehnendes Begreifen der natürlichen Welt, deren Geheimnisse sich nach und nach offenbaren, noch eine auf Technik gestützte Faszination wie in Tivoli oder Bagnaia. Sie gerät hier zur Demonstration der vollkommenen Harmonie von Kunst und Natur. Durch die Reinheit der Ordnung entsteht die Harmonie von Sinnes- und Verstandeswelt ganz von selbst.

Der Weg wird zum Schauspiel

Nach Tivoli, Bagnaia und Caprarola durfte strömendes Wasser in keiner der großen Gartenanlagen, die im Umkreis von Rom neu entstanden, fehlen. Immer deutlicher leitete es den Besucher durch die nunmehr vorzugsweise auf Hängen angelegten Gärten. Indem es sich über Rampen, Stufen und Terrassen von Becken zu Becken ergoß und das Licht reflektierte, konnte es den Weg in ein Schauspiel verwandeln. Eines der spektakulärsten Beispiele für eine solche Inszenierung sollte der Garten des Marquis Romano Garzoni in Collodi werden, der kurz nach dem Park der Villa Aldobrandini in Frascati entworfen wurde. Sobald der Besucher in Collodi das Portal durchschritten hat, bieten sich seinem Blick sämtliche Stationen des Weges dar. Bevor jedoch die Architekten zu Beginn des 17. Jahrhunderts derartige spektakuläre Bühnenbilder schufen, spielten sie noch eine Weile mit den Geheimnissen der Initiation.

1601 beauftragte Kardinal Pietro Aldobrandini, der Neffe Clemens' VIII., Giacomo della Porta, eine in seinen Weinbergen bei Frascati liegende *casina* in ein Lusthaus zu verwandeln. Der Architekt erkannte sofort, welche Chance ihm dieses steil abfallende Gelände mit seinem einzigartigen Ausblick bis nach Rom bot. Da es im Umland nur wenige Quellen gab, plante man eine große Wasserzuführung, um auch in diesem Garten die begehrten Wasserschauspiele zu inszenieren.

Giacomo della Porta war noch ein Baumeister, der seine „szenographischen Effekte“ nach und nach entdeckt sehen wollte. Ein Nymphäum verdeckt teilweise den Beginn des Wegs, der hier aus einer Wasser- und Lichttreppe besteht, die beidseitig von dichtem Baumbestand gesäumt und am oberen Ende durch zwei mosaikverzierte Säulen betont wird. Um in diesen Garten zu gelangen, muß der Besucher zunächst über zwei versteckte Seitentreppen die Terrasse über dem Nymphäum erreichen. Von hier aus gelangt er, den Bächen und Kaskaden folgend, die von heute nicht mehr erhaltenen Brunnen unterbrochen waren, endlich zur Zaubergrotte. Sie ist allerdings nur symbolischer Art: Ein sprudelnder Quell und zwei Maskarone verwehren den Zutritt durch den blinden Eingang. Das Initiationsspiel beginnt, die Initiation zu verdrängen. Giacomo della Porta konnte lediglich den Grundplan der Villenanlage und des Gartens vollenden. Als er 1602 aus Frascati zurückkam, starb er an einem Schlaganfall. Seine Nachfolger, Carlo Maderno und Giovanni Fontana gestalteten die Anlage theatralischer, als es Della Porta, der eine geheimnisvolle Atmosphäre hatte schaffen wollen, geplant hatte. Sie stockten die Villa um eine Loggia im dritten Stockwerk auf, die es nun dem Hausherrn ermöglichte, das Schauspiel in seiner Gesamtheit zu überblicken – nicht zuletzt das Schauspiel, das seine Gäste boten, wenn sie von versteckten Wasserscherzen in Nymphäen und Brunnen naßgespritzt wurden. 1621 gab der Kardinal dem Franzosen Jacques Sarrazin für die Ausstattung des Nymphäums eine Kentaurenskulptur und einen Polyphem in Auftrag, der Horn und Panflöte spielte.

Wie schon die Villa d'Este hat auch die Villa Aldobrandini die finanzielle Kraft ihres Erbauers überstiegen, so daß beim Ableben des Kardinals die Kassen leer waren. Allein die Kosten für die immer raffinierter werdenden Wasserspiele hatten weit mehr Mittel erfordert als die Villa selbst ... Das Wasser hatte seine Rolle als Führer, der die Geheimnisse einer Natur enthüllt, in der alles wohldurchdacht und maßvoll ist, bald verloren. Zauberlehrlingen gleich gefielen sich die Architekten nun darin, den Reiz des Wassers für Visionen einzusetzen, die nurmehr als kurzlebige Maßlosigkeit Gestalt annahmen.

Francesco Venturini
Le Fontane dello Giardino Estense in Tivoli, 1750
Tivoli bei Rom
Garten der Villa d'Este, Brunnenallee

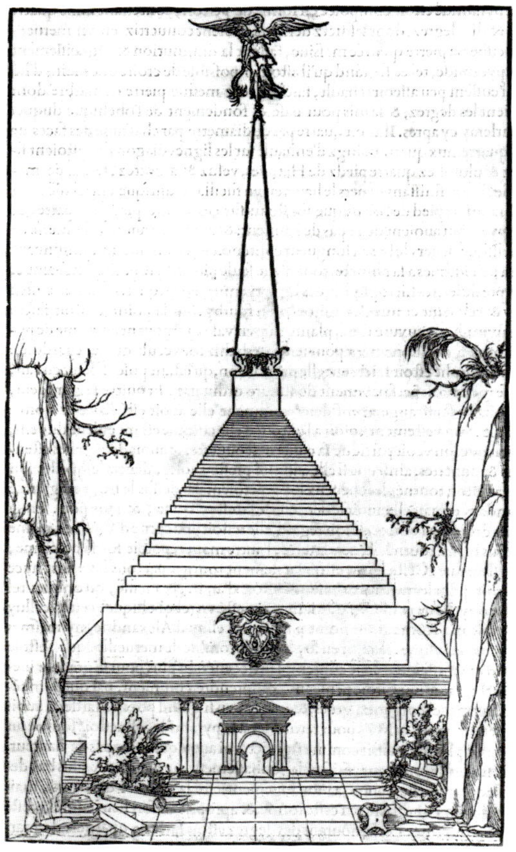

Auf den Spuren Poliphilos

„Es gibt also die *labyrinthische Welt* des Gartens: Der Garten ist eine Art Spiel, ein Spiel, das dem Besucher bewußt als ein räumliches Rätsel vorgeschlagen wird, das er lösen muß und in dem die Art, wie die Spielregeln festgelegt werden, wichtiger ist, als die Bäume und Pflanzen, aus denen das Spiel besteht."

Abraham Moles, *Labyrinthes du vécu*, 1982

Francesco Colonna
Hypnerotomachia Poliphili, 1546
Pyramidentempel

GEGENÜBERLIEGENDE SEITE OBEN:
Garten des Palazzo Giusti,
begonnen 1550
Verona
Irrgarten, neu angelegt im 18. Jahrhundert

LINKS:
Bartolomeo Ammanati, Niccolò Pericoli, genannt „il Tribolo", und Bernardo Buontalenti
Garten der Villa Medici in Castello,
1538–1592
Castello, Florenz
Terrassen

Die erste Prüfung: der Irrgarten

Francesco Colonna
Hypnerotomachia Poliphili, 1546
Poliphilo irrt durch einen dunklen Wald

Dem Irrgarten entronnen, folgt der Besucher dem Weg des Wassers ...

... überschäumend in Tivoli ...

Alberto Galvani und Pirro Ligorio
Garten der Villa d'Este, 1559–1572
Tivoli bei Rom

OBEN:
Ovato-Brunnen
GEGENÜBERLIEGENDE SEITE:
Girandole- oder Drachenbrunnen

LINKS:
Francesco Colonna
Hypnerotomachia Poliphili, 1546
Poliphilo stillt seinen Durst

… befriedet in Bagnaia …

„In dieses Abends Herrlichkeit
bist du ein Bild mir – von Florenz
und einer längst vergangnen Zeit.

Und aus gefüllten Kelchen schwebt
empor zu türkisfarbnen Sphären,
ein zarter Traum aus roten Beeren.“

Albert Samain, *Le Soir,* 1888

Giacomo Barozzi da Vignola
Garten der Villa Lante, 1568–1598
Bagnaia bei Viterbo
angelegt für Kardinal Francesco Gambara,
fertiggestellt unter Kardinal de Montalto

GEGENÜBERLIEGENDE SEITE OBEN:
Gigantenbrunnen oder Tiber- und Arnobrunnen
GEGENÜBERLIEGENDE SEITE UNTEN:
Wassertisch
OBEN:
Maurenbrunnen, 1589–1598

Giacomo Barozzi da Vignola
Garten der Palazzina Farnese, 1575–1586
Caprarola bei Viterbo
Giardino segreto mit Kanephoren

... gezähmt in Caprarola ...

Giacomo Barozzi da Vignola
Garten der Palazzina Farnese, 1575–1586
Caprarola bei Viterbo

LINKS:
Brunnen der Flußgötter (Detail)
UNTEN:
Wassertreppe oder Delphinbrunnen

Giacomo della Porta, Carlo Maderno und Giovanni Fontana
Garten der Villa Aldobrandini, 1601–1621
Frascati, Rom

Oben:
Nymphäum
Links:
Jacques Sarrazin
Kentaur, 1621

Gegenüberliegende Seite:
Ottavio Diodati
Garten der Villa Garzoni, begonnen 1650
Collodi, Pistoia
Terrassen

… macht das Wasser den Weg zum Schauspiel

Die Macht der Natur

Auf dem Weg der – ernsthaften oder gespielten – Initiation, der im Keim schon das großartige Schauspiel der späteren Gärten in sich trug, wurde der Besucher mit den Elementen der Natur konfrontiert. Wasser, Erde, Luft und Feuer offenbarten sich in Form von olympischen Göttern und Göttinnen, Fluß- und Gebirgsallegorien, durch Begegnungen mit Nymphen und Faunen. Diese steinerne Welt war bereits in den antiken Villen im Umkreis von Rom zahlreich vertreten. So versteht es sich, daß die fürstlichen Mäzene der Renaissance ihren Künstlern auftrugen, diese Statuen in Verzeichnissen zu erfassen und Sammlungen anzulegen.

Lorenzo de' Medici war einer der ersten, der seinen Bildhauer Bertoldo anhielt, die aus Rom mitgebrachten Marmorfiguren im Garten seines Palazzo unweit der Via Larga aufzustellen. In Rom wünschte sich Papst Julius II. einen würdigen Rahmen für seine Sammlung und beauftragte, wie wir gesehen haben, Bramante mit dem Bau des Cortile del Belvedere.

Diese Begeisterung für die Antike erfaßte auch ausländische Höfe. 1540 stellte Primaticcio für den französischen König Franz I. Abgüsse von den schönsten Stücken des Vatikans her: Ariadne, den Apoll vom Belvedere, die Knidische Aphrodite, Sphingen, Satyrn; insgesamt 103 Kisten mit Statuen, die nach ihrem Eintreffen in Fontainebleau in Bronze gegossen und im Schloß aufgestellt wurden. Die Arbeiten leitete der junge Vignola, der seinem Herrn nach Frankreich gefolgt war und dort bis 1543 blieb.

In den Jahren nach 1550, als die Arbeiten an den großen Villen in und um Rom begannen, wurde den Statuen eine neue Bedeutung zugewiesen. Waren sie vorher bloße Dekorationselemente oder Sammlerstücke, so erhielten sie in den Gärten jene Macht zurück, die sie in der Antike besessen hatten. Ihre Symbolik wies den Weg zu den Geheimnissen der Natur – aus Statisten wurden Schauspieler.

Einer der ersten Künstler, die die Bedeutung der Statuen für die Inszenierung des Weges erkannten, war der Neapolitaner Pirro Ligorio, dem wir schon als Architekt der Villa d'Este begegnet sind. Durch seine Erziehung am Hof der Carafa – einer der großen neapolitanischen Familien, die durch ihre herrliche Antikensammlung bekannt war –, gelang es ihm 1534 bei seiner Ankunft in Rom sofort, in den Dienst von Kardinälen, die mit dieser Familie befreundet waren, einzutreten.

1542 wurde er von Gian Pietro Carafa, dem späterem Papst Paul IV., ausgewählt, die während der Plünderung von 1527 überall verstreuten Marmorstatuen der Sammlung Julius' II. in den Belvederehof zurückzubringen. 1550 betraute ihn Vignola mit der Aufgabe, das Nymphäum der Villa Giulia zu vollenden. Dort arbeitete er mit dem jungen Florentiner Bartolomeo Ammanati zusammen. Als Ammanati von den Medici wieder nach Florenz geholt wurde, um die von Tribolo in Castello und im Boboli-Garten begonnenen Arbeiten fortzuführen, nahm er die neue Inszenierung der Skulptur auf: Diese sollte künftig ihren hergebrachten Rahmen verlassen, um sich unter die Erscheinungen der Natur zu mischen und deren Kräfte zu entfesseln.

Pirro Ligorio, der zahlreiche und hochrangige Aufträge erhalten hat, schrieben einige Historiker auch den Heiligen Hain von Bomarzo zu. Mag sein, daß er aufgrund seiner Beziehungen zur römischen Kurie tatsächlich bei Vicino Orsini eingeführt wurde, als der junge Herzog 1552 beschloß, das Gelände unterhalb seines Schlosses in einen Park zu verwandeln. Orsini wollte hier das von Vergil beschriebene Arkadien wiedererschaffen und den Weg anlegen lassen, der im *Traum des Poliphilo* beschrieben ist. Er kannte diesen Roman durch seinen Großvater, Fanciotto Orsini, der am Hof Lorenzos de' Medici aufgewachsen war.[11]

Der Park, „... ein heiliger Hain, einzig in seiner Art ...", birgt eine Welt „phantastischer Formen, die in riesige Felsen gehauen oder darauf errichtet sind, rätselhafte Gesichter, verzerrte Masken, durch eine Teufelsenergie befreite Fabeltiere, die das Menschliche und das Unmenschliche verherrlichen, die Größe des Wissens und seine Nichtigkeit, die Macht von Leben und Tod ...".[12] Der Herzog von Bomarzo war von seinen Gärten wie verzaubert und unablässig mit Reparaturarbeiten befaßt. 1563 schrieb er an Alessandro Farnese: „... Ich verspreche, die Brunnen meines Wäldchens reparieren zu lassen, die sich, wenn man täglich darin spazierengeht, in einem erbärmlichen Zustand zeigen, ..."[13] Orsini hatte nur zwei Leidenschaften: von seinem *bosco* zu reden und Besucher darin herumzuführen. Als 1558 ein Verwandter, Paolo Orsini, der Herzog von Bracciano, Isabella de' Medici heiratete, reiste er aus diesem Anlaß nach Florenz und erzählte dort voller Begeisterung von seinem Park.

An diese Schilderungen erinnerte sich vermutlich Isabellas Bruder, Francesco de' Medici, als er 1569 seinem Architekten Bernardo Buontalenti, der nach Ammanati

Heiliger Hain des Vicino Orsini, 1552–1584
Bomarzo, Viterbo
Von Hunden angegriffener Drache

die Leitung der Arbeiten im Boboli-Garten übernommen hatte, den Auftrag erteilte, auf dem in Pratolino erworbenen Landbesitz eine Anlage zu errichten, die alles bisher Dagewesene übertreffen sollte. Das Terrain war uneben, unfruchtbar und ohne eigene Quellen und stellte für den Architekten eine wahre Herausforderung dar. In Pratolino wollte Francesco sowohl seine Gäste durch die technischen Wunderwerke seiner Brunnenbauer in Erstaunen versetzen, als auch sich selbst ein Refugium schaffen, in dem er ungestört seiner stürmischen Leidenschaft für Bianca Capello nachgehen konnte.

Die beiden Seiten des Mannes – Mitglied der Hofgesellschaft und die Öffentlichkeit scheuender Liebhaber – wurden in der von Buontalenti gewählten Lösung deutlich sichtbar. Er ließ einen wilden Garten entstehen, in dem es von Kaskaden und Grotten nur so wimmelte und der ganz im Zeichen der *terribilità* stand. Die Natur offenbarte dem Besucher nicht länger Harmonie, sondern ließ ihn ihre Macht spüren, die Angst verbreiten könnte, wäre sie nicht durch Kunst und raffinierte Technik gezähmt gewesen. Das ging so weit, daß der Hausherr sie nicht nur beherrschte, sondern sich ihrer sogar bedienen konnte, um Überraschung und wohlberechneten Schrecken zu erzeugen. Giambolognas riesiger *Apennin*, der sich am Rande eines Teiches der Melancholie hingibt, ist heute der letzte Zeuge vergangener Herrlichkeit.

Francesco Colonna
Hypnerotomachia Poliphili, 1546
Poliphilo flieht vor dem Drachen

Die Initiationsgrotte

1530 hatte Giulio Romano den Palazzo del Te in Mantua für Herzog Federico II. Gonzaga fertiggestellt. Im Hof baute er ein *casino della grotta* aus Stuck und Muscheln. Von da an „wird ein ganzes Jahrhundert hindurch – und noch weit darüber hinaus – kein Park angelegt und kein Schloß gebaut ohne eine dieser Spielereien, die zeigen, daß die Sommerresidenz an ihrer ländlichen Umgebung teilhat und die Natur dem Vergnügen und der Prachtentfaltung dienstbar gemacht wurde ...“.[14]

Doch ehe die Grotte zu einem Ort wurde, in dem man Kühlung und Entspannung suchte und ein unerläßliches Element des Gesamtdekors bildete, war sie eine wesentliche Etappe des Initiationsweges. Hier sollte sich das ehrfurchtgebietende Mysterium der Schöpfung, die Vereinigung von Wasser und Feuer vollziehen, in der Quelle, die ihren Ursprung in der Grotte hatte, und durch die Sonnenstrahlen, die darin eindrangen.

Bei den Kretern war die Grotte eng mit der Bewährung im Labyrinth verbunden. Im Lauf der Jahrhunderte wurde sie zur Höllenpforte, zum Wohnsitz böser Riesen, zum Zufluchtsort für Götter und Nymphen. Als Poliphilo sich vor einem Drachen in eine Grotte flüchten muß, fragt auch er sich, ob er nicht im „hohlen Felsen“ des blutrünstigen Zyklopen Polyphem oder in der Höhle des bösen Kakos ist.

Als die Medici den Weg durch ihren Garten nach dem Vorbild des *Traums* anlegen ließen, wollten sie selbstverständlich auch eine Grotte darin haben. In Castello hatte Tribolo unter einem Gewölbe aus Stuck, Muscheln und Kieseln die Tiere des Nils, nach Ovid die ersten Tiere der Schöpfung, aus dem Wasser auftauchen lassen. Mit der Ausführung hatte man Giovanni Paolo Fancelli betraut, einen Schüler des Hofbildhauers Bandinelli.

1583 blieb es Bernardo Buontalenti, dem Hauslehrer Francescos de' Medici, der auch für die Feste und Schauspiele im Uffizienpalast verantwortlich war, vorbehalten, im Boboli-Garten das Schöpfungsthema in Form szenischer Bilder zu realisieren. Das erste zeigt die aus dem Chaos entstandene Erde vor der Sintflut. Sie ist von wilden Tieren bevölkert, die der Florentiner Künstler Bernardino Poccetti inmitten dichten Laubwerks postierte. Über dieser eher furchterregenden Welt erhebt sich, aus Stuck und Kalkstein gefertigt, eine bukolische Landschaft mit Hirten, die ihre Herde unter den besorgten Blicken von Flußgottheiten und Nymphen wegführen, die das nahe Ende dieses Arkadiens ahnen. Im Zentrum, auf einer Brunnenschale, thront ein schlichter, moosbewachsener Stein, der die Erde in ihrem Anfangszustand, zwischen Schöpfung und Untergang symbolisiert: die Urmaterie, aus der positive und zerstörerische Energien hervorgehen werden. Abgeschlossen wird diese Inszenierung durch Theseus und Helena. Ursprünglich sollten Pyrrha und Deukalion ihren Platz einnehmen, nach Ovid die einzigen Überlebenden der Sintflut. Dahinter folgt das zweite Tableau, die *Grotticella.* In ihrem Zentrum beobachten vier Faune die Geburt der Venus, eine anmutige Plastik aus weißem Marmor von Giambologna. Die Göttin erscheint hinter einer Trompe-l'œil-Laube aus Blumen und Vögeln, die mit eingelegten Steinen und Mosaiken verziert ist. Jeden Morgen, wenn die dunkle Grotte von den durch das Rundfenster des Gewölbes dringenden Sonnenstrahlen erleuchtet wird, wiederholt sich hier etwa eine Stunde lang das Schauspiel der Geburt der Venus.

Unmerklich nahm bei der Grotte, wie schon bei den Gärten, die Verführungsskraft zu. Der Orpheusmythos verlor an Tragik. Der Dichter stieg nicht mehr in die Unterwelt hinab, um Eurydike zu suchen, sondern verharrte am Eingang und verzauberte mit seiner Musik nicht nur die Tiere der Schöpfung, sondern auch die Gäste des Villenbesitzers. Die Nymphen machten den Musen Platz, damit diese den Besucher in die Freuden der Dichtung, der Musik und des Tanzes einweihen konnten. Zu diesen Zerstreuungen kamen rasch andere, boshaftere Spiele, für die man sich an den europäischen Höfen des 17. Jahrhunderts begeisterte.

Bartolomeo Ammanati
Garten der Villa Medici in Castello, 1538–1592
Castello, Florenz
Apennin, um 1550

Die Fahrt nach Kythera

„... Nach Überquerung der Fluten wird das Boot am Isolotto anlegen, wo der Pilger von den Ästen der Orangenbäume die goldenen Früchte Fortunas pflücken darf, als Lohn dafür, daß er sein Leben richtig lenkte ..."[15] Diese letzte Stufe des Initiationsweges besingt die Freude des Besuchers, dem nach Bestehen der Bewährungsproben die natürliche Ordnung der Dinge offenbart wird. Sie fand ihren Niederschlag in zwei großangelegten Garteninszenierungen, zwischen denen fast ein halbes Jahrhundert lag.

Schauplatz der ersten war wieder der Boboli-Garten in Florenz. 1608 berief Cosimo II., unmittelbar nach seiner Vermählung mit der reichen Habsburgererbin Maria Magdalena von Österreich, Giulio Parigi, Großneffe des Bildhauers Bartolomeo Ammanati, und seinen Sohn Alfonso zu Architekten des Gartens, um größere Verschönerungsarbeiten ausführen zu lassen. Parigi verwandelte zunächst das von Ammanati hinter dem Palast angelegte Gartentheater in ein weiträumiges steinernes Amphitheater, dessen obere Nischen mit Statuen der olympischen Götter geschmückt wurden, um der Anlage eine klassische Größe zu verleihen. Alfonso erweiterte dann den Ostteil des Gartens zur Porta Romana hin und richtete dort nach dem Vorbild der Naumachie der Hadriansvilla ein *teatro maritimo* ein.

Als Zugang zu diesem Wassertheater und zur Steigerung des Überraschungseffekts – das Zeitalter des Barock war angebrochen, und die humanistische Initiation diente oft nur noch als plakativer Vorwand – legte er eine lange, stark abfallende Allee an, die das Schauspiel bereits erahnen ließ. Sie war beidseitig von hohen, versetzt angepflanzten Hecken gesäumt, zwischen denen die Götter und Göttinnen aus Marmor Aufstellung nahmen. Erst hundert Jahre später wurde dieses Dekor durch dunkle Zypressen ersetzt. Die Allee öffnete sich schließlich auf ein weites, ovales Wasserbecken, das eine kleine Insel – den mit Orangen- und Zitronenbäumen bepflanzten *Isolotto* – umschloß, in deren Zentrum der von den drei großen Strömen Nil, Ganges und Euphrat flankierte Okeanos emporragte. Um dieses Dekor zu verwirklichen, versetzte und erhöhte Parigi den Okeanosbrunnen Giambolognas, der ursprünglich den Beginn des Gartens hinter dem Palazzo Pitti markieren sollte.

Heute lassen zwei Brücken den Besucher glauben, die „goldenen Früchte" seien in Reichweite, jedoch verwehren die hohen, von Steinböcken – dem Wappentier der Medici – und Meeresungeheuern bewachten Portale den Zugang. Der Besucher ist hier nur Zuschauer und spielt keine Rolle im Gesamtentwurf; er kann nur bis an den Rand des Beckens treten, wo er „Andromeda erblickt, die, anmutig wie Venus, mit erhobenem Arm ihr Antlitz dem Licht darbietend, darauf wartet, daß Perseus den Wellen entsteigt ...".[16] Diese von verliebter Erwartung geprägte Szene gleicht einer ähnlichen Darstellung, die kurz zuvor in der *Grotticella* zu sehen war.

Der Isolotto stand an der Schwelle zum 17. Jahrhundert und markierte den Beginn der Barockdekors. Die Gärten der Isola Bella im Lago Maggiore stellten den Höhepunkt dieser Entwicklung in Italien dar. Vor allem aber symbolisierten sie die Kraftprobe zwischen Mensch und Natur: Denn dem Besucher verblieb nunmehr lediglich ein fast unzugänglicher Traumweg auf einer kleinen Insel inmitten eines großen Sees, der an Nebeltagen zu entschwinden scheint. Die Arbeiten an den Anlagen auf der Isola Bella begannen kurz nach der Vollendung von Cosimos Isolotto – das *teatro maritimo* wurde erst 1618 fertiggestellt – und dauerten mehr als 50 Jahre. Auch hier wurde der ursprüngliche Entwurf nie vollständig verwirklicht. Giulio Cesare Borromeo, ein Mitglied der berühmten Familie des Kardinals Carlo Borromeo, gab 1620 die Arbeiten für den Palast und die Gärten in Auftrag, Karl III. und dessen Sohn Vitaliano VI. führten sie später weiter. Mit der Verwandlung der kleinen Felseninsel, auf der lediglich einige Fischerhäuser standen, wurde als erster der Mailänder Architekt Angelo Crivelli betraut, dem jedoch kurze Zeit später Pietro Antonio Barca nachfolgte. Erst jetzt wurde die Insel, wie Charles de Brosses es ausdrückte, „der Feen würdig, die, so meint man, ein Stück vom Garten der Hesperiden brachten ...".[17]

Die Isola Bella – ihr eigentlicher Name lautete Isola Isabella zum Gedenken an die schöne von Karl III. verehrte Isabella d'Adda – öffnet sich dem Besucher wie die Insel Kythera im *Traum* als ein „Ort, der so schön, so heiter und lieblich ist, daß die Beredsamkeit selbst nicht genug Ausdrücke und rhetorische Figuren wüßte, wollte sie versuchen, sie zu beschreiben ...".[18]

Die Gärten der Borromäer und die Insel der Kythera weisen noch andere Analogien auf. Beide haben die gleiche, streng geometrische Gliederung, ein System von konzentrisch angeordneten, durch gestutzte Buchshecken begrenzte Flächen, einem falschen Labyrinth ähnlich, das auf Kythera kreisförmig, auf der Isola Bella rechteckig ist. Auf letzterer bilden die Hecken und Balustraden vom Grundriß her zwar einen *Dedalus*, im Aufriß aber markieren sie die Begrenzungen von zehn breiten, zu einer Stufenpyramide gefügten Terrassen, deren unterste das Seeufer bildet. Auf der obersten Stufe dieses grandiosen Pyramidenstumpfs befindet sich ein Freilufttheater, das auf einer Seite durch die Rückfront eines weiten Nymphäums begrenzt wird, welches auf der Nordseite, der Seite des Palastes, die Gartenanlage beschließt. Oben auf dem Nymphäum, das durch drei übereinandergestellte Ordnungen ebenfalls pyramidal aufgebaut ist, erhebt sich ein Einhorn, das Wappentier der Borromäer.

Von Terrasse zu Terrasse wandernd gelangt man zu weiteren Nymphäen, zu Wasserbecken und Parterres, wo sich schon im 18. Jahrhundert exotische Blumen, Erdbeerpflanzen, Tamarisken und Seifenkraut mit den Rosen- und Jasminsträuchern vermischten, die Vitaliano in den von Buchshecken umrahmten Gevierten pflanzen ließ.

Diese wie aus den Fluten aufgetauchten Gärten, an denen noch die Algen, Muscheln und Kiesel des Sees zu haften scheinen, begleiten auf wunderbare Weise den Weg der Initiation, bedeuten aber zugleich auch sein Ende. Es gibt keine vollkommenere Darstellung der Suche nach Erkenntnis als die des Einhorns – des Symbols von Reinheit und höchster Vergeistigung. Auf dem Einhorn des Nymphäums der Isola Bella aber reitet Eros, der Sohn der Aphrodite, der Göttin der Schönheit ... Und wie auf Kythera werden auf jeder Terrasse die Sinne in einer Weise angesprochen, die den Besucher den wichtigsten Zweck seines Weges vergessen läßt: die Erlangung des Wissens. Er kann hier, wie Poliphilo am Ende seines Traums, seine Wünsche im Genuß befriedigen. Er hat schließlich erkannt, daß die Offenbarung dieses Gartens wie die des *Traums* nichts anderes ist als „Initiation in die Geheimnisse der Venus".[19]

Die Mächte der Natur bewachen die Initiationsgrotte …

Heiliger Hain des Vicino Orsini, 1552–1584
Bomarzo, Viterbo
Schildkröte mit geflügelter Viktoria

Gegenüberliegende Seite:
Bernardo Buontalenti
Garten der Villa Francesco de' Medici, 1569–1587
Pratolino, Florenz
Giambologna
Apennin, 1569–1581

Links:
Giacomo della Porta, Carlo Maderno und
Giovanni Fontana
Garten der Villa Aldobrandini, 1601–1621
Frascati, Rom
Gesicht eines Monsters, 1612

Garten der Villa Medici, 1538–1592
Castello, Florenz
Grotte
Ausschmückung: Niccolò Pericoli, genannt „il Tribolo“; die Tiere des Nils werden Giovanni Paolo Fancelli zugeschrieben

… Fabelwesen in der Grotte von Castello …

Bernardo Buontalenti
Boboli-Garten
Florenz

OBEN UND RECHTS:
Grotte, 1583
Erster Saal, Fresko und Stuckdekor von Bernardino Poccetti
GEGENÜBERLIEGENDE SEITE:
Grotticella
Giambologna
Venus entsteigt dem Bade, 1580–1587

... die Geburt der Venus in der Grotticella ...

… der Weg zur Erkenntnis …

Bernardo Buontalenti
Boboli-Garten
Florenz
Zypressenallee zum Isolotto

Bernardo Buontalenti
Boboli-Garten
Florenz
Giambologna
Okeanosbrunnen, 1570–1576

… endet am Isolotto …

Bernardo Buontalenti
Boboli-Garten
Florenz
Isolotto, vollendet 1618 von Alfonso Parigi

Oben:
Perseus
Links:
Andromeda

Angelo Crivelli und Pietro Antonio Barca
Garten des Palastes der Borromäer, 1620–1671
Isola Bella, Lago Maggiore
erbaut für Karl III. und seinen Sohn Vitaliano VI.

OBEN:
Terrassen
RECHTS:
Nymphäum
GEGENÜBERLIEGENDE SEITE:
Isola Bella, vom Ufer aus gesehen

… auf der Isola Bella

„Polia und ich, eines Sinnes und von dem Wunsche beseelt, an den für unser Glück bestimmten Ort zu gelangen, liefen, sanft seufzend und in Liebe erglühend, in Cupidos Nachen in den Hafen der heiligen Insel Kythera ein."

Francesco Colonna, *Hypnerotomachia Poliphili*, 1546

ESTATEM SEDIS APO

2

Der Weg des Wissens

Italien und Frankreich vom 15. zum 17. Jahrhundert

Im Verlauf seiner Reise durch das Land der Träume mußte Poliphilo auf der Suche nach Polia viele Prüfungen bestehen. Sie enthüllten ihm die Mechanismen seines Unterbewußtseins und lehrten ihn, es besser zu beherrschen; durch die Naturgewalten wurde er in die Geheimnisse der Schöpfung eingeweiht und er mußte die Spuren uralter Kulturen enträtseln, um ihre Botschaft zu verstehen.

Bevor seine Initiation jedoch vollendet werden kann, muß Poliphilo noch zwei geheime Gärten entdecken: den *Gläsernen Garten*, der ihm die Welt der Vernunft offenbart, und den *Seidengarten*, der ihm die Welt der Sinne erschließt. In beiden Gärten finden sich sämtliche Gaben der Natur, die nützlichen wie die angenehmen.

Seine Führung übernehmen zwei Nymphen. Logistica öffnet ihm den gläsernen Garten, „einen Obstgarten, in dem die Stämme der Bäume aus lauterem Gold, die Blätter hingegen aus Glas gefertigt sind, aber so täuschend nachgemacht, daß man sie für natürliches Laub hält ... Ebenso findet man hier Blumen und Gräser aus Glas in vielerlei Farben, Formen und Arten ... Den Garten umgrenzen bauchige Säulen aus Glas oder Jaspis, die die Zaunwinde mit weißen, glöckchenartigen Blüten umrankt, allesamt gefertigt aus weißem Glas."[1]

Im gläsernen Garten erwarten den Menschen alle Wohltaten, die ihm die Natur für seine Arbeit zuteil werden läßt. Hier wird er in die Gesetze eingeweiht, die er mit Hilfe seiner Intelligenz weiterentwickeln und zu immer neuen Gesetzen umformulieren kann. Das erste Zeugnis davon ist der *Arzneikräutergarten*. Ihm folgt der *botanische Garten*, der den Weg zu den Naturwissenschaften und den Geheimnissen von Chemie und Medizin bahnt. Auch der Nutzgarten ist im gläsernen Garten vertreten – hier begegnet man der gleichen strengen Ordnung, der gleichen geometrischen Gestaltung, der gleichen meisterhaften Beherrschung aller Techniken der Gartenkunst.

Nachdem Poliphilo unter Führung Logisticas den gläsernen Garten besichtigt hat, wird er von Thelemia zum Seidengarten geleitet, dem „anderen Garten, der nicht minder herrlich erscheint, als jener erste, in den ihn Logistica führte ... Dieser Garten gleicht dem gläsernen nach Größe und Art, nur daß hier Blumen, Gräser und Bäume aus Seide sind ... Die ihn umschließende Mauer aber ist mit einzigartiger Kunst und ungeheurem Aufwand gefertigt. Sie ist aus Perlen darüber man Efeu gewunden hat, mit Blättern aus Seide und Zweigen aus purem Gold, von denen Trauben aus Edelstein herabhängen ... Die Beete sind mit grünem Samt bedeckt und gleichen einer schönen Blumenwiese zu Beginn des Monats April ... Thelemia ergriff die Lyra, spannte die Saiten nach ihrer Stimme und hob an, von der Entstehung all dieser Herrlichkeiten zu singen."[2]

Der Anblick solcher Kostbarkeiten konnte nicht nur Poliphilo vorbehalten bleiben. An die Seite des *Nutzgartens* trat der *Lustgarten*. Bald erfreuten sich Dichter, Miniaturenmaler und hohe Herren in ihren Obstgärten an ebenso weichem Rasen und ebenso kostbaren Blumen und Pflanzen, wie sie Poliphilo im Seidengarten vorfand. Den Kosten waren nach oben keine Grenzen gesetzt, der Lustgarten wurde alsbald zum *Ziergarten* und war fortan aus fürstlichen Höfen nicht mehr wegzudenken.

Die großen, am Vorbild des *Traums* orientierten Anlagen verhalfen dem Besucher zu einer neuen Sichtweise der Natur. Er konnte den Garten als Ort der Offenbarung tief in seinem Innern vergrabener Empfindungen erleben und verstand nun, daß alles auf dem Konzept des *Gläsernen Gartens* und des *Seidengartens* beruhte. Wie Logistica und Thelemia Poliphilo gezeigt hatten, mußte der Besucher, um solche Anlagen zu begreifen, nicht nur erkennen, daß alle diese Schätze der Erde entspringen, sondern auch die Freude spüren, die sie spenden können. Es war also nötig, die Natur im Namen der Ordnung und der Schönheit zu erobern.

Aus dem *Arzneikräutergarten* entstand der *botanische Garten*, der vollendete Ausdruck des Gartens des Wissens. Mehr als jeder andere ermöglichte er den Zugang zu den Wissenschaften, die das Geheimnis der Pflanzen enthüllten. Der Garten des Wissens war aber auch ein *Nutzgarten*, den man im täglichen Leben benötigte. Bis zum Ende des 16. Jahrhunderts wurden deshalb zahlreiche Kompendien mit Anleitungen und Ratschlägen zu seiner Pflege verfaßt. So gesehen kann man ihn nur dem gläsernen

Giacomo della Porta, Carlo Maderno und Giovanni Fontana
Garten der Villa Aldobrandini, 1601–1621
Frascati, Rom
Nymphäum, Statue des Polyphem, 1621

Garten zuordnen, der Francesco Colonna so lieb und teuer war. Paradoxerweise sollte durch die Aufmerksamkeit, die dem Nutzgarten zuteil wurde, sein Gegenteil entstehen: der Lustgarten, der unnütze, der den Nutzgarten schließlich völlig verdrängte. Bevor es jedoch zu dieser Trennung kam, vereinigten sich das Nützliche und das Angenehme in der Gestaltung der mittelalterlichen Klöstergärten, in deren Stille man Zuflucht fand. Die antike Tradition des Gartens als Reihung abgegrenzter Flächen mit jeweils anderen Aufgaben blieb hier in den ersten Jahrhunderten des Christentums erhalten.

Zahlreiche Klöster waren seit dem 9. Jahrhundert inmitten weiter, landwirtschaftlich genutzter Gebiete entstanden. Hier widmete man der Bestimmung jener Freiflächen besondere Aufmerksamkeit, die von den Gebäuden umschlossen waren und von denen jede einem bestimmten Zweck diente. Im *Arzneikräutergarten* wuchsen neben Heilkräutern auch die Blumen für den Altarschmuck, im *Gemüsegarten* wurden kleinwachsende Gemüsesorten angebaut. Beide waren in rechteckige, leicht erhöhte und mit Brettern, niederen Mauern oder Flechtwerk eingefaßte Beete unterteilt. Diese Gestaltung wurde beim *Nutzgarten* bis ins 17. Jahrhundert beibehalten. Der dritte und letzte, die strenge Ordnung des Klostergartens beschließende Teil sollte durch den Symbolwert, der ihm zuteil wurde, bald zum wichtigsten Element avancieren: der *Obstgarten.* Dort wuchsen zwischen Obstbäumen auf einem grünen Grasteppich Zierpflanzen wie Weißdorn, Rosen und Geißblatt. Als Stätte der Einkehr – hier wurden die Mönche begraben – gab der Obstgarten, der Garten der Ewigkeit, ab dem 13. Jahrhundert vielen Gärten mit jeweils klar abgegrenzten Aufgaben seinen Namen.

Paradiesgärten, höfische Obstgärten

Auch wenn der Garten weiterhin nach dem klösterlichen Schema angelegt wurde, begann seine Gestaltung – und nicht nur seine einzelnen Bestandteile – schon in dieser Zeit das Interesse von Gelehrten zu erregen. Um 1230 stellte der Dominikaner Albert von Bollstädt, genannt Albertus Magnus, in seinem *De vegetabilibus* eine fast vollständige Liste der damals bekannten Pflanzen auf und behandelte zum ersten Mal auch die Gestaltung der Gärten. Der erste, der sich wirklich mit dem Thema „Gartenkunst" befaßte, war jedoch der Agronom Pietro de' Crescenzi. Sein zwischen 1304 und 1309

Meister vom Oberrhein
Das Paradiesgärtlein, um 1420
Temperamalerei

entstandenes *Opus ruralium commodorum* hatte einen derartigen Erfolg, daß es bereits 1350 in die Volkssprache übersetzt wurde. 1373 erschien eine französische Ausgabe unter dem Titel *Rustican du labeur des champs,* die ab 1486 als *Livre des prouffits champestres et ruraux* veröffentlicht wurde.[3]

Diese Übersetzungen trugen wesentlich zu einer veränderten Zweckbestimmung der Gärten bei. Zu den Nutzgärten, die von botanisch interessierten Mönchen gepflegt wurden, traten nun auch für Fürsten angelegte Lustgärten. Diese Entwicklung war durch die Berührung mit der arabischen Welt in der Zeit der Kreuzzüge ausgelöst worden. Die Araber hatten bereits entdeckt, welche Freuden die Natur dem Menschen bescheren konnte. In seinem *Opus ruralium* widmete Pietro de' Crescenzi ein ganzes Kapitel den, wie er sie nannte, „Obstgärten, Gärten und Stätten des Vergnügens. Und Bäume, Kräuter und Früchte. Wie man sie kunstvoll anordnet ...".[4] Er nahm auch eine Einteilung nach dem Rang der Personen vor, die den Garten nutzen sollten. Crescenzi schlägt in diesem Kapitel drei Arten von Obstgärten vor: „kleine Obstgärten", „Obstgärten für Personen höheren Standes" und „königliche Obstgärten".

Die kleinen Obstgärten mit Kräutern und Obstbäumen ermöglichen es dem meist nur über beschränkte Mittel verfügenden Besitzer, die Gaben der Natur zu nutzen. Ein viereckiger Hof – mit dichtem, „einer grünen Decke gleichendem" Gras bewachsen – ist eingesäumt von aromatischen Kräutern und Blumen. Auf einer Seite befindet sich eine Rasenbank – zwei niedere Mäuerchen, die eine Grünfläche umschließen –, auf der die Besucher sich ausruhen können. Eine Laube aus Lattenwerk, manchmal gewölbt und von wildem Wein umrankt, bietet Schutz gegen die Sonne.

Die zweite von Crescenzi beschriebene Kategorie ähnelt der ersten, ist jedoch größer und umgibt die Villa eines Kaufmanns oder eines Adligen. Hier muß der Garten aus mehreren durch Hecken abgetrennten Parzellen bestehen, in denen die verschiedensten Bäume und Pflanzen gedeihen können. Zu seiner Ausstattung gehören nicht nur einfache Rasenbänke, sondern auch Gitterwerk, Lauben und Pavillons, die sich bis zum Ende des 16. Jahrhunderts großer Beliebtheit erfreuten.

Renaud de Montauban
Les Amours de Maugis et Oriande, 1460
Oriande und Maugis im Garten

Noch mehr Gewicht erhielten solche Lustbarkeiten in den für Fürsten oder mächtige Adlige bestimmten Obstgärten. Zu den Vergnügungen der Jagd in den Wäldern, den Fischteichen und Vogelhäusern für Jagd- oder Singvögel kamen nun weitere Zerstreuungen hinzu. Lauben und Pavillons wurden im fürstlichen Garten zu kunstvollen, von Wein umrankten „Palästen", die man aus Zweigen von Kirsch- und Apfelbäumen oder Haselsträuchern fertigte.

Trotz der Empfehlungen Crescenzis blieb der Lustgarten weiterhin mit dem Nutzgarten verbunden, wurde jedoch zunehmend als Ort begriffen, wo sich bestimmte Empfindungen entfalten konnten. Im höfischen Roman fällt dem ummauerten Garten eine wichtige Rolle zu: Er erweckt in dem, der ihn betritt, die edelsten Gefühle, den seltenen Pflanzen vergleichbar, die darin wachsen. Dieser Obstgarten mit seinen Blumen und Bäumen, die beziehungsreiche orientalische Namen tragen, mit seinen Rasenbänken, auf denen die Liebenden Platz nehmen, und seinem Brunnen – oft ist es ein Jungbrunnen – diente vielen Gedichten und Verssatiren des 13. und 14. Jahrhunderts als Kulisse. Vorbild war der *Roman de la Rose*, in dem der Liebende versucht, im Garten der Liebe in den Besitz des Gegenstands seiner Liebe, der Rose, zu gelangen.[5]

Nun wurde der Garten auch eine Inspirationsquelle der sakralen Kunst. Künstlern aus dem Norden Europas – dem Elsaß, Deutschland und Flandern – diente er bei ihren Darstellungen der heiligen Maria mit dem Kind als Hintergrund.[6] Hatte der Obstgarten bisher die reinen Gefühle der höfischen Liebe symbolisiert, so stand er nun für die Jungfräulichkeit Marias – ein *hortus conclusus*, ein „verschlossener Garten", ein „verschlossener Born".[7] Die Liebe im höfischen Roman und die Liebe zur Himmelskönigin finden ihren Ausdruck in der „in sich gekehrten Vorstellung von einer auserlesenen, reinen, paradiesischen Natur, die für die unsagbaren Wonnen der Seele bestimmt ist".[8]

Der *giardino segreto* der Toskana

Diese poetische, symbolische Vision wurde gegen Ende des 15. Jahrhunderts in der Toskana Wirklichkeit, als Fürsten die ersten Villen außerhalb der Stadtmauern errichteten und Philosophen und Dichter die Natur als neue Quelle der Inspiration entdeckten. Ein weiterer Faktor, der nicht so offensichtlich, doch nicht minder bedeutend war, verstärkte in Florenz den Bruch zwischen dem Nützlichen und dem Angenehmen. Der langsame Wandel des höfischen Gartens vom Symbol des Unerreichbaren zu einem Ort, an dem man sinnliche Freuden genoß, ging nicht nur auf den neoplatonischen Einfluß am Hof der Medici zurück, sondern auch auf die Verbindungen, die dieser Hof mit dem Nahen Osten pflegte. Florenz empfing Gelehrte aus Griechenland und Kleinasien, deren Bildung sich zwar auf die griechische oder römische Antike gründete, die jedoch auch für Einflüsse der arabischen Welt offen waren.[9]

Auf diese Weise ging der *giardino segreto,* einer der drei Gartentypen, die für die Villen in Florenz und Lucca angelegt wurden, nicht nur auf den Klostergarten zurück, sondern hatte seine Wurzeln auch im Nahen Osten. Davon zeugen beispielsweise die Beete mit den komplexen Mustern aus variierenden Kombinationen aromatischer Kräuter oder auch die Vorliebe für die Zypresse und die Rose als Symbol der Liebe. Die Verbindungen zum Nahen Osten zeigen sich aber vor allem in seiner Zweckbestimmung: Der *giardino segreto* war ein Lustgarten, der die Sinne erfreuen und Körper und Geist Ruhe und Erholung spenden sollte.

Die wenigen Gärten dieser Art, die man in der Toskana heute noch besichtigen kann – in der Villa Capponi, der Villa Santini-Torrigiani und der Villa Gamberaia –, sind keine vollkommenen Beispiele des *giardino segreto,* da sie immer wieder verändert wurden. Am besten hat sich der ursprüngliche Zauber dieser abgeschirmten Räume in der Villa Capponi auf einer Anhöhe bei Florenz bewahrt, selbst wenn dieser Garten erst 1572 angelegt wurde: Von hohen Mauern umgeben und etwas tiefer als die Villa gelegen, war er von der übrigen Anlage aus weder sichtbar noch zugänglich. Man erreichte ihn vom Inneren des Gebäudes durch einen unterirdischen Gang. Immer noch umschließen hohe Mauern, an denen sich Rosen und Glyzinien emporranken, die Beete mit malvenfarbenem Leimkraut (ursprünglich wohl Rosen und Jasmin) und sauber geschnittenen Rändern. In einer dieser Mauern ist eine vergitterte Öffnung, durch die man in der Ferne Florenz und die Kuppel von Santa Maria dei Fiori erblickt. Die Öffnung hat symbolische Bedeutung: Sie zeigt, daß der Geist überall hin zu gehen vermag, erinnert aber gleichzeitig daran, daß man, eingeschlossen in die Mauern dieser grünen Oase, gegen den Wind geschützt und von den sonnenbeschienenen Steinen erwärmt, den Duft der Blumen noch intensiver genießen kann.

Der *giardino segreto* ist nicht das einzige Element des toskanischen Gartens. Vor der Villa befindet sich noch eine freie, für Spiele und Feste reservierte Fläche, und nahe am Eingang liegt der *orto.* Hier werden Gemüse und aromatische Kräuter angebaut, und zwischen den Beeten wachsen Orangen- und Zitronenbäume in Töpfen aus Terrakotta. So entsteht ein Gartentrio: ein Ort stillen Nachdenkens, ein Platz für laute Festlichkeiten und ein Nutzgarten. Ähnliches findet man in den zu Lustgärten umgebauten Anlagen in Cafaggiolo und Careggi, die Michelozzo für Cosimo den Alten gestaltete. Es war jedoch vor allem dessen Enkel Lorenzo, der diesen Gärten ihre sinnliche Schönheit verlieh. Gleich seinem Freund, dem Dichter Angelo Poliziano, dessen *Insel der Venus* in den *Stanzen* vom wollüstigen Luxus der Medici erfüllt ist, liebte Lorenzo es, in die schimmernden Farben und feinen Düfte der Gärten von Careggi einzutauchen, denn sie waren „ein wahres Märchenland aus verschiedenen Düften".[10]

Der bescheiden dimensionierte toskanische Lustgarten blieb im 16. Jahrhundert Teil zahlreicher Gartenanlagen der Medici. In Castello legte Tribolo links von der Villa einen Heilkräutergarten an – einen gläsernen Garten – und rechts davon einen Seidengarten. Beide waren von Mauern umgeben und lagen abseits der Terrassenfolge, aus denen der eigentliche Garten besteht. Leider wurden sie bei der Umgestaltung der Anlage im 18. Jahrhundert zerstört.

Pietro de' Crescenzi
Rustican du labeur des champs, 1373
Manuskript mit Buchmalereien
Die Übersetzung ins Französische erfolgte im Auftrag Karls V.

Königliche Lustbarkeiten in Frankreich

In Frankreich warteten Könige und Adlige nicht erst die Italienfeldzüge und den Beginn des 16. Jahrhunderts ab, um sich an der Schönheit des Seidengartens zu erfreuen. Lange vorher schon hatten die Dichter die Höfe in die feinsinnigen Freuden eingeführt, die keusche Liebe in immerblühenden Gärten zu bieten vermag.

Obwohl der kleine Nutz- und Lustgarten im Mittelalter weit verbreitet war – wie die Urkunden größerer Städte zeigen, leisteten sich häufig Kaufleute hinter hohen Mauern solche Gärtchen – waren Anlagen in großem Maßstab nach Art von Crescenzis königlichen Gärten eher selten. Drei bedeutende Beispiele markieren den Übergang zwischen dieser Zeit, als sich innerhalb der Burgmauern einige der Entspannung dienende Obstgärten befanden, und dem ausgehenden 15. Jahrhundert, als der höfische Obstgarten schon den Rang eines Ziergartens hatte.

1289 kehrte Robert II. d'Artois nach Hesdin bei Arras zurück, nachdem er lange Zeit in Neapel als Regent des Königreiches Sizilien residiert hatte. Er führte einige Abhandlungen über Mechanik und Hydraulik mit sich, die auf seinen Wunsch in Neapel verfaßt worden waren. Diese Wissenschaften hatte er durch die arabischen Manuskripte entdeckt (insbesondere die von Banu-Muza und Al-Djazari[11]), die er in den königlichen Bibliotheken vorgefunden hatte. Gleich nach seiner Rückkehr entwarf er für sein Château einen *Parc de joyeusetés* mit Automaten und scherzhaften Wasserspielen, „Geräten zum Bespritzen der Damen"[12], die die Gäste amüsieren und erschrecken sollten. Die gesamte Anlage wurde 1553 von den Truppen Kaiser Karls V. zerstört.

Fast 50 Jahre nach der Errichtung dieses Parks begannen die Gärten des Hôtel Saint-Pol, der zwischen 1360 und 1418 entstandenen Lieblingsresidenz König Karls V. in Paris, allgemeine Bewunderung zu erregen, und dies nicht nur wegen der Fontänen und Wasserspiele, sondern auch wegen der kunstvollen Anordnung der zahllosen Promenaden, Galerien, Laubengänge und Pavillons. Diese zerbrechlichen und kurzlebigen Konstruktionen aus Lattenwerk wurden schließlich zu einer beliebten Zierde fürstlicher Gartenanlagen. Auf die Wasserspiele – die erst wieder im 17. Jahrhundert in Erscheinung traten – und die kurzlebigen Holzarchitekturen von Saint-Pol folgte eine andere, dauerhaftere Art der Gartengestaltung.

Fasziniert vom Gartenbau ließ René d'Anjou nach einem langen Aufenthalt in Neapel, aus dem ihn Alfons von Aragon 1442 vertrieben hatte, vor den Toren von Angers und auf seinen Ländereien an der Loire eine große Zahl von Gärten anlegen. Vor allem aber wollte er den mittelalterlichen Obstgarten zu einem königlichen Garten umgestalten und führte so den *Jardin des singularités* ein. In der islamischen Welt, in der die Fürsten ihre Gärtner beauftragten, ungewöhnliche Veredelungen und Schnitte vorzunehmen, war diese Form des Gartens schon weit verbreitet. In Frankreich wurde diese neue Mode übernommen, und rasch zu einer Kunst entwickelt, in der es die Franzosen zur Meisterschaft brachten.

René d'Anjou
Le Mortifiement de vaine plaisance, 1455
Der König und sein „Jardin des singularités"

König René führte auf diese Weise eine neue Gartengestaltung in Frankreich ein. Als 50 Jahre später – im Jahre 1495 – Karl VIII. von seinem Italienfeldzug heimkehrte, verlieh er den Gärten eine neue Dimension. Poggio Reale, die Residenz der Aragonesen in Neapel mit ihren breiten Alleen, Rosenbeeten und dem allgegenwärtigen Wasser hatte den König tief beeindruckt. So nahm er in seinem Gefolge an die 20 Künstler und Handwerker, einen Gärtner, der sich auf den Bau hydraulischer Anlagen verstand, Dom Pacello da Mercogliano, sowie einen Architekt und Ingenieur, Fra Giocondo mit. Karl VIII. hatte eine klare Vorstellung davon, welche Aufgaben sein neuer Hof zukünftig zu erfüllen hatte: Er sollte den Rahmen für eine Politik abgeben, in der die Diplomatie eine zunehmend wichtigere Rolle spielte. Wenn auch die architektonischen Elemente, die den Lustgarten umfriedeten – Wälle und Wassergraben –, weiterhin fortifikatorischer Art waren, so hatten sie jetzt nur noch dekorativen Charakter.

Die neue Rolle der Gärten bewirkte aber keine völlige Umgestaltung, sondern entsprach weiterhin den damals gültigen Regeln. Auch wenn die Schlösser nicht mehr gegen die Außenwelt abgeschottet waren, lagen die Nebengebäude und Parks doch stets außerhalb der Wälle, deutlich getrennt von den Wohngebäuden.

Seine ersten Versuche auf französischem Boden unternahm Pacello da Mercogliano in Amboise. Aber erst, als er nach dem Tod Karls VIII. von dessen Vetter Ludwig XII. nach Blois berufen wurde, entfaltete er sein ganzes Können. Von 1500 bis 1510 legte er – immer noch außerhalb des Wallgrabens – einen aus drei riesigen Terrassen bestehenden Garten an, den er auf völlig neue Art gestaltete.

Der erste Garten, der sogenannte *Jardin de la Bretonnerie* – benannt nach einem der Gärten des alten Schlosses –, war sehr einfach angelegt. Eine oberhalb der Orangerie verlaufende Galerie führte zur zweiten Terrasse, auf der verschwenderische Pracht das Auge erfreute. In Anbetracht seiner neuen Funktion war dieser Teil des Gartens unmittelbar vom Château aus zu erreichen. Über die hölzerne, trophäengeschmückte Galerie des Cerfs gelangte man von den Gemächern direkt in diesen Garten. Er war von Treillagen eingerahmt, an denen sich Kletterpflanzen hochrankten. Diese Einfassung war auf einer Seite als überdachter Gang ausgebildet und führte zu einer sechseckigen Kapelle, dem Oratorium der Anne de Bretagne, der Gattin Ludwigs XII. Im Zentrum der in zehn quadratische Beete unterteilten Terrasse befand sich ein hölzerner Pavillon, der durch offene Laubengänge mit den seitlichen Alleen verbunden war. In seinem Inneren stand ein weißer Marmorbrunnen mit drei übereinander angeordneten, reich verzierten Brunnenschalen, die deutlich italienischen Einfluß erkennen ließen.[13] Diese Brunnen wurden oft durch kleine Aedikulen ersetzt, in denen eine Statue aufgestellt war. Solcher Schmuck ist eines der Merkmale, durch die sich die frühen Renaissance-Gärten von den mittelalterlichen Gärten Frankreichs unterscheiden.

Vor allem hob die stark von den zeitgenössischen italienischen Gärten beeinflußte Struktur der Beete diese Anlagen von ihren mittelalterlichen Vorläufern ab. Das Parterre der Terrasse bestand nun aus quadratischen Beeten, die nicht mehr mit niederen Lattenzäunen eingefriedet, sondern von aromatischen Pflanzen umrahmt waren. Eine weitere Neuerung, die Pacello da Mercogliano eingeführt hat, bestand in der schachbrettartigen Ausschmückung des gesamten Gartens mit Blumen und Pflanzen, statt wie bisher nur in der Einfassung der Beete. Jedes Beet war kunstvoll strukturiert und mit geometrisch angeordneten aromatischen Kräutern eingefaßt. Die entstehenden Flächen wurden mit den verschiedensten Gewächsen bepflanzt, so daß sich eine Vielfalt an Farbtönen und Oberflächenstrukturen einstellte. Diese Muster erinnerten an Parkettböden, so daß in Frankreich ab der Mitte des 16. Jahrhunderts die Bezeichnung *parquet* für Beete aufkam. Um Spaliere, Treillagen, Lauben und Pavillons errichten zu können, mußte der Gartenarchitekt aber auch mit dem Handwerk der ihm unterstellten Schreiner vertraut sein. Die aus dem 16. Jahrhundert stammenden Abhandlungen über Gartenkunst enthalten ausführliche Anweisungen, wie diese Gartenelemente herzustellen sind.

Pacello da Mercogliano versetzte, was ein neues Element in der Gartengestaltung darstellt, den Gemüsegarten ans Ende der Anlage, in den „oberen Garten" auf der dritten Terrasse. Dadurch wurde keineswegs dessen Bedeutung geschmälert, war doch dafür die doppelte Fläche des Lustgartens vorgesehen, jedoch sein Zweck auf eine reine

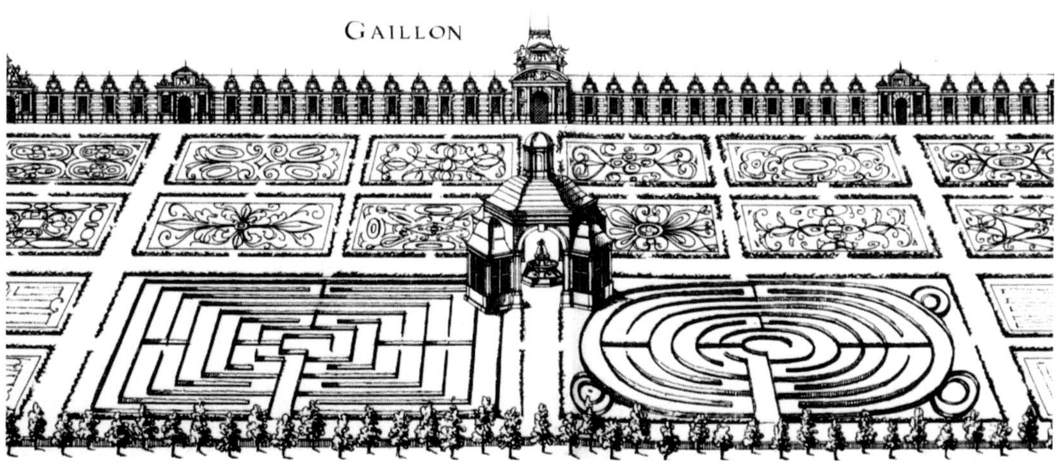

Château de Gaillon
Gaillon, Rouen
Lustgarten

Nutzfunktion ohne dekorative Aufgabe reduziert. Trotzdem entwarf Pacello eine Reihe kunstvoller Strukturen, „große, mit Gemüse bepflanzte Flächen, in denen kleine duftende Büsche in geometrischer Anordnung die einzelnen Beete umrahmen. Dazwischen ziehen sich schmale Sandwege dahin, von denen aus man das Gemüse ernten oder anpflanzen kann."[14] Die Rede ist hier zwar vom Gemüsegarten des Château de Villandry, das etwas später als Blois erbaut wurde, doch vermittelt diese Beschreibung ein genaues Bild der Nutzgärten, die zu jener Zeit angelegt wurden.

An die Stelle der Annehmlichkeit trat nun zunehmend die Prachtentfaltung, so daß der Nutzgarten aus dem Gartenensemble verdrängt wurde. Andernorts zeigte sich die Tendenz, verschiedenartige Dinge voneinander zu trennen, schon seit der Regierung Franz' I., der unter dem Einfluß seiner Schwiegertochter, Katharina de' Medici, stand. So wie man Blumen immer seltener neben Gemüse pflanzte, so brachte man nun Süßes und Salziges nicht mehr zusammen auf den Tisch. Für das Auge wie für den Gaumen entwickelten sich neue Ordnungen.[15]

Im 16. Jahrhundert erbauten Könige und Adlige zahlreiche Châteaus, vorzugsweise an der Loire. Die Könige wechselten häufig ihre Residenz, und auch der Hofadel fand Geschmack an prächtigen Landsitzen. In Bury ließ Florimond Robertet, Staatssekretär der Regierungen zwischen Karl VIII. und Franz I., seine Gärten zwar noch innerhalb der Schloßfestung anlegen, deren Bau 1514 begonnen wurde, ihre Gestaltung folgte jedoch schon den neuen Prinzipien. Robertet wünschte eine klare Trennung zwischen Lust- und Nutzgarten und wies beiden eine eindeutige Funktion zu: Der Lustgarten sollte vor dem Château liegen und dessen Anblick verschönern, der Nutzgarten sich vor den Wirtschaftsgebäuden erstrecken, um sie mit allem Nötigen zu versorgen.

Georges d'Amboise, Kardinal und Minister, der Ludwig XII. nach Italien begleitet hatte und 1501 nach Frankreich zurückgekehrt war, stand Neuerungen aufgeschlossener gegenüber als Robertet. Wie der König stellte er einen italienischen Gärtner ein, der aus demselben Dorf wie Pacello stammte: Piero da Mercogliano. Er beauftragte ihn mit dem Entwurf eines Gartens für sein Château in Gaillon in der Normandie. Entsprechend der damaligen Mode war der Lustgarten mit all seinen Sinnenfreuden – Irrgärten und Vogelhäusern – als Erweiterung des nunmehr unbefestigten Châteaus angelegt, blieb von den Wohngebäuden allerdings durch einen Vorhof getrennt. Vervollständigt wurde die Anlage durch einen großen Nutzgarten.

In der Regierungszeit von Franz I. wurden die neuen königlichen Residenzen in Chantilly, Saint-Germain-en-Laye und Fontainebleau durch Gärten erweitert.[16] Diese ähnelten vom Grundplan her der Anlage von Blois, waren jedoch viel großzügiger konzipiert, um den Erfordernissen des immer aufwendiger werdenden Hoflebens zu entsprechen. In den Ulmen- und Lindenalleen, unter Laubengängen und schattenspendendem Lattenwerk konnte der Hofstaat lustwandeln. Die Parterres, nunmehr nur durch virtuelle Mauern abgegrenzt, verloren ihre Intimität. Nun forderte alles zu verhaltener Bewegung auf, zu genau abgestimmten Promenaden, die immer wieder zum Ausgangspunkt zurückführten. Blumenbeete zu bewundern war in diesen Anlagen nur noch ein Vorwand, vielmehr ging es darum, sich selbst bewundern zu lassen.

Nach dem Tod Franz' I. im Jahr 1547 und der Thronbesteigung seines zweiten Sohnes, Heinrich II., ließ der Einfluß der am Hof tätigen italienischen Künstler allmählich nach. Die großen Aufträge gingen nicht mehr prinzipiell an sie, und bald traten wieder französische Künstler in den Vordergrund. So beauftragte der König 1548 den begabten

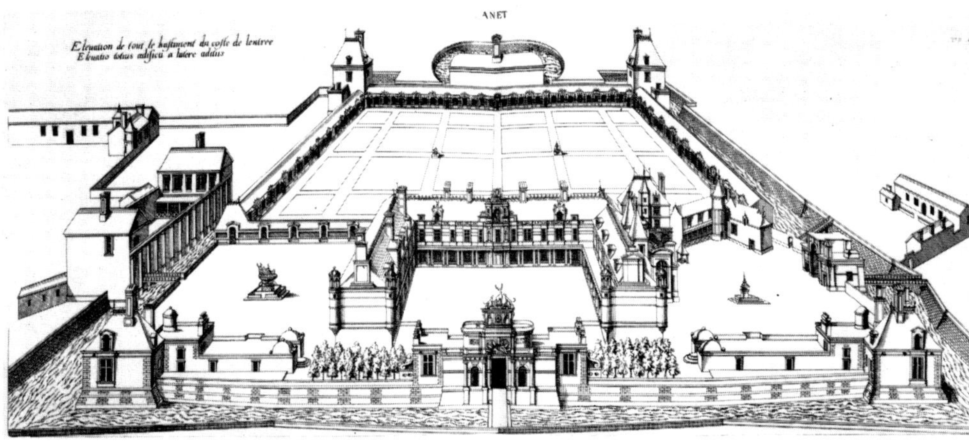

Jacques Androuet Du Cerceau
Les plus Excellents Bastiments de France,
1576–1579
Château d'Anet mit Gartenanlage

jungen Architekten Philibert Delorme, Sohn eines Maurermeisters, mit dem Wiederaufbau des Familiensitzes, den seine Mätresse, Diane de Poitiers, von ihrem verstorbenen Gatten, dem Seneschall Louis de Brézé, geerbt hatte. Heinrich II. wollte aus Château d'Anet einen prächtigen, seiner Geliebten würdigen Palast machen. Philibert Delorme hatte schon vom vierzehnten Lebensjahr an bei seinem Vater mitgearbeitet und war anschließend nach Italien gegangen, wo er zwischen 1533 und 1536 gelebt hatte.

Sein von modernen Ideen durchdrungenes Traditionsbewußtsein gefiel dem jungen König Heinrich II. besonders gut. Er wollte den Hof und die italienischen Höflinge seiner Gattin, Katharina de' Medici, mit einer Residenz für Diane verblüffen, die den Schlössern seines Vaters, Franz' I., an Modernität nicht nachstand. Gleichzeitig wollte er die Atmosphäre der vergangenen Ritterzeit, deren Geschichten er sich so gern erzählen ließ, wieder aufleben lassen. Die um 20 Jahre ältere Diane de Poitiers war seine „Göttin" seit jenem berühmten Turnier, bei dem der damals zwölfjährige Prinz sie zur „Königin" des Festes erkor. Bis zu seinem Tode „verehrte er die geliebte Frau, seine Herrin, wie eine Göttin und brachte ihr eine ehrfürchtige und untertänige Liebe entgegen, die einem Kult glich".[17] Er sah in ihr stets das Abbild der Göttin Diana, die den prächtigen Brunnen zieren sollte, den er bei Philibert Delorme und Jean Goujon für den Schloßhof in Auftrag gegeben hatte. Auch der Garten sollte seiner „höfischen" Weltsicht entsprechen. Nach dem Entwurf des Architekten wurde der Garten von einer ausgedehnten Holzgalerie eingefaßt und endete in der Achse des Châteaus in einem Badepavillon, wie es ebenfalls einer mittelalterlichen Bautradition entsprach. Umschlossen wurde die gesamte Anlage von einer Verlängerung der Wallgräben.

Fast ein halbes Jahrhundert später, etwa 1610, ließ auch Nicolas de Lancy, der Eigentümer der Domäne von Raray, einen Garten anlegen, der das Zeitalter des Rittertums heraufbeschwor. Den Schloßhof umgab ein offener Arkadengang mit Darstellungen von Rotwild, das von einer Meute wütender Hunde bedrängt wurde. Die Abgeschlossenheit des Gartens wurde durch ein monumentales Portal betont, die Porte Rouge oder Porte de Diane, auf der die sagenumwobene Jagd nach dem Einhorn, dem Symbol höchster Reinheit, dargestellt wurde, eine letzte Reminiszenz des höfischen Gartens.

Der gläserne Garten

Garten der Villa Capponi, 1572
Arcetri, Florenz
Orto oder Nutzgarten

Gegenüberliegende Seite:
Francesco Bonafede
Botanischer Garten, 1545
Padua

Vom Botanischen Garten zum Nutzgarten

Der Seidengarten

„O Garten, wo der wilde Wein
Sich auf den schattgen Lauben rankt;
O Garten, kleines Paradies,
Wo Venus mit den Genien ins Gespräch vertieft
Vom Wert der wahren Liebe spricht
Und Cupido mit seiner Hand
den Bogen für die Pfeile spannt."

Gilles Corrozet, *Blason du jardin,* 1550

Francesco Colonna
Hypnerotomachia Poliphili, 1546
Giardino segreto

Garten der Villa Capponi, 1572
Arcetri, Florenz
Giardino segreto

Garten der Villa Capponi, 1572
Arcetri, Florenz
Giardino segreto

Vom Lustgarten zum *giardino segreto*

Francesco Colonna
Hypnerotomachia Poliphili, 1546
Poliphilo und Polia unter der Laube

Von Italien an die Ufer der Loire

Oben und gegenüberliegende Seite unten:
Château de Villandry
Indre-et-Loire
Zier- und Nutzgarten
angelegt für Jean le Breton, begonnen 1536, restauriert ab 1906

Gegenüberliegende Seite oben:
Jacques Androuet Du Cerceau
Les plus Excellents Bastiments de France, 1576–1579
Ansicht des Gartens von Blois

Nutzgarten und Ziergarten Seite an Seite

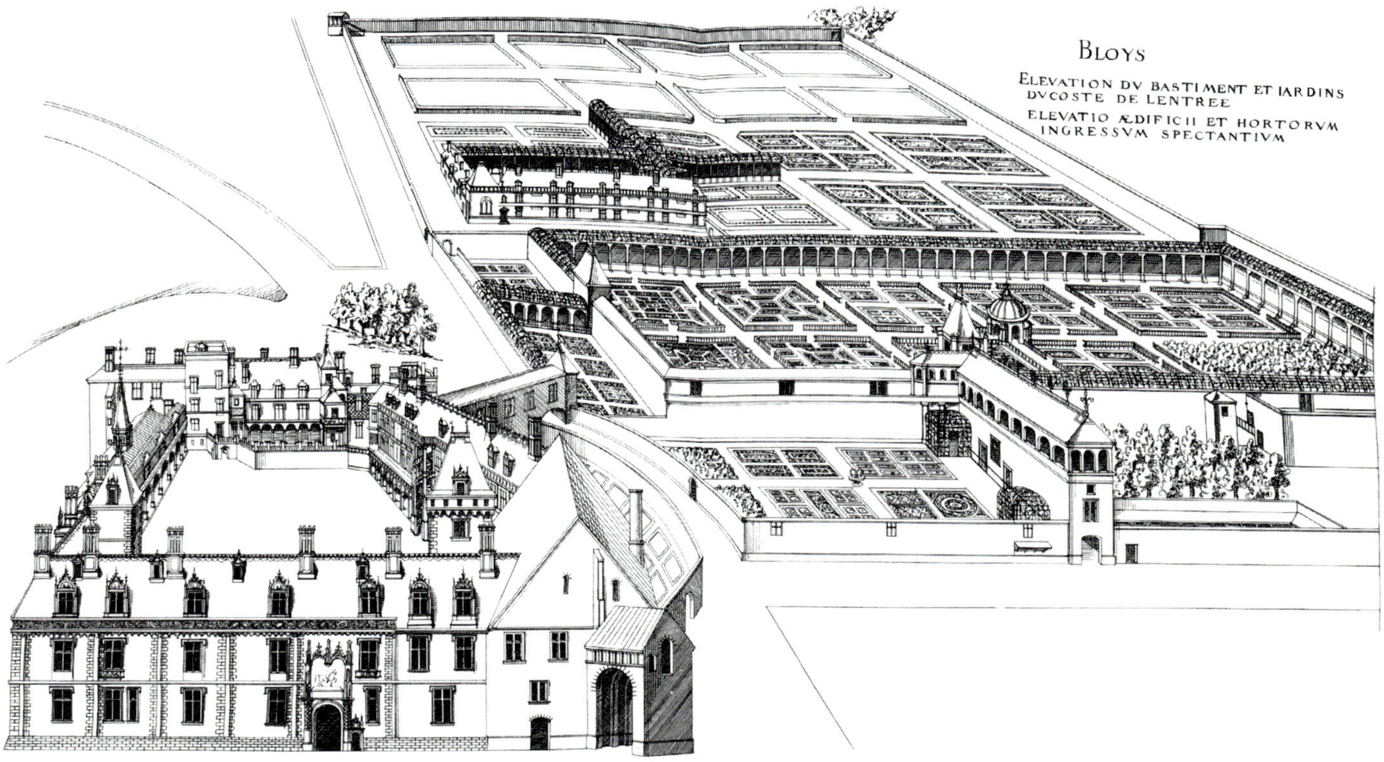

Der umschlossene Garten der Diana …

„Wer du auch sein magst, jungfräuliche Herrscherin,
Ob Nymphe, ob Göttin,
Eine Göttin scheinst du gewiß,
Bist eine Göttin du, so vielleicht meine Diana,
Wer du auch sein magst, eine Sterbliche gar, mache mir auf!“

Angelo Poliziano, *Stanze per la Giostra,* 1478

Jacques Androuet Du Cerceau
Les plus Excellents Bastiments de France, 1576–1579
Dianabrunnen für den Hof von Château d'Anet

3
Der Weg der Faszination

Frankreich im 17. Jahrhundert, Deutschland, Österreich und Italien im 18. Jahrhundert

Als Etienne Dupérac 1582 aus Italien zurückkehrte, schenkte er dem französischen Hof seine 1573 erschienenen *Vues perspectives des jardins de Tivoli*. Dupérac hatte den Abschluß der Arbeiten an der Residenz des Kardinals d'Este miterlebt, die mehr als 20 Jahre zuvor in Angriff genommen worden waren. Die Anordnung dieser Gärten, ihre Weitläufigkeit, die zur Villa führenden Terrassen und die Wasseranlagen, die den Besucher durch den Park leiten, erweckten am Hofe große Bewunderung.

Wie wir gesehen haben, war der „italienische Stil" zu dieser Zeit längst keine Neuerung mehr. Die von Serlio 1541 gleich nach seiner Ankunft in Fontainebleau eingeführten *Règles d'architecture* waren allgemein bekannt und wurden auch angewandt. Jean Martin, der Sekretär Massimiliano Sforzas, hatte wesentlich zu ihrer Verbreitung beigetragen, als er 1545 die ersten beiden Bände dieses berühmten Traktats von Serlio ins Französische übersetzte.[1] Die Lektüre dieser Bände war nun unabdingbarer Bestandteil der Ausbildung jedes Künstlers, bevor er seine obligatorische Italienreise machte.

Nach dem Tode Franz' I. wurden einige Vertreter dieser neuen, von der italienischen Baukunst inspirierten Architektengeneration an den Hof gerufen. Zu diesen gehörten Philibert Delorme und Jacques Androuet Du Cerceau, die mit den Regeln der Einheit und Kohärenz vertraut waren, wie sie von Serlio beschrieben und außerhalb von Frankreich umgesetzt worden waren. Gebäude und Gartenanlagen gehorchten nun gleichermaßen den Regeln der Axialität und Symmetrie und waren auf diese Weise harmonisch aufeinander abgestimmt.

Im Hinblick auf die Gartengestaltung blieb Delorme der Tradition verhaftet, während sich bei Du Cerceau deutlich der italienische Einfluß zeigt. Er hatte 16 Jahre, von 1530 bis 1546, im Gefolge des Botschafters Franz' I. in der Republik Venedig verbracht. Unter dem Eindruck der Werke Bramantes, Raffaels und Sangallos[2] erdachte er für die Gärten, mit deren Errichtung man ihn zwischen 1565 und 1570 betraute, sehr originelle Lösungen. Durch den Stellenwert, den er Alleen und Kanälen einräumte, die die Parterres einrahmten, gleichzeitig aber die Perspektiven verlängerten, schuf er eine neue innere Dynamik, die einen großen Einfluß auf die zukünftige Gartengestaltung haben sollte.

Im Château von Verneuil-sur-Oise, dessen Bau 1565 von Philippe de Boulainvilliers begonnen und drei Jahre später von Jacques de Savoie, Herzog von Nemours, fortgesetzt wurde, setzte Du Cerceau sein originelles Konzept um. Statt horizontaler Wege entschied er sich für zwei Terrassen, die durch eine großzügige Doppeltreppe verbunden wurden. Dadurch wurde hinter dem Zentrum der unteren Terrasse ein zweiter Brennpunkt geschaffen, über den der Blick in den hinteren Teil der Anlage gelenkt wurde. Auch hier spielte das Wasser eine wichtige Rolle: Die zweite Terrasse war von einem Wasserlauf eingerahmt, der sich am Fuß ihrer Stützmauer wiederum in drei Kanäle teilte, die ihrerseits durch zwei Erddämme voneinander getrennt waren. Diese Dämme waren über kleine Laubengänge miteinander verbunden. Aber die Wirkung, die von der Dynamik der Terrassenfolge ausgeht, ist trügerisch, denn obwohl das Wasser die Fläche zu vergrößern scheint, stellen die Dämme ein Hindernis für den Besucher dar, so daß er zwangsläufig zu seinem Ausgangspunkt zurückkehren muß.

Als Etienne Dupérac seine *Vues perspectives des jardins de Tivoli* nach Frankreich brachte, war das Konzept des weiträumigen, offenen Ziergartens, das Du Cerceau später durchzusetzen bemüht war, noch Theorie. Die meisten Gärten waren noch als abgeschlossene Einheiten konzipiert, selbst wenn der Blick an bestimmten Stellen über Alleen und Kanäle in die Ferne schweifen konnte.

Aber abgeschlossene Gärten wie das einfache Vergnügen, diese zu durchstreifen, genügten nicht mehr. Katharina de' Medici, nach deren Überzeugung die Diplomatie die höchste Form der Politik war, machte sich die Gärten mehr und mehr als Mittel der Repräsentation zunutze. Wann immer es ihr möglich war, brachte sie „Dichter, Architekten, Maler, Bildhauer und Musiker zusammen, um ein Schauspiel zu schaffen, das die ausländischen Gäste beeindrucken, den Patriotismus der Franzosen stärken

Antoine Lepaultre
Park von Saint-Cloud, 1667
Saint-Cloud, Paris
Große Kaskade
Erweiterung durch Jules Hardouin-Mansart, 1699

und – nach der Verschärfung der politisch-religiösen Krise in der zweiten Hälfte des Jahrhunderts – der staatlichen Politik auf subtile Weise Ausdruck verleihen sollte".[3]

In diesem Sinn organisierte sie 1564 im Park von Fontainebleau ein prächtiges Fest „für ihren gesamten, ungestümen Hofstaat"[4], ehe sie ihre zweijährige Propagandareise durch Süd- und Westfrankreich antrat. Sie hatte diese fürstliche Residenz ganz bewußt gewählt, um an die Prachtentfaltung unter Franz I. zu erinnern. Das Prestige des königlichen Hofes mußte um jeden Preis gestärkt werden. Allerdings war das hier veranstaltete Spektakel nur die Generalprobe für ein noch prächtigeres Fest, das sie im Mai desselben Jahres bei ihrem Besuch in Bayonne geben sollte.

„Diese Festlichkeiten hätten schon vor der Zeit Ludwigs XIV. die Bezeichnung *Die Freuden der Zauberinsel* verdient."[5] Dieser prächtige Empfang, der zu Ehren von Katharinas Tochter Elisabeth, der Königin von Spanien, gegeben wurde, spielte sich auf dem Wasser ab: Mit Teppichen und Brokat ausgelegte Schiffe, auf denen der Adel Platz genommen hatte, glitten auf dem Fluß zwischen Sirenen und Meeresungeheuern dahin, die „das Lob Ihrer Majestäten sangen und sie eine Zierde des Universums nannten".[6]

Als der Hof 1566 nach Paris zurückkehrte und sich erneut mit einer politischen Krise konfrontiert sah, hatte man für Unterhaltung wenig übrig. 1573 jedoch veranstaltete Katharina de' Medici wiederum einen Empfang, der dem Fest in Bayonne in nichts nachstand. Er wurde den Abgesandten des polnischen Hofes bereitet, die gekommen waren, um ihrem Sohn Heinrich, dem späteren Heinrich III., die polnische Krone anzubieten. Ort der Festlichkeiten war der kurz zuvor vollendete Tuilerien-Garten. Mehr als zehn Jahre zuvor hatte Philibert Delorme mit der Errichtung des königlichen Palasts begonnen. Mit der Konzeption des in der Achse der Wohngebäude liegenden Gartens hatte man den Italiener Carruessequi betraut. Seine Ausschmückung aber blieb mit den monotonen quadratischen Formen, Buchsbaumgevierten und Lauben, die die etwas sterile Geometrie noch betonten, eher dem klassischen Konzept verhaftet. Die zahlreichen, oft mit kleinen Rundtempeln bekrönten Marmorbrunnen, die Statuen auf ihren Postamenten und vor allem Bernard Palissys berühmte Grotte verliehen der Anlage jedoch einen gewissen Reiz, der die Königin an ihre Heimat erinnerte.

Die Ausdehnung dieser Gärten ermöglichte die Inszenierung von Tableaus, deren Pracht den Zuschauer überwältigen mußte. Bernard Palissy, dem die Organisation des Festes oblag, postierte auf Felsen oder in künstlichen Grotten leichtbekleidete Nymphen, Musen und Götter des Olymps, die aus Wolken oder Schaum hervortauchten und wieder darin verschwanden.

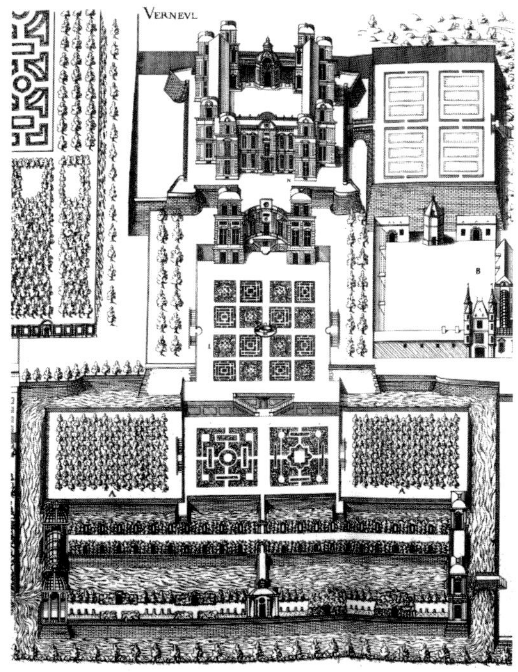

Jacques Androuet Du Cerceau
Les plus Excellents Bastiments de France,
1576–1579
Château de Verneuil-sur-Oise

Der italienische Garten

Katharina de' Medici, die solche prachtvollen Gartenfeste liebte, sollte es nicht mehr vergönnt sein, das sich bereits ankündigende *Jardin-théatre* – den zum Schauspiel gewordenen Garten – noch zu erleben. Erst ihr Feind und Schwiegersohn, Heinrich IV., begründete diese Tradition. 1595 beauftragte er Etienne Dupérac, den er vier Jahre später zum Architekten der Königlichen Bauten ernannte, mit der Umgestaltung der Gärten des königlichen Schlosses von Saint-Germain nach dem vielbewunderten Vorbild der Gärten der Villa d'Este. In den sechs zur Seine hinabführenden Terrassen sollten die berühmten, von Tommaso Francini ausgeschmückten Grotten angelegt werden. Auf den „Spitzengarten" mit seinen acht von Buchshecken umrahmten Beeten folgte die letzte Terrasse, der „Kanalgarten", der durch ein Portal direkt zum Flußufer führte.

Auch wenn es sich hier um einen italienischen Garten handelt, so tragen die Terrassen bereits den Keim eines neuen Stils in sich, der die Idee des Gartens als Weg auf den Kopf stellt. In der Villa d'Este befand sich zur Zeit des Kardinals das Hauptportal am unteren Ende der Anlage, die man hinaufsteigen mußte, um zur Villa zu gelangen. Die pyramidale Form, die Idee des Weges *da sotto in su*, entsprach dem damals angestrebten Überraschungseffekt. Während des ganzen 17. Jahrhunderts findet man dieses Konzept, so etwa in Collodi und Frascati und in den lombardischen Gärten. Der Besucher war hier der müßige Zuschauer im Parkett eines Theaters. Die Gartenanlage erschien als Dekor, in dem die Illusion des Räumlichen durch das Zusammenlaufen aller Linien in einem Brennpunkt erzeugt wurde.

In Saint-Germain wird das italienische Konzept umgekehrt: Die Anlage beginnt oben und erstreckt sich nach unten. Der Besucher sollte beim Durchqueren des Gartens eine aktive Rolle spielen. Die Gäste Heinrichs IV. waren sich dieser Rolle jedoch nicht bewußt. Sie wurden von der Pracht der Grotten und Fontänen auf den Terrassen überwältigt, deren Höhepunkt ein Wasserparterre bildete, auf dem die Zierbeete durch Wasserbecken ersetzt waren. Diese italienische Art der Gartengestaltung wurde etwa 30 Jahre später in Rueil von Kardinal Richelieu wieder aufgegriffen, der gleichfalls den

Park nach Art des Tivoli-Gartens zu gestalten versuchte. Von der ersten Terrasse ergoß sich das Wasser aus einem riesigen Becken als mehrstufige Kaskade. Hier war das Wasser zum Theater, zum Schauspiel geworden.

Derartige Schauspiele erfreuten sich in Frankreich weiterhin großer Beliebtheit, obwohl die Theorien Le Nôtres bereits begannen, den Geschmack in eine völlig neue Richtung zu lenken. 1639 hatte Jean-François de Gondi, der von Richelieus Anlage sehr beeindruckt war, den Garten seiner Residenz in Saint-Cloud mit Grotten, Springbrunnen und wassermechanischen Automaten ausstatten lassen. Darüber hinaus plante er eine „Grande Cascade", die Antoine Lepaultre 1667 ausführte. Es war dies „die italienischste aller derartigen Anlagen in Frankreich".[7] Das Wasser ergießt sich aus einer Urne am oberen Ende der Kaskade, flankiert von zwei allegorischen Figuren, die die Seine und die Loire darstellen; weiter unten entströmt es zwei auf Delphinen reitenden Tritonen. Lepaultre gab sich nicht mit einer riesigen Wassertreppe zufrieden, sondern modulierte die Geschwindigkeit des Wassers, indem er jeder Stufe eine andere Neigung verlieh. Auf diese Weise entstand eine Symphonie aus Geräuschen und Licht. Die Musik des Wassers wurde von der des Windes begleitet, der aus vier Statuen bläst – den griechischen Windgöttern Boreas, Euros, Notos und Zephyr. Sie waren Werke Denizots, der auch die Masken und Ungeheuer schuf, mit denen die Etagen ausgeschmückt sind. De Gondi gelangte bald zu der Ansicht, daß die Wasserallee, die das Ganze komplettierte, für das großartige Dekor der Kaskade nicht kunstvoll genug sei. 1699 beauftragte er Jules Hardouin-Mansart mit dem Entwurf eines Beckens mit drei Wasserströmen, das mit Fröschen und Delphinen verziert war.

Diese Inszenierung wurde später durch eine riesige Wasserfläche vervollständigt. Zu Beginn hatte fließendes Wasser dem Besucher den Weg durch die italienischen Gärten gewiesen; dann folgten raffinierte Dekors, die er fasziniert und regungslos bestaunen sollte; schließlich spiegelte ihm eine glatte Wasserfläche einen nahezu endlosen, unbegrenzten „Weg" vor, wo Himmel und Wasser ineinanderflossen und sich seiner Wanderung nichts mehr entgegenstellte.

Frankreich – Eine neue Ordnung

Bevor das Wasser seine Rolle als Führer des Besuchers durch den Garten wieder aufnehmen konnte, mußte der Einfluß des italienischen Stils schwächer werden, vor allem mußten die Architekten davon ablassen, ihre Gärten immer nur als Folge von Parterres anzulegen, die stets in gleiche Gevierte unterteilt waren. „Ich finde es höchst langweilig, daß alle Gärten immer nur ein Raster aus geraden Linien sind, daß die einen aus vier, die andern aus neun, und die dritten aus sechzehn quadratischen Beeten bestehen. Ich würde gerne etwas anderes sehen."[8]

Diese Klage des Gartenkünstlers und ehemaligen Offiziers Jacques Boyceau de La Baraudière stammt aus seinem *Traité du jardinage* von 1638. Sie kündigte einen Bruch mit dem Stil an, in dem Claude Mollet, der Gartenarchitekt Heinrichs IV., die königlichen Gärten fast 30 Jahre lang gestaltet hatte. Mollet war der erste, der aufgrund von Zeichnungen, die Dupérac aus Italien mitgebracht hatte, Buchsbroderien einführte, als er die Parterres von Fontainebleau, Saint-Germain und Monceau neu anlegte und den Tuilerien-Garten für Katharina de' Medici völlig neu gestaltete. Olivier de Serres, sein Mitarbeiter, hat die raffiniertesten Zierbeetformen dieser Gärten in seinem *Théatre d'Agriculture* abgebildet.

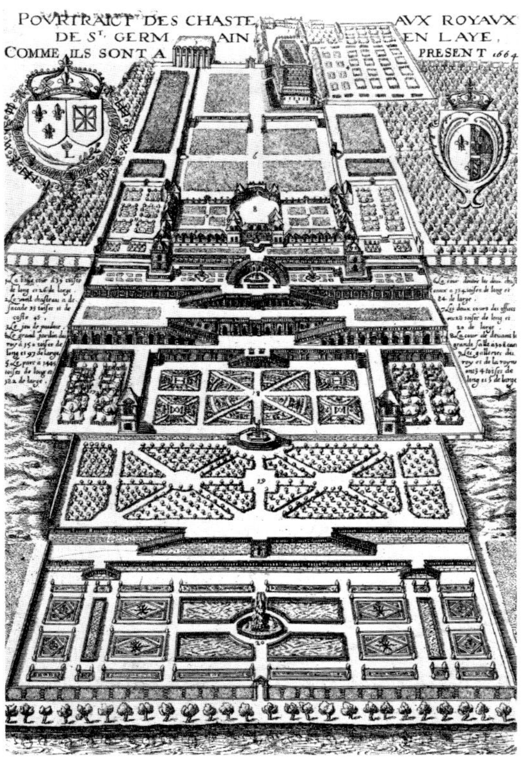

Ansicht des Königlichen Schlosses Saint-Germain-en-Laye, wie sie sich zur Zeit darbietet, 1664
Kupferstich

Boyceau zufolge zerfiel die Gesamtkomposition durch die technischen Raffinessen Mollets, die man nicht großflächig ausführen konnte, in allzu viele Einzelelemente. Wesentlich war für ihn – und das war die goße Neuerung –, daß vom Château aus die gesamte Gartenanlage zu überblicken war, die sich durch ein schwaches Gefälle auszeichnete. In Zierbeete unterteilte Flächen, Wasserbecken und Baumreihen sollten Teil des Gesamtentwurfs sein. Die Gartenfassaden der Gebäude mußten sich auf ein in zwei oder vier Kompartimente gegliedertes Parterre öffnen, in dem gekrümmte Linien gleichberechtigt neben geraden standen und zur Harmonie der Einzelelemente und des Gesamtbildes beitrugen. Die Muster der Zierbeete waren nun weit weniger streng und umfaßten „arabische, maurische und groteske Elemente".[9] Von dieser Esplanade führten Alleen, oft von Hecken unterschiedlicher Höhe umschlossen, zu den Bosketts und „grünen Salons". Kleine Pavillons aus Astwerk, mit belaubten Zweigen gedecktes Lattenwerk und gemauerte Aedikulen sorgten für schattige Kühle: „Sie gewähren große Erleichterung mit ihrem schützenden Schatten und unterteilen den Raum."[10]

Boyceau de La Baraudière wollte den Garten so gestalten, daß der Besucher einem vorgezeichneten Weg folgte. Wie später Le Nôtre modulierte er diesen Weg durch das Zusammenspiel von Schatten unterschiedlicher Intensität, wodurch die Höhe der Hecken, Büsche und Bäume an Bedeutung gewann.

Diese neue Art der Gartengestaltung erregte das Interesse von Maria de' Medici. In ihren Augen war Boyceau ein Gartenarchitekt, der es durchaus mit Alfonso und Giulio Parigi aufnehmen konnte, die damals den Boboli-Garten in Florenz umgestalteten. 1615 beauftragte sie ihn mit der Anlage eines Gartens vor dem Palais du Luxembourg, das von Salomon de Brosse in ihrem Auftrag errichtet wurde. Dieses Projekt faszinierte den Thronfolger und späteren König Ludwig XIII. so sehr, daß er bei seiner Thronbesteigung Boyceau zum „Intendanten der Gärten der Königlichen Gebäude" ernannte und ihn mit der Ausgestaltung eines kleinen Jagdhauses in Versailles betraute. Zu dieser Zeit ließen sich viele Adlige Landschlößchen errichten. Kardinal Richelieu, seit 1624 Erster Minister im Staatsrat, hatte den Adel ermuntert, sich anderen Vergnügungen als denen des Krieges hinzugeben.[11] Die eher nüchternen Adelssitze verwandelten sich nach und nach in Lustschlösser mit Gärten, die mit weiten Broderieparterres und Wasserflächen ausgestaltet wurden und in denen Alleen und lange Kanäle für perspektivische Tiefe sorgten.

Claude Mollets Sohn, André, Gartenmeister der Königin von Schweden und Verfasser des Traktats *Jardin de Plaisir* (1651), betonte besonders, daß durch die richtige Anordnung und unter Hinzuziehung der Perspektive der Garten größer erscheinen könne, als er tatsächlich war. Er schlug sogar vor, am Ende der Alleen auf Leinwand gemalte Bilder aufzustellen, die eine Verlängerung vortäuschten. Aber die damalige Gartengestaltung konnte sich mit solchen Kunstgriffen nicht anfreunden. Le Nôtre war der erste, der die Regeln, die den Gärten ihre wahre Größe verliehen, formulierte und anwandte.

André Le Nôtre und die Regeln der Täuschung

Von seiner Geburt im Jahr 1613 an hatte André Le Nôtre „die Hände in der Erde". Seit mehr als einer Generation lebte seine Familie unweit der Tuilerien. Sein Vater, Jean Le Nôtre, war 1610 von Claude Mollet zum Ersten Gärtner ernannt worden. Dadurch wurde der junge André schon früh mit dem Gärtnerhandwerk vertraut gemacht. Le Nôtre lernte, wie man Bäume und Hecken zurechtschnitt oder Büschen und Buchssträuchern die nötige Form gab, um den Bosketts und Zierbeeten eine strenge geometrische Struktur zu verleihen. Vor allem aber begann er in den Tuilerien in großen Maßstäben zu denken. Da sich der Hof immer häufiger hier aufhielt, wurde der königliche Garten ständig verändert. 1615 hatte Maria de' Medici durch die Verlängerung der Alleen den Park vergrößern und dort, wo er an die Seine-Ufer stieß, eine breite Promenade anlegen lassen.

Mit siebzehn zog Le Nôtre das Zeichnen der Gartenbaukunst vor. Er wurde in die Königlichen Ateliers im Louvre aufgenommen und arbeitete unter Anleitung des Malers Simon Vouet. Fünf Jahre verbrachte er hier mit Künstlern, denen er ein Leben lang verbunden sein sollte, so vor allem Charles Le Brun. Die großartigen Kompositionen, die der Meister als Hintergrund für seine Tapisserien schuf – Abbildungen von Gärten und Landschaften, die er in Italien gesehen hatte –, hinterließen einen tiefen Eindruck bei seinem jungen Schüler. Le Nôtre entdeckte hier die Bedeutung der Perspektive, nicht nur für die Darstellung von Landschaften, sondern auch für die „Gestaltung" der Natur.

Er vertiefte seine Kenntnisse durch intensives Studium von Du Cerceaus *Leçons de perspective* und deren Anwendung in Olivier de Serres' Traktat *Théâtre d'Agriculture*. Besonders interessierten ihn dabei die von den beiden Theoretikern empfohlenen Methoden zur Korrektur optischer Verzerrungen. Er lernte, wie man optische Korrekturen anbringt, wenn Parterres zu flach und Alleen zu kurz wirken, Zierelemente nicht genug hervorstechen oder nicht nach der Achse der Gesamtanlage ausgerichtet zu sein scheinen – anders gesagt, wie man einer Anlage ihre vom Plan vorgesehene Ausgewogenheit verleiht.

Als Jean Le Nôtre vom König die Erlaubnis erhielt, sein Amt abzugeben, zögerte André nicht lange und trat an die Stelle seines Vaters. 1635 wurde er zum Ersten Gärtner des Bruders des Königs ernannt, und 1643 übertrug man ihm die Pflege der Tuilerien, deren Verschönerung er sich 30 Jahre lang widmen sollte. Diese Aufgabe war ein langer Lernprozeß, aber dank seiner theoretischen und praktischen Kenntnisse als Zeichner und Gärtner und seiner Sensibilität als Maler konnte er sich die großen Regeln erarbeiten, die er später anwenden sollte.

Gärten folgten fortan nicht mehr einem einfachen „Plan". Nach bewährtem italienischem Vorbild wurden sie statt in zwei, in drei Dimensionen angelegt und in ihre Ausgestaltung alle Elemente der Natur integriert. Im Unterschied zu den italienischen Gartenkünstlern, deren Anlagen immer mehr zu einer auf sich selbst bezogenen theatralischen Inszenierung avancierten, wollte Le Nôtre dem Himmel und seiner Spiegelung durch das Wasser eine herausragende Stellung einräumen. Durch das Absenken

Charles Estienne
L'Agriculture et la Maison rustique, 1601
Posamentenstil für die Einfassung und den mittleren Teil

Olivier de Serres
Théâtre d'Agriculture et Mesnage des Champs, 1608
Zierbeet im Garten der Tuilerien

Jacques Boyceau de La Baraudière
Traité du jardinage, 1638
Zierbeete eines Parterres

des Horizonts konnte er die Grenzen des Gartens ins Unendliche verschieben. Seine Entwürfe waren den Landschaften seiner Malerfreunde verpflichtet, die von „funktionslosen Räumen" – Himmel, Wolken, Spiegelungen – ebenso reichlich Gebrauch machten wie von „zweckhaften" wie Beeten, Wegen und Baumgruppen.

Le Nôtre führte einen entscheidenden Bedeutungswandel herbei: Perspektive war fortan nicht mehr, wie Du Cerceau sie definiert hatte, „ein bloßer Spiegel, der es uns ermöglicht, mit Kenntnis und Vernunft die Dinge so zu erfassen, wie sie sich dem Auge darstellen"[12], sondern sie sollte durch überraschende Effekte der Anlage Leben einhauchen – etwa durch die Unterbrechung von Linien oder durch Ansiedelung von Brennpunkten auf halber Strecke. Auf diese Weise sorgte die Perspektive für Bewegung, ohne daß der Architekt auf komplexe szenische Effekte zurückgreifen mußte. Jedes Element mußte nun so wirken, als sei es Teil der natürlichen Ordnung, die sich durch eben diese Dynamik auszeichnete.

1656 erhielt Le Nôtre endlich die Gelegenheit, seine Erkenntnisse in die Praxis umzusetzen. Nicolas Fouquet, Finanzminister Ludwigs XIV., erteilte ihm den Auftrag, mit dem Architekten Louis Le Vau und dem Maler Charles Le Brun die Anlage von Vaux-le-Vicomte zu gestalten. Die Arbeiten dauerten fünf Jahre und wurden durch ein Fest abgeschlossen, dessen Pracht sogar der König als exzessiv empfand. Fouquet wurde danach verhaftet, und Vaux-le-Vicomte geriet für Jahrhunderte in Vergessenheit.

Das Gelände vor dem Château fiel sanft zum Anqueil, einem kleinen Fluß, hin ab. Le Nôtre erkannte sofort, welchen Nutzen er daraus ziehen konnte, um eine dynamische Perspektive zu schaffen. Er setzte vor die Gartenfront zwei großflächige Parterres, an die sich zwei noch größere anschlossen, um den verengenden Effekt der Perspektive auszugleichen. Diese Komposition endete an einer Wasserfläche, die quer zu ihrer Achse stand. Letztere verbarg durch ihre Spiegelung bis zum letzten Moment eine Geländestufe, die eine kontinuierliche Perspektive verhindert hätte. Le Nôtre kaschierte sie mittels einer Kaskade aus gestaffelten Becken, aus denen sich das Wasser in den kanalisierten Anqueil ergoß, der unterhalb dieser Becken vorbeifloß. Jenseits des Kanals flankierten zwei Treppen eine Grotte mit sieben Nischen und führten zu einer sanft ansteigenden Rasenfläche. Den Fluchtpunkt der gesamten Perspektive bildete – eine Referenz an Italien – ein riesiger Herkules Farnese.

Der Bruch im Gesamtplan, den der Fluß bewirkte, führte zu überraschenden optischen Effekten. Entfernte man sich vom Château, schien die Grotte in der am Ende der Mittelachse liegenden Wasserfläche einzutauchen, und der Besucher bemerkte den Bruch nicht. Umgekehrt spiegelte sich das Château im Wasser und wirkte durch diese Doppelung und den Verlängerungseffekt der Kaskade noch großartiger. Diese Inszenierung war nicht die einzige italienische Anleihe: Links der Mittelachse, noch diesseits der spiegelnden Wasserfläche, endete eine Querachse an einem weiteren Wasserbecken, in dem sich ein kleines Nymphäum spiegelte, das „Beichtstuhl" genannt wurde. Darüber lag eine kleine Terrasse, auf der sich der Herr des Hauses, durch Bäume gegen Sonne und neugierige Blicke geschützt, am Erstaunen der Gäste erfreuen konnte, wenn sie die Kaskade entdeckten.

Das Jahr 1661 brachte das Ende der Herrlichkeiten von Vaux-le-Vicomte und kündigte den zukünftigen Glanz von Versailles an: Als Mazarin, Richelieus Nachfolger als Erster Minister, starb, konnte endlich der 23jährige Ludwig XIV. den Thron besteigen. Obwohl seit einem Jahr mit Maria Theresia, der Tochter Philipps IV. von Spanien, vermählt, war er in die junge und schüchterne Louise-Françoise de La Vallière verliebt. „Aber da war Maria Theresia ... Die Lösung des Problems war ein Jagdschloß seines Vaters in einem Dorf bei Paris, wo man sich ungestört treffen konnte, weil es so gut wie nie benutzt wurde."[13] Versailles verdankt seine Entstehung also nicht der Verärgerung eines Monarchen über die allzu prächtige Selbstdarstellung seines Finanzministers in Vaux-le-Vicomte, sondern dem Andenken an die geheimen Zusammenkünfte und glücklichen Stunden mit derjenigen, die er zu seiner Favoritin auserkoren hatte.

Die Prachtliebe Fouquets war jedoch nicht ohne Einfluß auf den König geblieben. Als er beschloß, das Jagdschloß in einen Palast zu verwandeln, wandte er sich an eben die drei Künstler, die Vaux-le-Vicomte geschaffen hatten. Louis Le Vau wurde mit der Errichtung der Gebäude beauftragt. Nach seinem Tode 1670 trat Jules Hardouin-Mansart seine Nachfolge an. Charles Le Brun betraute man mit der Ausschmückung der Innenräume und der Fassaden, wodurch er auch Leiter des Bildhauerateliers wurde, in dem Antoine Coysevox, Jean-Baptiste Tuby, Balthazar und Gaspard Marsy sowie Etienne Le Hongre tätig waren. Sie erhielten genaue Instruktionen, um die vom König gewünschte Einheitlichkeit des Skulpturenschmucks zu gewährleisten.

Es überrascht nicht, daß André Le Nôtre die Gestaltung der Gartenanlage übertragen wurde. Unterstützt von seinem Neffen Claude Desgots, leitete er 25 Jahre lang Tausende von Arbeitern. Mit der Einrichtung der Wasserspiele beauftragte er die

Brüder Francini, die Söhne des berühmten Wasserbauingenieurs Tommaso Francini, und den Brunnenbauer Claude Denis. Die Bepflanzung der Anlage überließ er Jean-Baptiste de La Quintinie, einem Pflanzenzüchter, der 1687 auch die Leitung des königlichen Küchengartens erhielt. Die Aufgabe Le Nôtres war denkbar schwierig. Saint-Simon zufolge war das Gelände in der Umgebung des Châteaus „das undankbarste, das man sich denken kann, ohne Wälder, ohne Wasser, ohne Humus. Man findet hier fast nur tückischen Flugsand, Sumpfland und stickige Luft."[14] Was nachteilig erschien, mochte am Ende wohl eher von Vorteil gewesen sein, erlaubte ihm doch die karge Landschaft, alles nach seinen Vorstellungen zu formen.

Auf ausdrücklichen Wunsch des Königs verlief die Achse der gesamten Anlage von Osten nach Westen. Auf der Ostseite ging die Sonne über einem weiträumigen Parterre auf, das mehrfach umgestaltet wurde, ehe es 1683 zu einem Wasserparterre umgebaut wurde. Eine Freitreppe, verlängert durch zwei halbkreisförmige Rampen, führte auf eine zweite, vom Brunnen der Latona beherrschte Terrasse hinunter: Die Mutter Apollos, ein Werk des Bildhauers Marsy, erinnerte an die Geburt der Sonne.

Von dort öffnete sich der Blick auf die breite Allée Royale, die durch einen in der Längsachse verlaufenden Rasenteppich, den *Tapis Vert,* in zwei Hälften geteilt wurde.

Jean-Baptiste Bonnart
Kaskade, Treppen und Laubengänge am Ende der Wasserallee in Saint-Cloud, 1718
Radierung

Die dunklen Schatten der Wälder, welche die Allee säumten, unterstrichen ihre Eleganz noch. Wenn die Sonne im Zenith stand, wurde die Lichtfülle durch den Rasenstreifen gemildert, der, nach Westen hin abfallend, den Blick zum Fluchtpunkt der Komposition führte, dem Apollo-Becken. 1663 entstanden, war er „ein regelrechter Motor, der der gesamten Anlage ihre gewaltige mythische Kraft lieferte".[15] Apoll auf dem Sonnenwagen, ein Werk des italienischen Bildhauers Tuby, zügelte noch einmal seine Rosse, ehe er in der Dämmerung verschwand. Sein Land breitete sich hinter ihm aus, die Landschaft wurde zu einer sich verflüchtigenden, unfaßbaren Welt. Das Wasser des Großen Kanals, die daraus aufsteigenden Nebel und der sich darin spiegelnde Himmel erzeugten den Eindruck der Unendlichkeit.

Der Kanal, dessen Bau mehr als zehn Jahre (1668–1679) in Anspruch nahm, war fast zwei Kilometer lang. Wasser und Himmel scheinen ineinander zu fließen, was durch die beiden Seitenarme noch verstärkt wurde, die vom Hauptkanal nach Süden zur Ménagerie und nach Norden zum Grand Trianon führten. Le Nôtre gelang es auf diese Weise, den Kanal breiter erscheinen zu lassen, als er tatsächlich war.

Bevor er mit der Abendsonne verschwand, wandte sich Apoll zum Château und erleuchtete dessen Fassade, die in seinem Licht zu erglühen begann. Das Gold der Quader spiegelte sich im Wasserparterre, und die Bronzefiguren am Rande der Becken, die die Flüsse und Ströme Frankreichs darstellten, schienen zum Leben zu erwachen. Indem Le Nôtre das Apollo-Becken zum Zentrum der gesamten Anlage machte, gelang ihm eine geniale, eindrucksvolle Glorifizierung des Königs und seines Châteaus.

Die Parkanlage und das Château sind nun „ein einziges Schauspiel. Der Betrachter kann nicht unbeteiligt bleiben, denn dieses Schauspiel übt auf ihn einen Zauber aus, dem er sich nicht entziehen kann, der ihn in einem Ritus der Unterwerfung gefangennimmt. Es ist die leuchtende Manifestation eines unwiderstehlichen Willens."[16]

Diese Art von Gartenkunst, die der Besucher nur dann wirklich schätzen lernte, wenn er an dieser Inszenierung selbst teilnahm, kann auch in anderen Gärten bewundert werden, die Le Nôtre schuf, während die Arbeiten in Versailles weitergingen. In Chantilly beauftragte ihn 1663 der Fürst de Condé mit der Planung eines Gartens, durch den das Stammschloß seines Geschlechts besser zur Geltung kommen sollte. Um die Einheit des von breiten Gräben umgebenen Renaissance-Schlosses zu erhalten, legte Le Nôtre den Garten als unabhängige Einheit seitlich des Gebäudes an.

Wie in Vaux und Versailles war die Stelle, an der der Rundweg begann, keineswegs der wichtigste Punkt der Gartenanlage. In Chantilly konnte der Besucher von dem eisernen Eingangstor aus sogar nur eine weiträumige, sanft ansteigende Esplanade erblicken, deren Horizont der freie Himmel bildete. Eine von zwei majestätisch geschwungenen Balustraden gesäumte Treppe führte auf eine Terrasse mit dem Standbild des Herzogs Henri de Montmorency. Erst hier wurde unterhalb einer breiten, von Daniel Gitard entworfenen Treppe ein riesiges Parterre sichtbar.

Dieses Parterre wirkte auf den Betrachter fast ätherisch: Seine Fläche wurde von einem breiten Kanal durchquert und seitlich begrenzt, gleichzeitig von zahlreichen Wasserbecken durchbrochen, deren Einfassungen die glatte Rasenoberfläche zergliederten. Rechts davon lag das Château, das mit der Terrasse nur durch eine Brücke verbunden war und wie ein Schiff in den Wassergräben zu schwimmen schien. Nirgendwo sonst gelang Le Nôtre eine so weiträumige Gartenanlage mit so wenig Aufwand. Sein Material war einfach, Wasser und Stein, und ebenso die Requisiten, eine einzige Terrasse und die Zugänge, über die man sie erreicht.

Als Colbert ihn beauftragte, einen Garten auf seinen neu erworbenen Besitzungen bei Sceaux anzulegen, entschied sich Le Nôtre wiederum, den Verlauf des Weges an einer unendlich wirkenden Wasserfläche zu orientieren. Hier unterstrich er die Rolle des Großen Kanals als Hauptachse noch mehr, indem er ihn mit vier Reihen von Pappeln, die er aus Italien mitgebracht hatte, säumte. Dadurch wurde der Besucher gezwungen, einer anderen als der Hauptachse der Anlage zu folgen. Erneut hatte Le Nôtre bewußt die perspektivische Abfolge unterbrochen.

Der Besucher gelangte auf diese Weise zu dem 1675 angelegten achteckigen Wasserbecken, wo er ein weiteres Schauspiel Le Nôtres bewundern konnte: eine großartige Kaskade, bei der sich das Wasser aus drei Maskaronen über 17 gestaffelte Becken nach unten ergoß. Wieder verband Le Nôtre eine klare, sofort erkennbare

Pierre Aveline (der Ältere)
Ansicht einer Grotte in Saint-Cloud
Radierung, 17. Jahrhundert

Anordnung aller Elemente seiner Komposition mit dem Vergnügen, das dem Besucher das Entdecken einer ganzen Reihe unerwarteter Effekte bereitete. Wieder hatte er es verstanden, die Erwartungen seiner Auftraggeber zu erfüllen und deren Gäste mit einer triumphalen Vision der Natur und dem Rhythmus eines Gartens zu faszinieren, der den Besucher führte, unterwarf und verzauberte.

Die Kompositionen Le Nôtres betören das Auge ...

André Le Nôtre
Gartenanlage für Nicolas Fouquet, 1656–1661
Vaux-le-Vicomte, Seine-et-Marne

OBEN:
Ansicht des Schlosses
GEGENÜBERLIEGENDE SEITE OBEN:
Blick auf den Herkules Farnese

LINKS:
André Le Nôtre
Garten für den Fürsten de Condé, 1663–1683
Chantilly, Oise
Das Große Parterre

GEGENÜBERLIEGENDE SEITE UNTEN:
André Le Nôtre
Schloßpark von Versailles, 1662–1687
Der Große Kanal, 1668–1679

... und verwirren es durch die Kunst der Perspektive

Links und oben links:
André Le Nôtre
Garten für den Fürsten de Condé,
1663–1683
Chantilly, Oise
Daniel Gitard
Die Große Treppe, 1683

Wasser und Himmel fließen ineinander

André Le Nôtre
Gartenanlage für Nicolas Fouquet, 1656–1661
Vaux-le-Vicomte, Seine-et-Marne

OBEN:
Vorderansicht der Grotte
GEGENÜBERLIEGENDE SEITE OBEN RECHTS:
Allegorie des Tibers von M. Lespagnandelle

André Le Nôtre
Schloßpark von Versailles, 1662–1687
Versailles

OBEN:
Jean-Baptiste Tuby
Apollo auf seinem Wagen, 1668–1671
Apollo-Becken
RECHTS:
Keusche Venus, 1696
Bronze nach einer Marmorskulptur
von Antoine Coysevox, 1684–1686
Nord-Parterre, 1665–1666
GEGENÜBERLIEGENDE SEITE:
Jean-Baptiste Tuby
Rhône
Wasserparterre, 1683–1685

Das Spiel von Licht und Schatten bezaubert das Auge

„Ich bin die Quelle allen Lichts,
Und selbst die allerhellsten Sterne,
die mich mit ihrem Kreis umrunden,
erglänzen nur in meinem Glanz.
Und von dem Wagen, der mich trägt,
seh ich den Wunsch der Menschen,
mich zu sehen als Herrscher übers Erdenrund:
Denn alle Hoffnung dieser Welt liegt nur
im Lichte meiner Strahlen."

Molière, *Les Amans magnifiques*, 1670

André Le Nôtre
Schloßpark von Versailles, 1662–1687
Versailles
Claude Perrault
Drachenbecken und Wasserallee oder Allée des Marmousets, 1663–1680

Das ohrenbetäubende Getöse des Kampfes auf dem Wasser

André Le Nôtre
Schloßpark von Versailles, 1662–1687
Versailles
Gaspard und Balthazar Marsy
Eroten im Kampf gegen den Pythischen Drachen, 1666–1667

Feste und Schauspiele in den Bosketts

Ob in Sceaux, Chantilly oder Versailles: Die Faszination der vom Licht überfluteten Alleen und spiegelnden Wasserflächen ist nicht denkbar ohne den Schatten der Bosketts, die sich beiderseits der Hauptachse der Anlage hinziehen. Diesen kleinen Wäldchen, die durch ein Geflecht schmaler Wege gegeneinander abgegrenzt waren, kam in Le Nôtres Entwürfen große Bedeutung zu, da sie seiner Vision des Gartens als Gemälde entsprachen.

Seine Kenntnisse über die Wirkung von Hell und Dunkel in der Malerei nutzte Le Nôtre in Versailles, um die Allée Royale gebührend zu betonen. Diese Apollo gewidmete Hauptachse bestimmte die Anordnung der Bosketts und die Reihenfolge, in der man sie besichtigte. Der Sonnenkönig selbst verfaßte zwischen 1689 und 1705 für seine Gäste einen Führer durch den Garten *La Manière de montrer le Jardin de Versailles.* Der Ausgangspunkt für den von Ludwig XIV. empfohlenen Rundweg lag links der Hauptachse im *Parterre du Midi.* Nachdem er die Hundert Stufen hinabgestiegen war, durchquerte der Besucher die Orangerie von Hardouin-Mansart, vor der sich ein Teppich aus „Gold und Grün, die so gut zusammenpassen"[17], erstreckte, wie es Mademoiselle de Scudéry voll Begeisterung ausdrückt. Darauf folgten Bosketts für Spiele, Feste und Ballveranstaltungen. Vom Labyrinth, in dem 39 bemalte Tierfiguren aus Blei die Fabeln Äsops darstellten, gelangten die Gäste des Königs zur *Salle des Rocailles,* die auch als *Salle de Bal* bezeichnet wurde. Hier konnten sie das Wasser bewundern, das aus Kandelabern und Vasen aus vergoldetem Blei sprudelte und sich in Kaskaden über mit Rocaille und Muscheln verzierten Stufen ergoß. Die Muscheln hatten französische Schiffe aus dem Roten Meer und dem Indischen Ozean heimgebracht.

Die Promenade führte nun durch das *Bosquet de la Girandole* zum *Bosquet de l'Ile Royale.* Dort stieß der Besucher auf zwei große Wasserbecken, die durch einen schmalen Steg miteinander verbunden waren und durch ihre Form an das Parterre und die Bühne eines Theaters erinnerten. Die ganze Anlage war auf eine Reihe von Brunnen am Rande des kleineren Beckens ausgerichtet, deren Strahlen mit einem Schlag emporschossen, als ob die Bühne plötzlich erleuchtet würde. Hier wurde, lange vor Abschluß der Arbeiten, der dritte Tag der *Freuden der Zauberinsel,* ein dreitägiges Fest im Mai 1664, gefeiert.

Claude Perrault
Garten von Sceaux
Paris
Pavillon der Aurora, 1670
Deckengemälde von Charles Le Brun
Aurora verläßt Cephala, um die Welt zu erleuchten, 1672

Die *Kolonnade* war der letzte willkommene Rastplatz vor dem Ende der morgendlichen Promenade. Das helle Licht, gefiltert vom Laub schattenspendender Bäume, spielte auf dem weißen und rosageäderten, dem violetten oder türkisblauen Marmor der transparenten Konstruktion Hardouin-Mansarts: 32 Arkaden umschließen kreisförmig einen freien Platz. Sie ruhen auf ionischen Pilastern und Säulen und werden von einem Fries bekrönt, den Vasen schmücken. In den Interkolumnien stehen Brunnenschalen, in die sich ein schlanker Springstrahl ergießt. Das pastellene Licht des Himmels, die Transparenz der Architektur und die Spiegelungen des Wassers vereinten sich zu einer nostalgischen Vision der Antike, zu der nicht zuletzt Girardons Skulpturengruppe von Pluto und Proserpina beitrug.

Am Nachmittag wurde der Besucher in die rechts der Allée Royale angeordneten Bosketts geführt, in denen vielfältige Wasserkünste und das schräg durch die kunstvoll geschnittenen Hecken fallende Licht ebenso erfrischende wie beeindruckende Szenerien erzeugten: „Herabstürzendes Wasser, rauschendes Wasser, Wasserstrahlen, schäumendes, weiß sprudelndes Wasser ... vollkommen glatte Wasserflächen, die das wechselnde Spiel des Lichts oder das undurchsichtige Dunkel der schattigen Alleen spiegelten, dieses komplexe System von Effekten war der Triumph Le Nôtres."[18] Es sollte ein kurzlebiger Triumph sein, denn viele Bosketts erhielten durch die Umgestaltung des Gartens, die Mansart am Beginn des 18. Jahrhunderts vornahm, eine andere, „klassischere" Form.

Wenn jedoch der König seine Gäste durch den Garten führte, sorgte das subtile, unvorhersehbare Zusammenspiel der Wasserstrahlen, die im *Bosquet de l'Encelade*, im *Bosquet de l'Obélisque*, im *Bosquet des Trois Fontaines*, aus der *Montagne d'Eau* oder im *Théâtre d'Eau* unversehens emporschossen, dafür, daß der Besucher von einer Überraschung zur nächsten eilte, bis er schließlich durch die von Claude Perrault entworfene *Allée des Marmousets* wieder zum *Parterre du Nord* und dem Château zurückgelangte. Hier konnte er an Girardons *Bain des Nymphes* und der *Pyramide d'Eau* verweilen, ehe Apoll selbst für das große Finale des Sonnenuntergangs sorgte.

Claude Perrault
Garten von Sceaux
Paris
Pavillon der Aurora, 1670
Deckengemälde von Charles Le Brun
Aurora verläßt Cephala, um die Welt zu erleuchten, 1672

Nach Einbruch der Dunkelheit erwartete den Gast eine noch größere Pracht, wenn vor dem Hintergrund des Gartens die Festlichkeiten begannen, die Jean Berain zur Unterhaltung der Hofgesellschaft organisierte. „So diente der gesamte Park am Tage wie in der Nacht als Kulisse für ein endloses, die Sinne betörendes Schauspiel. Die Opern Quinaults und Lullis wurden geschrieben, um hier aufgeführt zu werden, und die Umrisse der Bosketts dienten als Hintergrund für die Stücke Molières."[19]

Obwohl der König zunächst nur die Sommermonate in Versailles verbrachte und den Hof erst 1682 endgültig hierhin verlegte, fanden die großartigsten Schauspiele in diesem Park statt. Mit den *Freuden der Zauberinsel* von 1664 wurde der Beginn der Arbeiten gefeiert, die man unlängst aufgenommen hatte. Die Bosketts dienten als Kulisse für das Fest, an dem Molières *La Princesse d'Elide* uraufgeführt wurde. Vier Jahre später, im Juli 1668, bildete der Park von Versailles den Rahmen des *Grand Divertissement Royal*. Lulli und Molière schrieben für diesen Anlaß die Ballettkomödie *Georges Dandin*. Sie wurde unter einer Pergola aufgeführt, die mit herrlichen Tapisserien bedeckt und durch 32 Kristallüster taghell erleuchtet war.

Das großartigste Fest aber fand im August 1674 auf dem *Grand Canal* statt. Dabei „waren plötzlich alle Zierbeete in Licht getaucht. Inmitten der Wasserbecken und Lichter schossen Tausende von Springstrahlen wie funkensprühende silberne Flammen empor. Als die Majestäten die Schönheit dieser Illuminationen betrachtet hatten", fährt Félibien fort, der im Auftrag des Königs die Festlichkeiten beschreibt, „bestiegen sie prächtig geschmückte Gondeln, gefolgt vom Hofstaat, der in anderen herrlich verzierten Schiffen Platz nahm." Und er fügt hinzu: „Nun war es, als ob der stille, unbewegte Kanal vor Stolz seine Fluten schwellte, weil er das Großartigste und Erhabenste tragen durfte, was es auf Erden gibt."[20]

Der Historiker kann darauf nur mit den Worten La Fontaines antworten: „Alle Parks waren zur Zeit unserer Vorfahren Gärten, alle Gärten haben sich in Parks verwandelt: die Kunst der Meister verwandelt die Gärten einfacher Bürger in königliche Gärten, so wie sie die der Könige in Gärten der Götter verwandelt."[21]

André Le Nôtre
Schloßpark von Versailles, 1662–1687
Versailles
Charles Le Brun
Brunnen der Vier Jahreszeiten, 1672–1675

OBEN:
Jean-Baptiste Tuby
Flora-Brunnen
RECHTS:
François Girardon
Saturn-Brunnen
GEGENÜBERLIEGENDE SEITE:
Gaspard und Balthazar Marsy
Bacchus-Brunnen

Rhythmus der Jahreszeiten, Rhythmus der Bosketts …

Bälle und Feste in der Salle des Rocailles ...

UNTEN UND GEGENÜBERLIEGENDE SEITE OBEN RECHTS:
André Le Nôtre
Salle des Rocailles (Salle de Bal), 1680–1685
Versailles
Louis Le Comte und Etienne Le Hongre
Vasen
Pierre Mazeline und Pierre Le Gros
Kandelaber

André Le Nôtre
Schloßpark von Versailles, 1662–1687
Versailles
André Le Nôtre nach einem Entwurf von Charles Perrault
Bosquet du Labyrinthe, 1666–1677
Die Brunnen illustrieren die Tierfabeln Äsops
Charles Perrault
Le Labyrinthe de Versailles, 1677

OBEN LINKS:
Der Falke und die Vögel
LINKS:
Der Kampf der Tiere
GEGENÜBERLIEGENDE SEITE OBEN:
Der Schwan und der Kranich

André Le Nôtre
Ansicht der Kolonnade
Tuschezeichnung, mit Wasserfarben koloriert, um 1685

Lustwandeln unter der Kolonnade

OBEN UND GEGENÜBERLIEGENDE SEITE OBEN:
André Le Nôtre
Schloßpark von Versailles 1662–1687
Versailles
Jules Hardouin-Mansart
Die Kolonnade, 1684

Heiteres im Bosquet des Dômes

André Le Nôtre
Schloßpark von Versailles, 1662–1687
Versailles
Bosquet des Dômes, vormals
Bosquet de la Renommée, 1684

Oben und oben rechts:
Jean-Baptiste Tuby
Akis und Galatea, 1667
Rechts:
Anselme Flamen
Nymphe, 1704
Gegenüberliegende Seite:
Gaspard Marsy
Bosquet de l'Encelade, 1675–1677

Tragisches im Bosquet de l'Encelade

„Hier ist die Grausame; um sie schmachtet der Zephir,
Ihr Antlitz, rosenfarben, liliengleich, bannt seinen Blick.
Törichter, junger Gott, such eine andre Blume dir,
Laß ihren alabasterweißen Busen ruhen!
Vergebens wirbst du um das reizende Geschöpf;
Ich bin's, der ihre Schönheit lieben muß:
Sie ist zu gut für deinen flüchtgen Kuß,
Doch was bringt alle meine Treue mir?"

Jean de la Fontaine, *Galatée*, um 1680

Versailles als Vorbild

Diese „Gärten der Götter", wie La Fontaine sie nannte, waren mit Hofleuten übervölkert. Der Park von Versailles war noch nicht vollendet – die Arbeiten wurden erst 1687 abgeschlossen –, als der König 1679, „all der Schönheit und der Menge überdrüssig geworden, zu der Überzeugung gelangte, daß er etwas Kleineres, etwas Einsamkeit brauche".[22] Sobald er einen passenden Platz in der Nähe von Louveciennes und dem Dorf Marly gefunden hatte, beauftragte er Jules Hardouin-Mansart, Charles Le Brun und André Le Nôtre mit der Errichtung eines Refugiums, in dem er „drei Nächte, von Mittwoch bis Samstag, schlafen konnte – zwei- oder dreimal im Jahr – und wohin ihn nur ein Dutzend Höflinge begleiteten, deren Dienste unentbehrlich waren".[23]

Von 1679 bis 1700 arbeiteten die drei Künstler an „der prachtvollsten" aller Residenzen für ihren König.[24] Sie lag zwischen einer Kaskade, die den äußersten Grenzen des Horizonts zu entspringen schien, und einem riesigen Wasserbecken. Um die Spiegeleffekte des Wassers durch nichts zu stören, pflanzte man die Bosketts hinter die zwölf Pavillons, die sich an die königlichen Gemächer zu beiden Seiten des Beckens anschlossen. Marly war der Stolz Ludwigs XIV., wurde aber bereits nach dessen Tod aufgegeben. Als man die Gebäude während der Revolution verkaufte, verschwand diese „königliche Tollheit" für immer.

Marly bezeichnete das Ende einer Epoche, einer Epoche der absoluten Herrschaft über die Menschen und die Natur. Während der gesamten zweiten Hälfte des 17. Jahrhunderts hatte Le Nôtre eine Macht ausgeübt, die manche als tyrannisch ansehen. Bis zu seinem Tode im Jahr 1700 erhielt er nicht nur alle Aufträge des Königs, sondern auch die der hochgestellten Persönlichkeiten am Hofe.

Das 18. Jahrhundert, der Ruhm des Sonnenkönigs begann allmählich zu verblassen, wurde zu einer Epoche der größten Verbreitung dieser Herrschaft. Die Kunde von der Schönheit Versailles' und Marlys war auch zu den entferntesten Fürstenhöfen gedrungen. Versailles wurde zum Vorbild bei der Errichtung der neuen kaiserlichen Residenzen Schönbrunn in Wien und Peterhof in Rußland ebenso wie beim Bau der königlichen Schlösser Drottningholm in Schweden oder Charlottenburg in Preußen.

In Deutschland versuchte jedes Fürstentum mit der Pracht von Versailles zu konkurrieren. Nach dem Frieden von Rastatt, 1714, der das Ende des französischen Absolutismus besiegelte, erholten sich die deutschen Staaten von den Wunden des Krieges gegen Frankreich, und ihre Fürsten schickten sich an, die Gärten und Schlösser wieder aufzubauen. Gefördert von den Architekten und Gartenkünstlern, die für den Hof Ludwigs XIV. gearbeitet hatten, begann sich der „goût français" in ganz Europa zu verbreiten.

Den Anfang machten Charles Charbonnier und Dominique Girard, die 1715 für Kurfürst Max Emanuel die Anlagen von Nymphenburg und Schleißheim bei München gestalteten und erweiterten. In Wien wirkte Dominique Girard 1723 unter dem Architekten Johann Lukas von Hildebrand an der Ausgestaltung des Festpavillons und des Sommerpavillons des Schlosses Belvedere mit, das sich Prinz Eugen von Savoyen erbauen ließ.

Als Graf Carl Ludwig von Hohenlohe in Weikersheim im heutigen Baden-Württemberg vor dem Stammschloß seiner Familie einen Garten anlegen ließ, gelang ihm eine äußerst harmonische Vereinigung des französischen und des italienischen Stils. 1708 ließ er den hugenottischen Gartenbaukünstler Daniel Matthieu einen Entwurf vorlegen, der eine klassische Anlage mit vier Broderie-Kompartimenten plante, die durch die Kreuzung zweier großer Alleen entstanden. 1713 jedoch vermählte sich der Graf in zweiter Ehe mit der jungen Prinzessin Elisabeth Friederike Sophie, der Tochter des Fürsten von Öttingen. Sie beauftragte den Architekten Johann Christian Lüttich, den Garten in eine Theaterszenerie zu verwandeln.

Die Statuen an den Wegen, griechische Götter und Allegorien der Jahreszeiten, Winde und Kontinente, wurden in der Werkstatt des Bildhauers Johann Jakob Sommer gefertigt. Im Zentrum erinnerte ein Herkulesbrunnen an die arkadischen Ursprünge des Gartens. Die gesamte Szenerie entfaltete sich vor einem breiten Wasserbecken und fand ihren Abschluß in der zweigeteilten Orangerie mit geschwungenen Kolonnaden. Die Mittelachse, die zwischen diesen beiden Gebäuden verläuft, wurde durch den Blick auf das Taubertal und seine im Dunst verschwimmenden Hügel verlängert.

Als Kurfürst Carl Theodor von der Pfalz 1753 beschloß, seine Sommerresidenz in Schwetzingen umzugestalten, wandte er sich an den lothringischen Architekten Nicolas de Pigage und beauftragte ihn mit dem Entwurf eines Parks mit weiten Perspektiven im Stil Le Nôtres.

Die Unterwerfung der Natur blieb noch ein Zeitlang vorrangiges Ziel der deutschen und österreichischen Fürsten. Mit Hilfe des Wassers schufen sie großartige Inszenierungen, für die Italien die vielbewunderten Vorbilder lieferte. Nachdem durch die Herrschaft der Habsburger in Italien die Beziehungen zu diesem Land zwangsläufig vertieft wurden, kam es zu einem ständigen künstlerischen Austausch.

1743 schufen der Architekt Nikolaus von Pacassi und der Gartenbauer Ferdinand von Hohenberg einen monumentalen Brunnen für die Residenz Maria Theresias in Schönbrunn. Dieser von Neptun und seinen geflügelten Rossen beherrschte Brunnen brachte Bewegung in die mächtige Mittelachse der neuen Gartenanlage. 1770 entwarf der Hofgärtner Johann Prokop Mayer für die Terrassen der bischöflichen Residenz Adam Friedrich von Seinsheims in Würzburg ein Wassertheater mit kleinen, lebhaften Kaskaden. Es war von Laubengängen umgeben, die ihrerseits wieder zum *Kabinettgärtchen* führten. Als der Fürstbischof 1778 starb, waren die Arbeiten jedoch noch nicht abgeschlossen, und Mayers Entwurf, den man als zu „italienisch" empfand, wurde zugunsten einer Anlage im neuen, englischen Stil verworfen.

Die extravagantesten Wasserspiele aber, die Deutschland jemals sah, wurden für Landgraf Carl von Hessen auf Schloß Wilhelmshöhe bei Kassel errichtet. Schon 1701 hatte sein Architekt, der Italiener Giovanni Francesco Guerniero, eine spektakuläre Kaskade entworfen, die von einer Anhöhe hinabfiel und, nachdem sie eine Reihe von Grotten und Nymphäen gespeist hatte, unterhalb des Schlosses endete. Das obere Ende dieser riesigen Anlage bildete eine Kopie des Herkules Farnese, der auf dem pyramidenförmigen Dach eines achteckigen Pavillons stand und weithin sichtbar war.

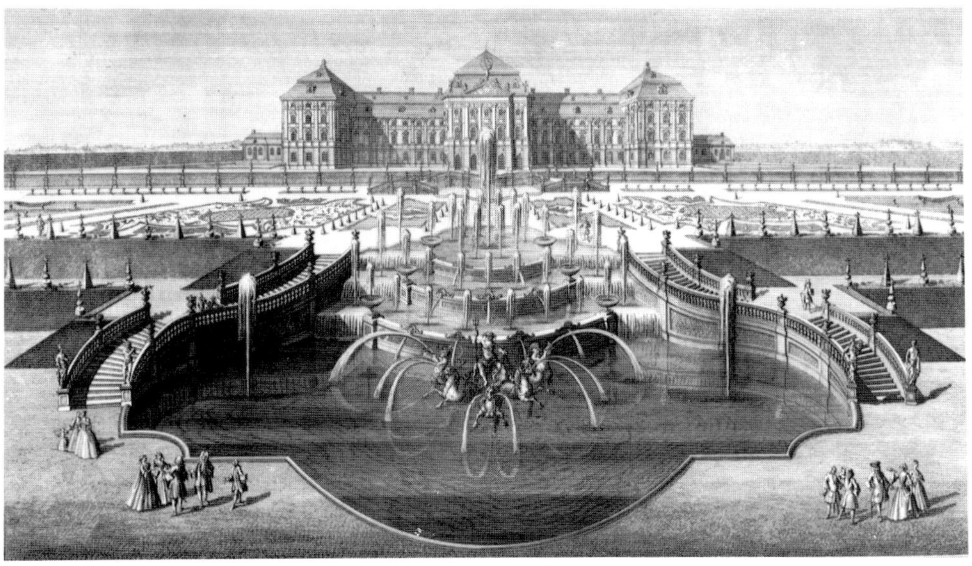

Ansicht der Kaskade im Garten mit Blick auf Schloß Belvedere, Wien
Kupferstich von G. D. Heumann nach Salomon Kleiner, um 1735

Guerniero sollte dieses Projekt niemals vollenden. Er veröffentlichte jedoch 1706 einen Band mit Kupferstichen, die den Park in der geplanten Ausführung zeigten. Dieser geriet vermutlich auch in die Hände des Architekten Luigi Vanvitelli, der 1752 vom König von Neapel, Karl VII., mit dem Bau einer Residenz beauftragt wurde. Er schuf in Caserta eine noch großartigere Version der Kaskade von Kassel. Von der königlichen Residenz erstreckte sich ein fünf Kilometer langer Park in die kampanische Landschaft, dessen Grenzen sich in den Tifatini-Bergen zu verlieren schienen. Von hier kam auch das Wasser für die Kaskade. Zunächst stürzte ein Wasserfall in ein Becken, in dem Diana und ihre Nymphen badeten, während Aktaion versuchte, seinen Jagdhunden zu entkommen. Die Bildhauer, die mit Vanvitelli zusammenarbeiteten – Persico, Brunelli und Solari – verliehen diesen Stätten wieder die Schönheit, die einst das Auge der römischen Patrizier erfreut hatte. Das Wasser floß dann langsamer, aber um so eleganter, über breite Stufen zu Tal, um sich schließlich in ein großes Becken am Parterre vor der Residenz zu ergießen. Als Sublimation der Vision Le Nôtres ist diese Kaskade zugleich eine Hommage an die italienische Inszenierungskunst. Anders als in den französischen Gärten wurden die Statuen – Venus und Adonis, Ceres und die Windgötter der Aiolusgrotte – nicht in Bosketts verborgen, sondern durften auf diesem endlos erscheinenden Weg ihre Rolle spielen.

Auch diese Szenerie ist offenkundiger Ausdruck der verzweifelten Energie, des lächerlichen Aufbäumens einer Welt, die ihr Ende kommen fühlt. In seiner Maßlosigkeit, in seinem ständigen Abwehrkampf gegen die alles überwuchernde Natur, ist Caserta ein Zeugnis der Angst vor den sich ankündigenden Umwälzungen.

Die Fürstenhöfe Europas sind fasziniert …

Garten von Schloß Weikersheim,
1708–1723
Weikersheim, Baden-Württemberg
Erste Anlage von Daniel Matthieu, 1708
Umgestaltung und Orangerie durch
Johann Christian Lüttich, 1719–1723
Blick auf die Orangerie

... von der französischen Gartenkunst ...

Nicolas de Pigage und Johann Ludwig Petri
Garten der Residenz des Kurfürsten
Carl Theodor von der Pfalz, 1753–1780
Schwetzingen, Baden-Württemberg
Französischer Garten, 1753

OBEN:
Barthélemy Guibal
Arion-Brunnen
LINKS:
Löwenallee

… und gebannt von italienischen Bühnenbildern

Oben und links:
Nicolaus von Pacassi und Ferdinand von Hohenberg
Schloß Schönbrunn
Wien
Park, angelegt für Kaiserin Maria Theresia, 1743–1749
Neptunbrunnen

Gegenüberliegende Seite:
Johann Lukas von Hildebrandt und Dominique Girard
Schloß Belvedere
Wien
Oberes Belvedere, erbaut für Prinz Eugen von Savoyen,
fertiggestellt 1723
Südfront

Luigi und Carlo Vanvitelli
Garten der königlichen Residenz, 1752–1780
Caserta, Neapel
Die Große Kaskade

Oben:
Ceres-Becken
Links:
Diana- und Aktaion-Becken
Gegenüberliegende Seite:
Blick auf die Große Kaskade

Erhabene Maßlosigkeit in Casertas königlicher Residenz

4
Der Weg der Galanterie
Frankreich, Italien und Deutschland im 18. Jahrhundert

„Die Geschichte des 18. Jahrhunderts ist charakterisiert durch den Gegensatz rauschender Feste und der wehenden Trikolore über den Schlachtfeldern. Auf der Bühne erscheint eine Freiheitsbewegung, die sich – die Losung *La liberté ou la mort* dramatisch skandierend – einem Feuerwerkskörper gleich entzündet, am Himmel explodiert und in einem Funkenregen tragisch verlischt.“[1]

Noch vor dem Ende der Regentschaft Ludwigs XIV. begann die höfische Gesellschaft diese neue Freiheit auch für sich selbst zu entdecken. Doch nur wenige waren dafür wirklich reif, denn fast 50 Jahre lang war der König der einzige Zeremonienmeister aller Feste und Spektakel gewesen. Jede Minute des Tages, jeden Schritt auf den Wegen durch die Gärten von Versailles und Marly, jede Einzelheit im Leben seiner Höflinge hatte er einem strengen Reglement unterworfen.

Doch als 1712 der Dauphin Herzog von Burgund und die Dauphine Marie-Adélaïde von Savoyen sowie einer ihrer Söhne verstarben, legte sich ein Schatten über den bis dahin strahlenden Hof. Die plötzlich einkehrende Nüchternheit traf die Aristokratie unvorbereitet, hatte sie sich doch daran gewöhnt, ihre Mußestunden gemäß den strengen Vorgaben des Königs zu verbringen. Der Adel sank nun zu „einer Klasse entwurzelter Landbesitzer“[2] herab, die das Interesse an ihren Ländereien verloren hatte und lediglich darauf aus war, sie an die aufstrebende Mittelschicht zu verkaufen.

Die Existenz der reichen Kaufleute, Fabrikanten und Finanziers nahmen die Aristokraten kaum war, es sei denn, diese Bürger verschafften ihnen die dringend benötigten Geldmittel. Die Menschen in ihrer unmittelbaren Umgebung hingegen, ihre Bediensteten und „das Volk“, ignorierten sie völlig, so zeigten sich die Damen des Adels zum Beispiel ihren Lakaien oftmals in provozierender Nacktheit, etwa wenn Wasser in die Badewanne zu gießen oder Holz im Kamin nachzulegen war.

Nach dem Tode Ludwigs XIV. fand sich die Aristokratie ganz auf sich gestellt, gefangen in einer Scheinwelt, wieder. Das bei Hofe während Ludwigs Regentschaft eingeführte Zeremoniell war nur noch leeres Blendwerk und nicht länger „die magische Inszenierung absoluter Macht; man kam ihm nach, weil die Konvention es verlangte.“[3] Nicht nur die Regierung hatte ihre Glaubwürdigkeit völlig eingebüßt, auch die Schatzkammern des Staates waren so leer wie die riesigen Säle der königlichen Schlösser und die sie umgebenden Gärten, die nicht länger mit einem solch großen Aufwand unterhalten werden konnten. Wurden 1698 noch 100 000 *livres* für den Park in Marly ausgegeben, waren es 1712 nur noch spärliche 5000 *livres*.[4]

Von den Fesseln des Hoflebens befreit, begannen nun Höflinge und Edelleute ihre eigenen Vergnügungen zu organisieren, um die Langeweile zu vertreiben. Die sinnliche Freizügigkeit war nunmehr eine der wenigen Möglichkeiten, die sich ihnen bot, um eine erste „Erfahrung von Freiheit“[5] zu machen. Diese Emanzipation der Sinne, die der Adel, „intolerant gegenüber allem, was sie zügelte, und berauscht von Müßiggang und unbeschwertem Vergnügen“[6], für sich entdeckte, fand ihre Entsprechung im Vorrang der Gefühle, die Denker und Philosophen zu preisen begannen. Zu Beginn des Jahrhunderts hatte John Locke aufgezeigt, daß „es uns ständig drängt, die Leere des Lebens zu fliehen, durch flüchtige Gefühle und Gedanken eine Art der Erfüllung und Intensität anzustreben, welche stetiger Erneuerung bedarf“.[7]

Wenn die großen königlichen Schlösser auch nicht mehr in ihrem alten Glanz erstrahlten und ihre Parks nicht mehr von ganzen Heerscharen von Gärtnern gepflegt wurden, konnten sich Gäste und Besucher doch am neuen Reiz schattiger Alleen erfreuen. So ließ Ludwig XV. die Hainbuchen-Hecken in Versailles nach und nach durch frei wachsende Laubbäume ersetzen. Die neu angelegten Lustwäldchen wirkten intimer und die Götter und Göttinnen weniger entrückt, seit sie mit Moos bedeckt waren. Man begann, natürliche Genüsse wiederzuentdecken wie die Frische im Schatten, den Duft der Blumen, der sich harmonisch in das galante Spiel der Gefühle einschmeichelte, die zu empfinden man vorgab . Ein neuer Weg, eine neue Fährte mußte gefunden werden, um diesem Lebensgefühl Ausdruck zu verleihen. Die neuen Gärten, die man jetzt konzipierte, wurden nicht mehr um große Königsschlösser angelegt, sondern um besondere Pavillons, Eremitagen oder Lust-

Johann Prokop Mayer
Fürstbischöflicher Schloßgarten in Würzburg,
1763–1791
Veitshöchheim, Bayern
Cabinet de verdure, 1771–1773

schlößchen, die sich weit mehr für galante Feste im kleinen Rahmen als für Lustbarkeiten im großen Stil eigneten.

Aber auch hier galten Regeln: Der phantasievolle und abwechslungsreiche Stil der Anlagen, die beständig für neue Anregung zu sorgen hatten, durfte die Ordnung des galanten Spiels nicht stören. Die Natur hatte sich trotz ihrer scheinbaren Unabhängigkeit zu fügen. Sie wirkte auf die Sinne, besaß aber keine eigene Seele.

Die neuen Wege bestärkten den Besucher in seinem Glauben an neugewonnene Freiheiten: die Freiheit, einfach herumzuspazieren, allerlei Überraschungen zu erleben, sich hinzugeben und ständig neue und angenehme Gefühle zu entdecken. Und doch entsprachen die Gärten weiterhin den genau definierten Ordnungsvorstellungen, die während der Regentschaft Ludwigs XV. befolgt wurden. Theoretiker und Architekten hatten diese bereits in zahlreichen Abhandlungen in Worte gefaßt. Den größten Einfluß übte Antoine-Joseph Dezallier d'Argenvilles 1709 erschienenes Werk *La Théorie et la Pratique du Jardinage* aus, das der Verfasser bis 1747 mehrmals überarbeitete.

Antoine-Joseph Dezallier d'Argenville
La Théorie et la Pratique du Jardinage, 1715
Portiken und Cabinets de verdure

Die Anlage des *parcours galant*

Das Buch war deshalb so erfolgreich, weil es im Detail darlegte, wie man der Natur durch die Beschränkung auf ein genau eingegrenztes Gelände ihren Schrecken nehmen und ihr zugleich die gewünschte bezaubernde und verführerische „natürliche Anmut" verleihen konnte. Um aber den Gärten den Anschein neuerworbener Freiheit zu geben, mußte sich, so Dezallier d'Argenville, „die Kunst der Natur ergeben".[8] Gärten, in denen die Eingriffe des Menschen eben allzu augenfällig waren – etwa durch überdekorierte Brunnen oder monumentale Treppen und Terrassen –, lehnte er entschieden ab. Statt dessen sollten Flächen, die formal zu streng gestaltet waren, durch Rasenflächen, die von einem kleinen Wall umgeben waren – sogenannte *boulingrins* (dem englischen „bowling green" entlehnt) –, ersetzt werden. Auch empfahl er die Anlage von *parterres à l'anglaise*, Rasenflächen, die durch einen Sandweg von den Blumenbeeten abgetrennt waren.[9] Einige Gartenbesitzer hatten bereits den allgegenwärtigen Buchsbaum verbannt, und den Empfehlungen der Theoretiker des 17. Jahrhunderts – wie die André Mollets: „Der Blumengarten sollte immer separat angelegt werden"[10] – wurde kaum mehr Folge geleistet. Da der Garten seine symbolische Funktion verloren hatte, konnte er nun einfach wegen seiner sinnlichen Reize genossen werden. In seiner Abhandlung *De la distribution des maisons de plaisance* schrieb der Architekt Jacques-François Blondel allen Einzelelementen, die zusammen diese neuen Freuden erzeugen, die gleiche Bedeutung zu: „Da uns das Lustwandeln im Garten Leibesübung verschafft, und da unser Wunsch, das Sonnenlicht zu genießen, einhergeht mit der Notwendigkeit, zuweilen die Bosketts und ‚grünen Säle' *(salles de verdure)* aufzusuchen, um in deren Schatten zu rasten, sollten wir darum bemüht sein, diese Orte im Freien so anmutig wie möglich zu gestalten."[11]

Selbst wenn die neuen Gärten einer genau festgelegten Ordnung folgten, konnte der Spaziergänger sie nach Lust und Laune erkunden. Auf das Wohngebäude führten weiterhin von zwei Seiten gerade Alleen, gesäumt von Parterres, die mit den verschiedensten Blumen das Auge erfreuten und wunderbar dufteten.

Da das Abbild der Wirklichkeit manchmal ebenso reizvoll sein kann wie die Wirklichkeit selbst, beschränkte man sich nicht nur auf Blumenbeete, sondern plazierte auch unterschiedliche Vasen, um die Wirkung des Ensembles zu steigern. Blondel widmete ihnen in seinem Buch sogar ein eigenes Kapitel, da „Vasen zu den vielen schönen Dingen gehören, die man in einem Garten erwartet und eine willkommene Abwechslung darstellen. Die größte Schwierigkeit besteht jedoch darin, den richtigen Standort für sie zu finden; viel mehr Sorgfalt und Geschick erfordert es, ihnen eine anmutige Form zu geben und den Eindruck großer Vielfalt zu erzielen."[12]

Anmut und Abwechslung waren die wichtigsten Gesichtspunkte bei der Gestaltung eines galanten Gartens. Deshalb konnte der Besucher, der die erste Terrasse verlassen hatte, zwischen vielen schattigen Spazierwegen wählen, ohne daß ihm eine besondere Route vorgegeben wurde. Alle Wege führten strahlenförmig vom Haus weg, so daß, je nach gewähltem Ziel, jedes Mal ein anderer Weg möglich war.

Kurvenreiche Wege ersetzten mit der Zeit die geradlinigen Alleen. Schon 1700 hatte der Maler Antoine Coypel erkannt, daß Kurven, ob „der Eleganz ihrer ungewissen Form, die hin und her wogt wie eine flackernde Flamme"[13], sich bestens dazu eigneten, den Spaziergänger durch besondere Inszenierungen zu überraschen. Kurvige Formen verfügen zudem auch über eine erotische Anziehungskraft, was Nicolas de Pigage im Auge gehabt haben muß, als er für Kurfürst Carl Theodor von der Pfalz den *parcours galant* im Schloßpark von Schwetzingen bei Heidelberg entwarf.

Diese Wege endeten regelmäßig in sorgfältig gestalteten Bosketts und anderen Anpflanzungen: „Es wäre ein langwieriges Unterfangen, wollte man all die Formen beschreiben, die ihnen verliehen werden können. Es genügt festzustellen,

Nicolas de Pigage und Johann Ludwig Petri
Garten der Residenz des Kurfürsten Carl Theodor von der Pfalz, 1753–1780
Schwetzingen, Baden-Württemberg
Bogenhecken in den Gärten der Orangerie

daß sie die wichtigsten Schmuckelemente der Gärten sind und ihre Vielfalt einen Park auszeichnet sowie den Charme eines Spaziergangs ausmacht."[14] Die von Blondel empfohlene Abwechslung spiegelte sich in der Vorliebe für Gärten wider, in denen die Schönheit der Natur nicht ohne die Hilfe kunstvoller Eingriffe aufgezeigt werden konnte. Die Bosketts legte man in unendlich vielen Varianten an und gab ihnen Namen wie „Sternen-Boskett", „Würfel-Boskett", „Kreuzgang-Boskett", „Ballsaal-Boskett", „Teich-Boskett", „Grünsaal-Boskett" oder „Amphitheater-Boskett".

Der Herzog von Croÿ ließ um sein in der Nähe von Valenciennes gelegenes Château de l'Hermitage eine Folge von Bosketts anpflanzen, eines für jede Jahreszeit und mit Pflanzen der jeweiligen Saison – gemäß einer Empfehlung des berühmten Botanikers L. M. Nobel. In anderen Bosketts verbargen sich die Volieren eines *théâtre aux oiseaux*, wie etwa im Schloßpark von Schwetzingen, der bis heute eines der schönsten Beispiele liefert.

Die Bosketts André Le Nôtres waren zwar nicht in Vergessenheit geraten, jedoch zu „grünen Zimmern" geworden, die, etwa anläßlich einer großartig inszenierten königlichen Promenade durch den Park, kaum noch besondere Aufmerksamkeit erregten. Doch wie die Felder eines *jeu de l'oie* boten sie Gelegenheit, an einem Verführungsspiel teilzunehmen, in dem man beliebig vorwärts und rückwärts ziehen konnte, ohne einen definitiven Schritt tun zu müssen.

Schon ein Jahrhundert zuvor hatte Mademoiselle de Scudéry in ihrer *Carte du Tendre* die Regeln des obligatorischen Vorspiels zur Erfüllung aller Wünsche festgelegt. Der galante Herr hatte sich auf einem zwar frei gewählten, aber von künstlich inszenierter Natur geprägten *parcours* zwischen dem *Village de la Nouvelle Amitié* und den *Rives de la Mer Dangereuse* zu bewähren, bevor er sich nach Kythera einschiffen durfte.

Die Bosketts in den Parks wurden wie Gesellschaftsspiele konzipiert, in denen „Masken, Verkleidungen und falsche Hindernisse die Phantasie anspornen".[15] Die Landschaftsarchitekten wurden zu Meistern in der Kunst, die Natur den Phantasien der Lust anzupassen – mit sorgfältig getrimmten Hecken, spielerischen Alleen oder Irrgärten, die nun wiederentdeckt wurden. All diese Elemente luden zu Fang- und Versteckspielen ein, bei denen man „sich lautlos bewegen mußte, ohne gesehen zu werden, andere beobachtete und im eigenen Versteck entdeckt wurde."[16]

Jacques-François Blondel
De la distribution des maisons de plaisance, 1737
„Verschiedene Entwürfe für Vasen, geeignet zur Aufstellung im Freien"

Rendezvous der Galanterie am Hofe Frankreichs

Der königliche Hof, Aristokraten und reiche Bürger – deren Lebensstil oft den der Aristokratie in den Schatten stellte – vergaben nun wieder verstärkt Aufträge zum Bau neuer Stadt- und Landhäuser. Und für die Gärten wünschten sie von ihren Architekten natürlich *parcours*, die ihnen jene galanten Vergnügungen gestatteten, die bereits auf den Decken, Balken und Täfelungen ihrer Salons und Boudoirs abgebildet waren. Auch der König hatte immer weniger Vergnügen an den großen Festen, die in den Parks von Versailles oder Marly gefeiert wurden. Er sorgte zwar für die Instandhaltung dieser Anlagen und ließ, wenn irgend etwas verfiel, wie das Neptunbecken in Versailles oder die in einen grünen Teppich verwandelte *Grande Cascade* in Marly, es wieder herstellen. Aber seine Gärten bereiteten ihm wenig Freude, da ihre Imposanz nicht seinem Geschmack entsprach. Sie erlaubten weder wilde Jagden wie die Wälder von Fontainebleau, noch verzauberten sie wie die Opernaufführungen, für die er einen der schönsten Säle in Versailles zu bauen plante. Vor allem jedoch bot die offene Weite der Parks nicht jene Intimität, die er in den Appartements seiner Favoritin oder im Pavillon des *Parc des Cerfs* fand, „einem weitläufigen Serail im orientalischen Stil, einem Garten mit geheimnisvollen Bosketts und verwunschenen Pavillons, in dem ein Schwarm mehr oder weniger scheuer ‚Rehe' die Nachstellungen des lüsternen Monarchen erwartete".[17]

Auf einer sozusagen „offiziellen Ebene" wandte sich Ludwig XV. dem Gelände westlich des Château du Trianon zu, das Jules Hardouin-Mansart für Ludwig XIV. erbaut hatte, entsprach es doch vielmehr seinem Gemack für intime Plätze, an denen der Sinnestaumel die galante Überraschung ersetzte. In die Mitte des Parks ließ er 1750 von seinem Architekten Jacques-Ange Gabriel einen achteckigen, von ihm persönlich entworfenen Pavillon bauen, der später als *Pavillon Français* bekannt wurde. Dieser damals noch *Salon de Compagnie et de Jeux* genannte Bau sowie die umliegenden Gärten waren als Geschenk für die Marquise de Pompadour gedacht und sollten als Stätte für seine Vergnügungen dienen.

Die vier identischen Seiten des Pavillons führten auf vier Alleen, die dem Spaziergänger die Wahl zwischen vier gewundenen Wegen zu den verschiedensten Bosketts boten. Die Biegungen der Wege und die Dekorationen, die sie miteinander verbanden, bildeten einen Kontrast zu den streng axial ausgerichteten zentralen Alleen. Die perfekte Symbiose zwischen Pavillon und Garten entsprach exakt dem doppelten Spiel der Galanterie: Die doppelte Symmetrie der Architektur und die strenge Ordnung der Parterres „maskierten" die eleganten Fassaden und Bosketts und brachten sie dadurch besser zur Geltung. Sie waren Ausdruck von „Anmut ohne Affektiertheit, würdevoller Ordnung und Verheißung von Intimität".[18]

Doch der verborgene Charme des Ensembles nahm Schaden, als Gabriel nach 1761 auf der Achse des Pavillons das Petit Trianon errichtete.

Zuvor war der Zauber des Gartens noch durch den *Salon Frais*, eine Gitterlaube verstärkt worden, die am einen Ende einer der Alleen zwar durchaus noch sichtbar war, sich aber ideal zum Tête-à-Tête eignete.

Ludwig XV. war nicht der einzige, der diese Architekturen schätzte, die das Licht durchließen und gleichzeitig Diskretion wahrten. Diese fragilen Bauwerke fanden sich, so Blondel, auch in den Gärten der „Grands Seigneurs", weil „diese Art der Architektur aus Kostengründen und wegen der geringen Haltbarkeit viele Jahre lang vernachlässigt worden war. Seit einiger Zeit jedoch scheint sie wieder in Mode gekommen zu sein, weil das Vergnügen, das sie bereiten, die Kosten überwiegt".[19]

Einer dieser „Grands Seigneurs", die den Reizen der Gitterlauben erlagen, war Louis-Joseph de Condé. 1760 ließ er eine Reihe von Bosketts anlegen, die den riesigen Park seines Besitzes in Chantilly verschönern sollten. Und der Mode des Tages entsprechend errichtete der Fürst ebenfalls diese leichten Konstruktionen, die den von Geschicklichkeits- und Glücksspielen sowie inszenierter Galanterie bestimmten *parcours* durch den Park angenehmer machen sollten.

Zunächst wurden seine Gäste in den eingefriedeten Garten des *Pavillon de Sylvie* geführt, der mit neuen Portiken und Spalierbäumen verziert worden war. Sie verliehen dem Ort, der für Liebhaber des galanten Lebens bereits voller Erinnerungen war, einen noch größeren Charme. Tatsächlich war dieser kleine Pavillon ursprünglich für Heinrich IV., einen Freund des Besitzers Henri I. de Montmorency, erbaut worden, der in dessen Tochter, Charlotte, vernarrt war. Später versteckte Marie-Félicie Orsini, die Gemahlin von Henri II. de Montmorency, dort Théophile Viau, als dieser sich auf der Flucht vor dem Parlament befand. Aus Dankbarkeit widmete der Dichter ihr seine schönsten Gedichte, in denen er ihr als Sylvie huldigt.

Nach dieser Etappe, die dem *Village de la Nouvelle Amitié* in Mademoiselle de Scudérys Buch entsprach, wurden die Gäste des Fürsten frivoleren Genüssen zugeführt. Ein lebensgroßes *jeu de l'oie* erwartete sie, das „in einem neu angelegten Boskett gespielt wurde, wobei Steine die Zahlen markierten und in Abständen Gänsefiguren auf Sockeln standen".[20] Im Anschluß verlustierte man sich zur Abrundung bei einem *jeu de mail* und in einem kleinen, dem Vorbild von Versailles nachempfundenen Irrgarten. Nachdem dieses Vorspiel abgeschlossen war, konnten die galanten Spiele auf der *Ile d'Amour* beginnen. Dort wurden im *Pavillon de Vénus*, das aus drei Gitterlauben bestand, Erfrischungen gereicht.

Trianon-Garten, Baubeginn 1687
Versailles
Gartensteinvase

In der Umgebung des Königs erfreute sich auch die Marquise de Pompadour der Annehmlichkeiten, die diese neuen anmutigen Gärten boten. Solche ließ sie um all die Sommerhäuser, Eremitagen und Lustschlößchen anlegen, die sie später fortwährend kaufte und wieder verkaufte. Während ihrer fast 20 Jahre dauernden „Regentschaft" bei Hofe bewohnte sie 14 verschiedene Residenzen, die zwischen Versailles, dem Umland von Paris, Fontainebleau und der Loire verstreut lagen.

Für das kleine, zwischen Saint-Cloud und Meudon gelegene Château Bellevue, das Lassurance l'Aîné 1750 für die Pompadour errichtet hatte, entwarf der Gartenarchitekt Jean-Charles Garnier d'Isle später einen besonders galanten Garten. Eine Folge von Bosketts bestimmte hier einen *parcours*, dessen Reiz den königlichen Gast der Pompadour aufs neue bezaubern sollte, der allmählich das Interesse an ihr verlor. Ihre Stellung als Favoritin allerdings ließ der König bis zu ihrem Tod 1764 unangetastet. Nach einer Rast im Badehaus, dem *Pavillon des Bains*, in dem zwei Bilder ihres Lieblingsmalers François Boucher, die *Venus im Bade* sowie die *Venus bei der Toilette*, bewundert werden konnten, führte der Weg weiter zum *Bosquet d'Apollon* und zum *Bosquet de l'Amour*, wo eine „Statue von Madame la Marquise, ausgeführt in Marmor von Jean-Baptiste Pigalle", zu sehen war. „Im höher gelegenen Teil dieses hübschen Bosketts, das nur aus Rosen- und Jasminbüschen bestand, tauchte ein vergoldeter, von Palmen gestützter Baldachin aus Blei auf."[21] Den Abschluß bildete der Besuch des *Bosquet de la Cascade*, das in weißem Mamor ausgestattet war und auf dem sich Tritonen, Najaden und Eroten auf Delphinen zwischen Wasserfontänen und -strudeln tummelten.

Die stets verschuldete Madame de Pompadour sah sich 1757 gezwungen, Bellevue an den König zu verkaufen. Außerdem zog sie Theateraufführungen und Bälle den Freuden der Gartenspaziergänge und den Gesellschaftsspielen in den Bosketts vor. In ihre Eremitagen in Compiègne und Fontainebleau und vor allem in ihre Residenzen in Versailles und Paris lud sie gerne zu Theateraufführungen in kleinem Kreis ein, für die die Musiker des Königs, wie etwa Jean-Joseph Mondonville, eigens Opern und Ballettmusiken komponierten.

Als Madame de Pompadour im Alter von nur 42 Jahren starb, vermachte sie ihrem Bruder ihre letzte Erwerbung, Château de Ménars an der Loire. Der Marquis de Marigny sollte einer der ersten sein, der die Natur nicht lediglich als Instrument sinnlichen Erlebens, sondern als Mittlerin von Gefühlen verstand. 1770 beauftragte er Jacques Germain Soufflot mit dem Bau eines Tempels, *La Rotonde* genannt, der die große Terrasse des Châteaus abschließen sollte. Er selbst ließ sich jedoch im unteren Teil des Besitzes, unweit des Loire-Ufers, einen *Giardino segreto* anlegen. Hier spiegelte sich im Wasser eines Teiches, versteckt im Schatten eines Bosketts, ein kleines Nymphäum. Diese *Grotte d'Architecture,* ein kühles Refugium, in die der Marquis die Worte *piccola ma garbata* („klein, aber graziös") einmeißeln ließ, hatte schon kaum mehr den Charakter eines galanten Unterschlupfs: Für das ästhetische Empfinden des Marquis beschwor die Grotte jene Zeit herauf, als die Nymphen noch in aller Unschuld badeten, und kündigte schon jene melancholischen Träumereien an, die die Natur bald auslösen sollte.

Galanterie an den europäischen Höfen

Während der Regierungszeit Ludwigs XV. war die Jagd nach Vergnügungen, die der heimtückischen Melancholie Paroli bieten sollten, auch an den übrigen europäischen Höfen ausgeprägt. Der Weg der Galanterie faszinierte die Aristokratie in Deutschland ebenso wie in Italien. Im übrigen Europa verstand man unter dem *goût français* jedoch nicht mehr ausschließlich die großen Entwürfe, die an die Epoche Ludwigs XIV. gemahnten, sondern auch zurückhaltendere Wege.

In Schwetzingen hatte sich Carl Theodor, wie erwähnt, von Nicolas de Pigage einen großen Park im „französischen Stil" anlegen lassen. Doch abgesehen von der „alten Rechnung", die der Kurfürst mit jenem König zu begleichen hatte, dessen Truppen während der Kriege von 1689 die Pfalz in Schutt und Asche gelegt hatten, sah er sich als Mann der Moderne. Er liebte es, mit den großen Geistern im Umkreis des französischen Hofes zu diskutieren oder zu korrespondieren. Deshalb faszinierte ihn das Konzept eines „doppelten Spiels", das ihm sein Architekt vorschlug: Die Blumenrabatten sollten ein Halbrund bilden, während die breiten Alleen, die vom Schloß wegführten, in einen *parcours* der Überraschungen mündeten. An den Biegungen der verschlungenen Wege fanden sich in verschwiegenen Bosketts der über einem geheimen Nymphäum thronende *Temple d'Apollon,* ein *Pavillon de Bain* und das berühmte *Théâtre aux oiseaux.*

30 Jahre nach Beginn der Arbeiten im Jahre 1783 folgte der Kurfürst noch einmal der neuesten Mode der Gartenkunst und ließ zusätzlich einen großen Park im englischen Stil anlegen. Der *Grand Canal* wurde in einen Teich mit chinesischer Brücke verwandelt. Tempel, Badehaus und Vogeltheater erhielten „modische Artefakte" wie eine Moschee und römische Ruinen.

Zuvor, im Jahr 1744, hatte die Markgräfin Wilhelmine von Bayreuth, eine Schwester Friedrichs II. von Preußen, ihren Besitz, den sie zu Recht „Sans Pareil" nannte, mit Gärten ausstatten lassen, deren Ausschmückung vom allegorischen Epos *Les aventures de Télémaque* inspiriert war.[22] Grotten, Steilwände, Höhlen und eine triste, strenge Eremitage sollten erbauliche Gefühle hervorrufen, die jedoch kaum in Einklang mit der an deutschen Höfen so beliebten *galanterie à la française* zu stehen schienen und dennoch war in Sans Pareil „alles Raffinesse und Lust, andere in Erstaunen zu setzen".[23]

Das Spiel der Illusionen bot der lustbetonten Gesellschaft jener Zeit alle damals beliebten Vergnügungen. Ein kleines Freilichttheater war nichts anderes als eine künstliche Ruine, und die triste Eremitage versteckte eine verführerische, mit Muscheln ausgeschlagene *Salle de fraîcheur,* in der Ungeheuer und Delphine den überraschten Besucher mit Wasserstrahlen empfingen. Im Park sah man Nymphen, die von Satyrn entführt wurden, und in den Bosketts luden versteckte Steinpavillons oder Gitterpavillons den Besucher zum Verweilen ein.

Unweit von Bayreuth, wo die Markgräfin residierte, beschloß auch der Fürstbischof von Würzburg, die Gärten seiner Sommerresidenz in Veitshöchheim umgestalten zu lassen. Sein Architekt, Johann Prokop Mayer, der das Projekt von 1763 bis 1776 leitete, verbarg hinter der strengen Geometrie der Alleen und Bosketts einen der galantesten Spazierwege der Zeit, bei denen „alles Vergnügen, alles Zerstreuung, alles Intimität war ...".[24] Der Entwurf beruhte auf einem dreistufigen Spielplan, der mit seinem Crescendo der Gefühle dem Besucher keine Atempause lassen sollte. Von einer großen, als Bühne dienenden Wasserfläche, auf der Musiker und Musikerinnen um einen

Johann Prokop Mayer
Fürstbischöflicher Schloßgarten in Würzburg,
1763–1791
Veitshöchheim, Bayern
Ferdinand Dietz
Maske einer Muse

künstlich aufgebauten Parnaß aufspielten, nahmen mehrere Alleen ihren Ausgang. Einige von ihnen waren von einem Baldachin überdacht, andere von Hecken gesäumt. Letztere waren als Irrgärten angelegt, in denen sich der Spaziergänger verlieren sollte, aber mit Bedacht plazierte Lücken führten ihn zu kleinen, diskreten Pavillons und *Salles de verdure*, in denen es nach Rosen duftete. Überall ließen allegorische Figuren – Nymphen, Tänzerinnen und Musikanten – des Bildhauers Ferdinand Dietz den Besucher in immer üppiger bewachsene Bosketts taumeln. Dort nahm ihn ein Naturtheater – ein sogenanntes *Théâtre de verdure* – in Empfang und geleitete ihn, vorbei an exotischen Pavillons und Wasserspielen, zum Finale des Spazierwegs. Am Ende der letzten Allee ragte ein Belvedere über einer Grotte empor. Darin verbargen sich ein runder Raum und verschiedene Kabinette, deren Verschwiegenheit von Fabeltieren aus Muscheln und Edelsteinen bewacht wurde.

Das gesamte Repertoire der Parks und Gärten seit dem 16. Jahrhundert wurde wiederbelebt, um die galanten Festlichkeiten angenehm zu gestalten. Deren Höhepunkt bildeten meist Aufführungen aus der *commedia dell'arte*, die in den Naturtheatern bei Einbruch der Dunkelheit stattfanden. Nach dem Auftritt überließen die Pierrots, Kolombinen und Harlekine ihre Kostüme den Tänzern für die nachfolgenden Maskenbälle. Vor allem die italienischen Aristokraten, insbesondere im Veneto, die in der Kunst der *villeggiatura* erfahren waren, liebten diese nächtlichen Spektakel zwischen Buchsbaumkulissen und Rasenflächen.

Villa Reale, Park der Familie Orsetti,
Baubeginn 1651
Marlia, Lucca
Théâtre de verdure, ca. 1700

In der Nähe von Padua gab Graf Antonio Capodilista der Illusion den Vorzug vor der Wirklichkeit. Als leidenschaftlicher Theaterliebhaber ließ er 1750 die Zimmer seiner von Dario Varotari, einem Palladio-Schüler, erbauten Villa in Montecchia mit Trompe-l'œil-Szenen ausmalen, so daß sie als Kulisse für die Spiele verwendet werden konnten, die auf den die Villa umgebenden Terrassen für seine Gäste aufgeführt wurden. Um diese weiter zu verwirren, ließ er sogar ein Zimmer wie einen Garten gestalten, so daß sie am Ende nicht mehr wußten, ob sie sich im Haus oder im Freien befanden.

Als die letzten Stücke von Goldoni und Gozzi gespielt wurden, verschwanden die Masken- und Verkleidungsspiele aus den Gärten. Der *parcours galant* war beendet, aber das „Spiel der Spiegel" lebte im Inneren der Pavillons weiter, wo andere Wonnen auf die Besucher warteten. „Die Meister des Vergnügens wollüstiger Szenen" hatten Salons und Boudoirs „in wachsender Fülle geschaffen, um das Credo des Epikureismus zu verteidigen und zu illustrieren".[25] Die Deckengemälde und gelackten Wandverkleidungen spiegelten lediglich die Bälle, Konzerte und Bankette wieder, die einander in diesen Räumen ablösten – „... zu Macht aus zweiter Hand erhobenes Spiel des äußeren Scheins, in diesem prächtigen Abziehbild eines einzig der Lust am äußeren Schein geweihten Lebens".[26] Diese *Folies* oder Lustschlößchen wurden schließlich einzig und allein zur Zerstreuung ihre Benutzer erbaut: „Das Vergnügen hat sein eigenes Reich in einer parallel existierenden Welt, die zugleich homogen und facettenreich ist; sie besitzt ihre eigenen Tempel – die ‚Folies' –, ihre eigene Öffnung zur Außenwelt – den ‚Garten' –, ihre eigenen Altäre und ihr eigenes intimes Dekor – in den ‚Boudoirs'."[27]

Die Fortsetzung der Festlichkeiten in den Pavillons

Vom ländlichen Sommerhaus, in dem man mehrere Tage verbrachte, bis hin zum in Laubengängen versteckten Belvedere hatten diese Pavillons, kleine Bauten, die meist nur aus einem Stockwerk bestanden, stets denselben Grundriß: Ein geräumiges Vestibül führte in einen großen, zentralen Salon mit kostbaren Wandvertäfelungen, der von einer mit Stuck- und Trompe-l'œil-Arbeiten verzierten Halbkuppel überwölbt war. Beiderseits dieses Salons konnte man sich in zwei oder drei enge Boudoirs oder intime Kabinette zurückziehen. Das gedämpfte Licht und die zahlreichen Spiegel ließen den Besucher glauben, sich immer noch inmitten eines galanten Bosketts im Park zu befinden. So empfahl der Architekt Le Camus de Mézières noch 1780: „Man darf nichts unversucht lassen und muß sich der Magie von Malerei und Perspektive bedienen, um Illusionen zu erzeugen."[28]

Auch wenn sich die Anordnung der Räume in diesen Pavillons mehr oder weniger gleich blieb, dienten sie doch unterschiedlichen Zwecken. An allen Höfen Europas – in Italien, Deutschland und Frankreich – stand in den Parks und Gärten mindestens eines dieser kleinen, zuweilen versteckten, Gebäude, deren Rolle klar definiert war und die der Mode der Zeit entsprachen. Ob Gloriette, Belvedere, exotischer Pavillon, Badehaus oder *Pavillon des jeux* – jeder dieser Bauten sorgte für besondere Freuden, die exakt mit den Lustgefühlen übereinstimmen mußten, die man in jedem wachen Augenblick des Tages und der Nacht erneuern wollte.

In Florenz hatte sich im Gefolge von Peter Leopold I., der das Großherzogtum Toskana von seinem Vater, Franz von Lothringen, geerbt hatte, das Kaffeetrinken zu einer wahren Leidenschaft entwickelt. Das Getränk wurde in kleinen Pavillons zu sich genommen, die man „Kaffeehäuser" nannte. Adlige wie Großbürger teilten die wienerische Leidenschaft des Großherzogs – kein anderer als der Sohn Maria Theresias – und ließen sich das neue Lieblingsgetränk in eigens dafür errichteten Pavillons servieren. Im oberen Teil des Boboli-Gartens erbauten Zanobi und Giuseppe del Rosso ein Kaffeehaus für Peter Leopold I., in dem er die Abende in angenehmer Gesellschaft unter den hübschen Treillagen des Grand Salon verbringen konnte. Die überdachte Terrasse ließ die Gäste die abendliche Frische der Gärten genießen, und zu vorgerückter Stunde sorgten zwei kleine Boudoirs, die neben dem zentralen Salon lagen und deren Türen hinter einem Trompe-l'œil-Wandgemälde versteckt waren, für die erwünschte Intimität.

Am bayerischen Hof, der bald schon Hauptrivale des Wiener Hofes werden sollte, wurde die neueste Mode aus Frankreich bevorzugt. Mit dem letzten dieser Pariser Trends waren schon im vorangegangenen Jahrhundert „Chinoiserien" aus dem Fernen Osten nach Europa gelangt, die in Windeseile Salons und Boudoirs mit allerlei Nippes, Tafelgeschirr und Wandbehängen erobert hatten. Die großen englischen und holländischen Seehandelsgesellschaften schafften immer mehr Waren aus dem Fernen Osten herbei. Die bemalten oder eingelegten Lackmöbel, das zarte Porzellan und die buntgewirkten Seiden waren natürlich teuer und wurden deshalb seit 1614 von holländischen Manufakturen und später auch in Frankreich ungeniert kopiert.

Auch Ludwig XIV. begeisterte sich für diese neue Mode und ließ 1670 im Park von Versailles, in der Nähe des *Grand Canal*, den zerbrechlichsten und vergänglichsten aller Pavillons, den *Trianon de Porcelaine*, errichten. Dieser Pavillon war der erste exotische Bau an einem europäischen Hof, auch wenn diese Imitation chinesischer Vorbilder noch holländische Züge trug. Seine Wände waren mit blau-weißen Fayencen aus Delft bedeckt. Die glasierten Ziegel, die mit blauen Motiven „nach chinesischer Art" verzierte Inneneinrichtung sowie das Mobiliar mit „Motiven, die an Porzellan erinnerten"[29], verliehen dem Pavillon seinen orientalischen Charakter. Bereits 1686 aber wurde der Pavillon abgerissen, weil er den Unbilden des Wetters nicht standgehalten hatte.

Zu Beginn des 18. Jahrhunderts erinnerte sich der Kurfürst von Bayern des prickelnden Reizes, den die Schätze des Orients auslösten. Während seines Exils in Frankreich hatte er mit großer Wahrscheinlichkeit den von Ludwig XIV. errichteten Pavillon noch gesehen. 1716 beauftragte er deshalb seinen Hofarchitekten Joseph Effner, der während eines Aufenthalts in Paris die Werkstätten Germain Boffrands besucht hatte, im Nymphenburger Park einen Pavillon zu bauen, der auf die gleiche Weise an den fernen Orient erinnern sollte. Aber der exotische Eindruck der 1719 fertiggestellten *Pagodenburg* war eher zurückhaltend, denn Architektur und Vertäfelung waren noch deutlich vom französischen Stil geprägt. Nur die Delfter Kacheln mit ihren chinesischen Motiven und die Lackpaneele erlaubten es Max-Emanuel, „sich in ein anderes moralisches Universum zu flüchten, in eine Atmosphäre, wo er sich seine Wünsche erfüllen konnte, ohne auf allzu großen Widerstand zu stoßen ...".[30]

Noch ehe die Pagodenburg fertiggestellt war, dachte der Kurfürst bereits an neue Vergnügungen, die er sich vom Wasser und der Entspannung beim Baden versprach. 1718 hatte Effner aus diesem Grund mit dem Bau eines weiteren Pavillons begonnen.

Das Frühstück, ca. 1780
Stich nach Nicolas Lafrensen

Die *Badenburg* enthielt ein großes Schwimmbassin, das mit Delfter Fayencen gekachelt war. Im ersten Stockwerk erinnerte ein kleiner chinesischer Salon mit stoffbespannten Wänden, auf denen Bilder von Mandarinen zu sehen waren, den Kurfürsten an die Schönheiten der Pagodenburg.

Bäder und Badehäuser fanden bei der Aristokratie wieder zunehmend Anklang, nachdem sie seit dem Mittelalter verschmäht worden waren. Architektonische Traktate gaben nun ausführliche illustrierte Beschreibungen ihrer Bauweise. Da es oftmals schwierig war, sie in ein bestehendes Gebäude zu integrieren, boten sie einen willkommenen Anlaß, einen kleinen Pavillon in den Bosketts zu erbauen. Die Bäder, die man nahm, kamen offensichtlich dem neuentdeckten Hygienebedürfnis entgegen, boten aber vor allem ein Vorspiel zu anderen Vergnügungen. Der Besitzer der großen Collodi-Gärten in der Nähe von Florenz, der Marchese Romano Garzoni, ließ auf der Galerie seines Badehauses vier Musiker aufspielen, während sich seine Gäste in den darunter gelegenen Wannen entspannten. Damen und Herren badeten wohl getrennt, was aber ein Tête-à-Tête sicher nicht behinderte.

Auch der Kurfürst von der Pfalz hatte sich von Nicolas de Pigage in seinem Schwetzinger Park ein Badehaus bauen lassen. Neben dem Bassin richtete er einige kleinere, für zwanglose Diners bestimmte Räume ein sowie ein Studierzimmer für ernsthaftere Beschäftigungen. Während einer dieser Räume die damalige Vorliebe für Chinoiserien zur Schau stellte, entsprach der eigentliche Baderaum mit seinen üppigen Wandverkleidungen und den beiden zierlichen Najaden aus falschem Marmor, die aus der Werkstatt des Josef Pozzi stammten, eher italienischem Geschmack.

Nach dem Frühstück, ca. 1780
Stich nach Nicolas Lafrensen

Am französischen Hof hatte, wie wir gesehen haben, bereits Ludwig XIV. die neue Mode der *maisons de plaisance* ausgelöst, die den fürstlichen Parks und Gärten eine noch vergnüglichere Seite geben sollte. Ludwig XV. hatte diese Vorliebe für Pavillons, in denen Feste gefeiert und Spiele gespielt wurden, übernommen und für Madame de Pompadour von seinem Architekten Gabriel die reizenden kleinen Bauten in der Nähe des Grand Trianon errichten lassen.

Aristokraten und wohlhabende Bürger folgten ihrem Beispiel und bauten sich in der Umgebung von Paris Eremitagen und „Bagatellen", wobei sie sich dort einem Lebensstil hingeben wollten, der sich ganz der Galanterie verschrieb: „Es gab eine wirkliche Sucht nach diesen kleinen Häusern", sagt eine Figur in Diderots satirischem Roman *Les Bijoux indiscrets*.[31] Seit dem Ende des Jahrhunderts wurden die weiblichen Rollen in den Ballett- und Opernaufführungen nicht mehr von verkleideten Männern oder von Kastraten gespielt. Die Aristokraten protegierten Tänzerinnen und Sängerinnen und stellten ihren Gespielinnen diese kleinen *Folies* zur Verfügung. „Der reiche Mann hat eine Frau und eine Mätresse, ein Stadthaus und ein ‚kleines Haus'." Obwohl man sich wenig Mühe gab, diese Vergnügungen geheimzuhalten, benötigte man doch Örtlichkeiten, die etwas abseits gelegen waren, und die Schauspielerin – ohnedies eine Meisterin in der Kunst der Darstellung – verkörperte genau den Frauentyp, für den diese Häuser gedacht waren.[32]

Außerhalb von Paris hatten die bürgerlichen Unternehmen dank der Privilegien, die ihnen Jean-Baptiste Colbert einräumte, einen gehörigen Aufschwung erfahren. Natürlich wollten auch die Fabrikanten ihre eigenen kleinen ländlichen Refugien besitzen, die denen der Aristokratie zumindestens ähnlich sein sollten. Mit zunehmendem Vermögen war es in ihren Augen gerechtfertigt, ein ebenso luxuriöses Leben zu führen.

Um sich auf kaum weniger lustbetonte Weise zu vergnügen wie der Pariser Adel, erbaute einer dieser Neureichen, Abraham van Robais, der Besitzer der *Manufactures Royales* im nördlich von Paris gelegenen Abbeville, seinen eigenen Pavillon. 1685 hatten sein Großvater, Josse van Robais, und andere holländische Tuchmachermeister auf Betreiben Colberts, der die Importe aus dem Ausland drosseln wollte, die erste Tuchfabrik in dieser Gegend gegründet. Dank der vom König verliehenen Privilegien gehörten die Robais schon bald zu den angesehensten Familien der Stadt.

Abraham van Robais, der Enkel des Dynastiegründers, beglückte in seinem zauberhaften *Pavillon de Bagatelle* seine Kunden inmitten von Rosenbeeten mit den Genüssen der pikardischen Küche. Sein Lustschlößchen gehört zu den wenigen Bauten außerhalb von Paris, deren Originaldekor trotz einiger Umbauten gegen Ende des Jahrhunderts noch heute erhalten ist. Die mit zarten Rosen- und Fingerhutbuketts bemalten Vertäfelungen erregten unter anderem auch die Bewunderung des Dichters Michel-Jean Sedaine: „Dieses Refugium würde selbst den Göttern gefallen ... Die moderne Kunst erscheint dort so schön, als ob sie direkt der Natur entsprungen wäre."[33]

Die Natur, die mit ihrer ganzen Fülle von Blättern, Blumen und Brunnen in die Pavillons eindringt – manchmal sogar die Illusion der Natur –, liefert den Vorwand für den Bau dieser Pavillons. Sie ist der Beweis für die Wirklichkeit der Vergnügungen, denen man sich hingibt, und liefert durch ihre sich immer wiederholende Wiedergeburt die Rechtfertigung für die unablässige Wiederholung eben jener Vergnügungen.

Die Natur gibt sich galant …

„… Die verliebten Nymphen berauben die Felder ihrer Lilien und Rosen, winden sie zu Kränzen und schmücken damit ihr goldenes Haar.

Zum Klang der Lieder tanzen sie mit ihren Geliebten in diesen Refugien, wo tiefe Schatten die Ufer der Bäche vom Sonnenschein abschirmen."

Pietro Metastasio, *Der Frühling,* 1742

Nicolas de Pigage und Johann Ludwig Petri
Garten der Residenz des Kurfürsten Carl Theodor von der Pfalz, 1753–1780
Schwetzingen, Baden-Württemberg
Galanter Garten oder Pan- und Galatea-Garten
Taubenbad

Nicolas de Pigage und
Johann Ludwig Petri
Garten der Residenz des Kurfürsten Carl Theodor von der Pfalz,
1753–1780
Schwetzingen, Baden-Württemberg
Galanter Garten oder Pan- und Galatea-Garten
Simon Peter Lamine
Statue des Pan

Gewissenhafte Nymphen
Stich nach Nicolas Lafrensen, ca. 1780

… unter den Laubengängen und in den Gitterpavillons …

Nicolas de Pigage und Johann Ludwig Petri
Garten der Residenz des Kurfürsten Carl Theodor von der Pfalz, 1753–1780
Schwetzingen, Baden-Württemberg
Geschwungener Laubengang zum galanten Garten

Johann Prokop Mayer
Fürstbischöflicher Schloßgarten in Würzburg, 1763–1791
Veitshöchheim, Bayern
Ferdinand Dietz
Der tanzende Marquis, 1767–1768

André Le Nôtre
Park von Chantilly, 1663–1683
Chantilly, Oise
Pavillon de Sylvie, 1604
Umbau 1684, Anbringung des Holzlattenwerks ca. 1753

André Le Nôtre
Park von Chantilly, 1663–1683
Chantilly, Oise
Ile d'Amour und Pavillon de Vénus, ca. 1760

… bei Musik im Théâtre aux oiseaux …

Rechts und unten:
Nicolas de Pigage und Johann Ludwig Petri
Garten der Residenz des Kurfürsten Carl Theodor von der Pfalz, 1753–1780
Schwetzingen, Baden-Württemberg
Théâtre aux oiseaux: Gitterwerk

Oben:
Nicolas de Pigage und Johann Ludwig Petri
Garten der Residenz des Kurfürsten Carl Theodor von der Pfalz, 1753–1780
Schwetzingen, Baden-Württemberg
Bassin de la rotonde

Links:
Marc'Antonio Dal Re
Delizie della villa di Castellazzo, 1743
Die Volière von Castellazzo

… neugierigen Blicken entzogen …

Gegenüberliegende Seite oben links:
Im Garten ertappte junge Frau, ca. 1780
Stich nach Nicolas Lafrensen

Oben:
Nicolas de Pigage und
Johann Ludwig Petri
Garten der Residenz des Kurfürsten Carl Theodor von der Pfalz,
1753–1780
Schwetzingen, Baden-Württemberg
Apollotempel, 1764–ca. 1776

Johann Prokop Mayer
Fürstbischöflicher Schloßgarten in Würzburg,
1763–1791
Veitshöchheim, Bayern

Gegenüberliegende Seite oben rechts:
Blick auf das Belvedere, 1772–1774
Gegenüberliegende Seite unten:
Cabinet de verdure

... in Glorietten und Belvederes ...

... im Spiel mit Nymphen ...

„... Zarte, sanfte Abenddämmerung,
Geheimnisvolles Schimmern,
Zwielicht des Stelldicheins,
Erfrischende Kühle:
Alles atmet diese Wehmut,
Diese friedliche Trägheit,
Wenn der Mensch, vom Glücke träumend,
Den Traum des Lebens träumt,
Flüchtige Träume umgaukeln ihn,
Emsig flattert der Schwarm,
Und ihre Flügel des Vergessens
Scheinen den Tau abzuschütteln."

C. A. Demoustier, *Lettres à Emilie sur la mythologie*, 1789

LINKS:
Die geheimnisvolle Schaukel, ca. 1780
Stich nach Nicolas Lafrensen

Jacques Germain Soufflot
Park des Marquis de Marigny, Baubeginn 1764
Château de Ménars, Loir-et-Cher

Oben:
Nymphäum oder Grotte d'Architecture
Gegenüberliegende Seite unten:
Rotunde oder Temple de l'Amour, ca. 1770

... bei Einbruch der Dunkelheit ...

Villa Capodilista
Montecchia, Padua
Cabinet de verdure mit Trompe-l'œil-Effekten

Links und Mitte:
Dario Varotari
Deckenmalerei, 16. Jahrhundert
Unten:
Anonymer Künstler
Wandmalerei, 18. Jahrhundert

… imaginäre Lauben …

Villa Capodilista
Montecchia, Padua
Cabinet de verdure mit Trompe-l'œil-Effekten

OBEN:
Anonymer Künstler
Wandmalerei, 18. Jahrhundert
LINKS:
Dario Varotari
Deckenmalerei, 16. Jahrhundert

... köstliche Diners und Weinproben ...

Nicolas Lancret
Das Schinkenfrühstück, 1735
Ölgemälde

Jean-François de Troy
Das Austernessen, 1734
Ölgemälde

Park Schönbusch der Erzbischöfe von Mainz,
1775–1795
Aschaffenburg, Bayern
Bankett- und Festsaal

... in jedem Pavillon, die Freuden ...

Nymphenburger Schloß des Kurfürsten von Bayern
München
Joseph Effner
Empfangssaal in der Badenburg, 1718–1721

... Vorspiele zur Verführung ...

Nicolas de Pigage und Johann Ludwig Petri
Garten der Residenz des Kurfürsten
Carl Theodor von der Pfalz, 1753–1780
Schwetzingen, Baden-Württemberg
Badehaus, 1760–1770

LINKS:
Ansicht vom Garten
UNTEN:
Draperien
Josef Anton Pozzi, Stuckarbeiten

Charles Jacques Louis Rochette de La Morlière
Angola ou Histoire Indienne, 1746
Das Bad

Nicolas de Pigage und Johann Ludwig Petri
Garten der Residenz des Kurfürsten Carl Theodor von der Pfalz, 1753–1780
Schwetzingen, Baden-Württemberg
Badehaus, 1760–1770

OBEN:
Draperien
Josef Anton Pozzi, Stuckarbeiten
LINKS:
Ansicht vom *Théâtre aux oiseaux* auf das Badehaus

Trianon-Garten, Baubeginn 1687
Versailles
Jacques-Ange Gabriel
Pavillon Français (Salon de Compagnie et de Jeux), 1750
Außenansicht und Skulpturendetails

... Tänze und Feste ...

Nicolas Lancret
Tanz in einem Pavillon, ca. 1720
Ölgemälde

Trianon-Garten, Baubeginn 1687
Versailles
Jacques-Ange Gabriel
Pavillon Français (Salon de Compagnie et de Jeux), 1750

RECHTS:
Außenansicht
OBEN RECHTS:
Skulpturendetails

Château de Bagatelle, 1753–1754
Abbeville, Somme
„Folie" von Abraham van Robais
Ansicht vom Zufahrtsweg

... ein letztes
Zögern im Garten
der Illusion ...

Choderlos de Laclos
Les Liaisons dangereuses, 1782
Valmont et Emilie
Druck nach einer Illustration von Nicolas Lafrensen

Château de Bagatelle, 1753–1754
Abbeville, Somme
„Folie" von Abraham van Robais

GEGENÜBERLIEGENDE SEITE UND OBEN:
Arabesken auf der Täfelung des Salon d'été
RECHTS:
Salon d'été

Jean-François Chalgrin
Musikpavillon der Comtesse de Provence,
1781 (früher Grand et Petit Montreuil)
Avenue de Paris, Versailles
Trompe-l'œil im Salon rond

… vom betörenden Duft der Blumen

Jean-François Chalgrin
Musikpavillon der Comtesse de Provence,
1781 (früher Grand et Petit Montreuil)
Avenue de Paris, Versailles
Vestibül

Jean-François Chalgrin
Musikpavillon der Comtesse de Provence,
1781 (früher Grand et Petit Montreuil)
Avenue de Paris, Versailles
Trompe-l'œil im Salon rond (Detail)

Nicolas Lafrensen
Scène galante, ca. 1785
Tusche- und Sepiazeichnung

5
Der Weg des Exotischen

England, Frankreich und Deutschland im 18. Jahrhundert

In seiner gegen die Jesuiten gerichteten Streitschrift von 1768 mit dem Titel *Relation du banissement des Jésuites de Chine* schrieb Voltaire: „China, das bis jetzt vollkommen unbekannt und lange Zeit nur in verzerrter Weise gesehen wurde, ist als das bevölkerungsreichste und blühendste Reich der ganzen Welt bei manchem jetzt besser bekannt als viele Provinzen Europas.“[1]

In der Tat hatte der Seehandel der Portugiesen, Holländer, Engländer und zuletzt auch der Franzosen das Reich des Himmels zu Europas Hauptlieferanten von Luxusgütern gemacht. China bot eine neue Quelle der Inspiration für die holländischen, französischen und deutschen Manufakturen von Geschirr, Seide und Gobelins, und sie entwickelten eigene dekorative Muster und Motive, die Maler und Steinschneider bei ihrer Arbeit verwendeten.

Die besondere Vorliebe der Künstler und Architekten für chinesische Gärten ist hauptsächlich auf die engen Beziehungen zurückzuführen, die die Jesuiten während der beiden letzten Jahrhunderte mit den Chinesen unterhalten hatten. Unmittelbar nach ihrer Gründung im Jahre 1534 entsandte die Gesellschaft Jesu einige ihrer Brüder in den Fernen Osten, um die Arbeit fortzusetzen, die die Dominikaner im dreizehnten Jahrhundert begonnen hatten. Ihrer ersten Mission war jedoch kein Glück beschieden. 1552 starb Franz Xaver, einer der Gründer der Gesellschaft, auf der Insel Shangchuan, in der Nähe von Macao, an der Malaria, während er vergeblich auf einen Kaufmann wartete, der ihn nach Kanton, dem wichtigsten Hafen des Chinesischen Reiches, geleiten sollte. Trotz dieses Verlustes schickte Rom weiter Missionare in den Osten, die von nun an aber in Macao stationiert blieben.

Diese kleine Insel, die der Bucht von Kanton vorgelagert ist, wurde im Jahre 1557 von den Portugiesen erobert und zum wichtigsten Umschlagplatz für den Seehandel mit China ausgebaut. Von hier brach 1582 Pater Matteo Ricci auf, der erste Jesuit, dem es gelingen sollte, Peking zu ereichen. Als er in China eintraf, erhielt er vom Vizekönig der Provinz Guangdong die Erlaubnis, in der Stadt Zhaoqing, etwa 45 Kilometer von Kanton entfernt, eine Missionsstation zu gründen. Bald lernte er Chinesisch, kleidete sich wie ein chinesischer Gelehrter und nahm den Namen Li Ma-Tou an. 1595 verließ er die Stadt in Begleitung eines tatarischen Kaufmanns, und sechs Jahre später durchschritt er die Tore der Kaiserstadt – fast 300 Jahre nach Frater Giovanni di Monte-Corvino, dem einzigen Missionar, der je am mongolischen Hof empfangen wurde.

Seine Geschenke – Uhren mit Glockenwerk, ein Globus und sogar ein Cembalo – sowie seine Gelehrsamkeit öffneten Ricci die Tore der Verbotenen Stadt, wo er vom Kaiser persönlich empfangen wurde. Bald unterrichtete er die Würdenträger am Hofe in Mathematik und den Kronprinzen in Naturwissenschaften. Fortan unterhielt die Gesellschaft Jesu hervorragende Beziehungen zum Hof, die selbst dann nicht abrissen, als Streitigkeiten über chinesische Riten, die die Dominikaner 1710 auslösten zur Vertreibung aller religiöser Orden führten, die sich in China niedergelassen hatten.

Zu der Zeit, als Pater Ricci dem Kaiser vorgestellt wurde, erkundeten auch andere Nationen außer Portugal mit ihren Schiffen die chinesische Küste, allen voran die Holländer mit ihrer 1602 gegründeten *Ostindien-Kompanie.* Sie richteten eine Niederlassung in Ceylon ein und konnten 1619 von den Portugiesen die Insel Java erringen, wo sie den Hafen Batavia, das heutige Jakarta, gründeten.

Obwohl der Tauschhandel mit den chinesischen Kaufleuten immer reibungslos verlief, erhielten weder die Portugiesen noch die Holländer je die Genehmigung, entlang der chinesischen Küste Handelsposten zu errichten. Als der Gouverneur von Java eine von Jan Nieuhof geleitete Delegation zum Kaiser entsenden wollte, wurde das Ersuchen höflich, aber unmißverständlich abgelehnt:

„Die Küstenwinde sind so gefährlich, daß sie Eure Schiffe beschädigen könnten, und ihr Verlust würde Uns sehr betrüben. Wir begrüßen es, daß Ihr Eure Schiffe sendet – aber einmal in acht Jahren wäre ausreichend. Dann könntet Ihr Eure Waren am Ufer ausladen und in ein eigens für Euch reserviertes Gebäude bringen, ohne

Nicolas Le Camus de Mézières
Pagode des Herzogs von Choiseul, 1775–1778
Chanteloup, Indre-et-Loire
Ansicht vom See

Eure Geschäfte an der Küste außerhalb von Kanton betreiben zu müssen. Es war Uns eine Ehre, Euch diesen Vorschlag in Eurem Interesse und zu Eurer eigenen Sicherheit zu unterbreiten."[2]

Obwohl dieser Vorstoß, im Reich des Himmels einen Stützpunkt zu errichten, nicht zum Erfolg führte, konnte die Ostindien-Kompanie mit den chinesischen Kaufleuten weiter Handel treiben und auf Taiwan, das nicht so streng wie der Hafen von Kanton kontrolliert wurde, ein Kontor einrichten.

Auch Frankreich versuchte, in Asien Fuß zu fassen. 1664 gründete Colbert die *Französische Ostindien-Kompanie*, aber keines ihrer Schiffe erreichte je das Chinesische Meer. Colberts Nachfolger, Michel Le Tellier Louvois, schickte 1685 sechs Mathematiker, ebenfalls Angehörige des Jesuitenordens und Mitglieder der Akademie der Wissenschaften, an den Hof in Peking. Wie seine Vorgänger hieß Kaiser Kang Xi die Jesuiten begeistert willkommen, ermöglichten sie es ihm doch, seine Passion für Mathematik, Astronomie und Astrologie zu kultivieren.

Nach dem Tode Riccis wurde Pater Adam Schall von Bell, der seit 1620 in China lebte, vom kaiserlichen Hof aufgefordert, den Vorsitz eines astronomischen Tribunals zu übernehmen, das mit der Reform des chinesischen Kalenders beauftragt war. 1670 schenkte Pater Ferdinand Verbiest dem neuen Observatorium in Peking zwei Armillarsphären, eine zodiakische und eine äquatoriale. Ein Jahr vor seinem Tod, 1687, veröffentlichte er die 16-bändige *Beschreibung des Neuen Observatoriums.*

Als die von Louvois entsandte Mission 1688 in Peking eintraf, verlangte der Kaiser sofort, daß zwei ihrer Mitglieder, Jean-François Gerbillon und Joachim Bouvet, Mandschurisch lernten, damit er sich mit ihnen verständigen und ihren Instruktionen in Mathematik und Geometrie folgen konnte. Die beiden Jesuiten gewannen das Vertrauen des Kaisers und begleiteten ihn seit 1690 auf seinen ausgedehnten Reisen durch China sowie auf mehrwöchigen Jagdpartien. Auf seinen Wunsch vermaßen und kartographierten sie das Land und hatten damit die Grundlage für eine Karte des Reiches geschaffen. 1705 wurden acht Missionare mit dieser Aufgabe betraut, 1719 wurden die Karten fertiggestellt und 1737 unter dem Titel *Übersichtskarte des Chinesischen Reiches* im *Nouvel Atlas de la Chine* des Geographen Jean-Baptiste Bourguignon d'Anville zum ersten Mal in Europa veröffentlicht.

Der Kaiser gestattete Gerbillon und Bouvet, sich im Palastbezirk niederzulassen, und stellte ihnen ein kleines Haus zur Verfügung. Die umliegenden Gärten beschrieb Gerbillon als „eine Folge von Wäldchen mit vielen Bambuspflanzen, Bassins und Wasserspeichern, die alle klein und mit Steinen von geringem Wert verziert waren. Dies einerseits, weil die Chinesen keine Vorstellung von dem haben, was wir Gebäude oder Architektur nennen, andererseits, weil der Kaiser stets bemüht ist, kundzutun, daß er die Finanzen des Reiches nicht aus Vergnügungssucht belastet."[3] Am Ende des 17. Jahrhunderts erschien der aus Holz, Ziegelsteinen und glasierten Fliesen erbaute Kaiserpalast den Jesuiten im Vergleich zu den soeben fertiggestellten Schlössern von Versailles oder Marly eher bescheiden.

Die große Bedeutung der Felsen als Schmuck für die chinesischen Gärten erstaunte den Missionar: „Reiche Leute zahlen große Summen für einen alten Felsbrocken, der grotesk und außergewöhnlich anmutet, weil er durchlöchert oder ausgehöhlt ist. Dann stellen sie ihn so auf, wie wir einen Block aus Jaspis oder eine schöne Marmorstatue aufstellen würden. Einige Berge in der Nähe von Peking enthalten schönen weißen Marmor, aber er wird nur zur Verzierung ihrer Brücken und Gräber verwendet."[4]

Jean-François de La Harpe
Abrégé de l'Histoire générale des voyages,
1780–1786
Priester oder Mönche aus Fo

Orient und Okzident, eine Wechselbeziehung

Waren die Jesuiten von den Vorlieben der Chinesen fasziniert, so war das übrige Europa ihnen geradezu verfallen. Die Nachfrage nach Produkten aus China – Porzellan, Lacktäfelungen, Wandschirme und Seidenwaren – stieg kontinuierlich an.

In Frankreich wurde 1698 eine Handelskompanie gegründet, die eine regelmäßige Schiffsverbindung nach China einrichten und das Monopol der portugiesischen, englischen und holländischen Schiffe im Fernen Osten brechen sollte. Im März 1699 verließ eines ihrer Schiffe, die *Amphitrite*, den Hafen von Brest. An Bord befand sich auch Pater Bouvet, der für einige Zeit nach Frankreich zurückgekehrt war, um Ludwig XIV. Geschenke des Kaisers zu überreichen. Im Oktober 1699 ging die *Amphitrite* als erstes französisches Schiff in der Bucht von Kanton vor Anker. Die Rückkehr nach Frankreich war ein Triumph: Die Schiffsräume waren voll beladen mit kostbarsten Handelswaren, die die Franzosen so lange aus Amsterdam oder London hatten beziehen müssen. Dieser Erfolg führte zur Gründung der *Compagnie Royale de Chine*, die einen schwunghaften Handel trieb, bis 1716 ein Gesetz zum Schutz der französischen Manufakturen die Einfuhr von Seiden und anderen Stoffen aus dem Fernen Osten verbot.

Im 16. Jahrhundert hatten Fabrikanten in Holland und Frankreich keine Bedenken, chinesische Muster zu kopieren und für ihre eigenen Produkte zu verwenden. Die exotisch gemusterten Delfter Kacheln waren schon am Hofe Ludwigs XIV. gefragt. Bald waren die Techniken der Porzellanherstellung, die Engländer und Holländer in großem Stil eingeführt hatten, kein Geheimnis mehr und wurden von den Manufakturen in Rouen und Saint-Cloud, nach 1709 in Meissen und schließlich ab 1718 in Wien angewandt.

In Deutschland und Österreich ging man dazu über, Chinoiserie-Sammlungen in besonderen, eigens für diesen Zweck eingerichteten Räumen unterzubringen. In Schönbrunn setzte Kaiser Leopold I. seine Sammlung mit einem Dekor aus fernöstlichen Paravents in Szene, während in Pommersfelden der Kurfürst von Mainz, Lothar Franz von Schönborn, seinen Möbelschreiner, Ferdinand Plitzner, anwies, Möbel und Tischlerarbeiten für sein „Kuriositätenkabinett“ anzufertigen, die mit den Stücken der Sammlung harmonieren sollten.

Etwa zeitgleich ließ auch der Kurfürst von Bayern die Pavillons im Park von Nymphenburg mit den raffiniertesten chinesischen Dekorationen verzieren.

In Frankreich führte Antoine Watteau am Hofe Ludwigs XV. die neue Mode der „Chinoiserien“ ein, indem er einen der privaten Räume des Königs im Schloß von La Muette entsprechend ausschmückte. 1725 gab der Fürst de Condé, der kurz zuvor in Chantilly die erste französische Porzellanmanufaktur gegründet hatte, für seine Gemächer auf dem Familienschloß einen chinesischen Salon bei Christophe Huet in Auftrag. Madame de Pompadour ließ sich ebenfalls von dieser Mode dazu anregen, ihre Räume auf Schloß Bellevue mit chinesischen Tapeten auszukleiden und ihre Boudoirs im Königsschloß von Champs in kleine exotische Salons zu verwandeln.

Neben den Aufträgen für das Königshaus arbeiteten die Künstler der Epoche auch für Manufakturen. So entwarf François Boucher 1742 für die Gobelinwerkstätten in Beauvais eine Reihe von Tapisserien, die den chinesischen Kaiser und seinen Hofstaat zeigten. Wie Etienne Falconet und Christophe Huet fertigte auch er Modelle für die Porzellanmanufaktur von Vincennes an, die 1756 nach Sèvres verlegt wurde.

Die Kupferstiche und Musterbücher von Künstlern wie Jean Bérain und Jacques-Gabriel Huquier erlangten bald Berühmtheit und sorgten dafür, daß die Motive aus dem Fernen Osten einem breiteren Publikum bekannt wurden. Wer etwas auf sich hielt, schmückte sein Haus mit Chinoiserien aus.

Jean-François de La Harpe
Abrégé de l'Histoire générale des voyages,
1780–1786
Chinesische Hofdamen

In Italien erlagen die Könige von Neapel – Karl VII. in Capodimonte und später Ferdinand IV. und sein Hofmaler, Nicola Fiore, in Caserta – gleichfalls dem Zauber der neuen Mode. Giovanni Domenico Tiepolo unterbreitete dem Grafen von Valmarana zur Dekoration der Salons seiner Forestiera Entwürfe, in denen sich Tableaus von chinesischen Mandarinen und Kaufleuten mit pastoralen Szenen und venezianischem Prunk abwechselten.

Zur gleichen Zeit wurde der Hof des Kaisers Qian Long, einem Enkel Kang Xis, von einem Exotismus mit umgekehrtem Vorzeichen heimgesucht. 1737 ließ der Kaiser in den Gärten des Sommerpalastes Yuan Ming Yuan neben mehreren Brunnen im reinsten italienischen Barockstil einige Pavillons nach dem Vorbild von Versailles errichten. Frater Giuseppe Castiglione zeichnete die Pläne für diese „abendländischen *Folies*“, bestehend aus ungefähr 15 kleinen, in einer Abfolge plazierten Bauten. Einige von ihnen verhehlten ihre Herkunft nicht. So handelte es sich etwa beim Palast der Wonnen und der Harmonie um eine Replik des *Trianon de Porcelaine.*

Frater Michel Benoist, der 1750 in Peking eingetroffen war, konzipierte die verschiedensten Springbrunnen für den Park, der nach französischem Vorbild von Pater d'Incarville ausgestaltet und bepflanzt worden war. Der Kaiser und seine Würdenträger bewunderten vor allem die außergewöhnliche „Wasseruhr“ am Fuß der Treppen des Palastes der Meeresstille. Zwölf Tiere versprühten bis zum Mittag nacheinander je für eine Stunde Wasser, um dann, wenn die Uhr zwölf schlug, alle gleichzeitig zu spritzen. Dreißig Jahre später wurde dieser überaus empfindliche Mechanismus zerstört, und die Diener des Kaisers mußten fortan, um die Reservoirs zu füllen, eine Eimerkette bilden.

Die nachfolgenden Kaiser zeigten immer weniger Interesse an den Gärten des Sommerpalastes, und als im Oktober 1860 englische und französische Truppen bei ihrem Einmarsch in Peking die Gebäude brandschatzten und den Park dem Erdboden gleichmachten, wurde er nicht wieder aufgebaut. Zu Lebzeiten des Kaisers Qian Long hatten chinesische Künstler die Gärten für 40 Kupferstiche skizziert, die der Bebilderung einer Sammlung mit dem Titel *Illustrationen und Gedichte des Yuan Ming Yuan* (1783) dienten. Dieses Werk war binnen kürzester Zeit überall in Europa bekannt.[5] Aber es war nicht dieser Niederschlag abendländischer Phantasie, der die in Peking lebenden Jesuiten am meisten beeindruckte. Über ein Jahrhundert lang zeigten sich Missionare und die wenigen ausländischen Besucher von der Art und Weise fasziniert, wie die Chinesen ihre Gärten gestalteten, auch wenn mancher der Auffassung war, daß es ihnen an Raffinement mangele.

Europa, dessen Hunger auf Neuheiten keineswegs gesättigt war, entdeckte diese Gärten durch die Beschreibungen von Jean-Denis Attiret. Der Jesuitenpater hatte sich 1738 für die Reise in den Orient eingeschifft und wurde, kaum war er in Peking eingetroffen, zum kaiserlichen Hofmaler ernannt. In der Folge schrieb er ausführliche Briefe über das Leben bei Hofe, die 1743 veröffentlicht wurden und in denen er die Dekors, die Bauwerke und die Gärten beschrieb. Einige dieser Briefe wurden später in die Schrift *Un récit particulier des jardins de l'Empereur de Chine* aufgenommen und publiziert.[6]

Abgesehen von dem kurzen abendländischen Intermezzo, das die Schöpfungen Castigliones darstellen, bestand der Kaiser darauf, daß die in seinen Diensten stehenden französischen und italienischen Künstler ausschließlich Arbeiten im orientalischen Stil anfertigten. „Ich mußte sozusagen alles vergessen, was ich gelernt hatte", erinnert sich Pater Attiret, „und anfangen, in einer neuen Weise zu arbeiten, um mich den dortigen Vorlieben anzupassen. So verbrachte ich dreiviertel meiner Zeit damit, Bäume, Früchte, Vögel und Fische aller Art entweder mit Öl auf Glas oder mit Wasser auf Seide zu malen – selten Menschen."[7]

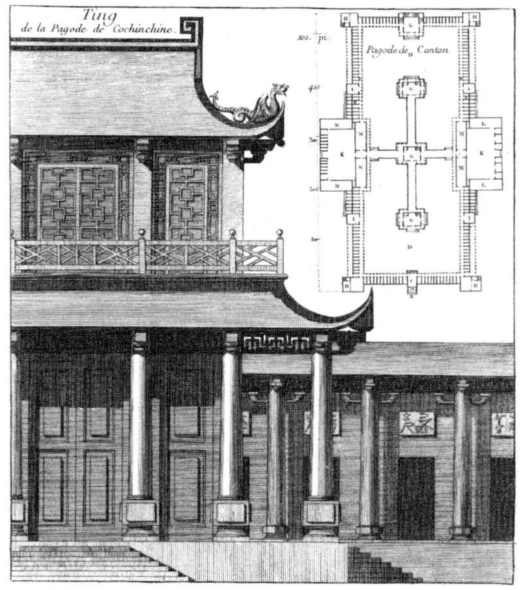

Louis Le Rouge
Les Jardins anglo-chinois à la mode, 1776–1789
Ding (Dach) der chinesischen Pagode in Cochin
aus: William Chambers, *Designs of Chinese Buildings*, 1776

Mit Ausnahme des Kaisers, der sich über die westlichen Gewohnheiten amüsierte, schätzte man europäische Kunst und Architektur in China wenig: „Sie hielten unsere Straßen für Wege, die zwischen hohen Bergen ausgegraben waren, und unsere Häuser für kleine Felsen, die sich bis zum Horizont erstreckten und voller Löcher waren ... Die Vorstellung, ein Stockwerk auf das andere zu bauen, fanden sie besonders abstoßend."[8]

Jean-Denis Attiret war fasziniert von den Gärten des Sommerpalastes, die bei seiner Ankunft in Peking noch intakt waren. Die neue Residenz, die Kaiser Kang Xi 1709 hatte anlegen lassen, war zwischen drei herrlichen Parks eingebettet: dem Garten der Leuchtenden Vollkommenheit, Yuan Ming Yuan, wo Castiglione seine Pavillons im westlichen Stil errichtete, dem Garten des Ewigen Frühlings, Chang Chun Yuan, dem Garten des Farbenprächtigen Frühlings, Wan Chun Yuan, und dem Garten am Fuße der Berge der Zehntausend Jahre der Langlebigkeit, Wan Shou Shan.[9]

Attiret konnte sie zu einer Zeit bewundern, als Kaiser Qian Long gerade im Begriff stand, den Park nach traditionellem Muster zu erweitern: „Von einer kleinen Insel kann man alle Paläste sehen, die in regelmäßigen Abständen an den Ufern der Seen erbaut wurden, alle Berge, die dort enden, alle Kanäle, die von hier das Wasser zu den Seen fortführen oder es empfangen, alle Brücken ... alle Pavillons oder Triumphbögen, die die Brücken schmücken, alle Wäldchen, die die Paläste voneinander abgrenzen oder verbergen."[10]

Aus Attirets Briefen geht hervor, welch erstaunliche Größe die Gärten besaßen und wie asymmetrisch sie angelegt waren. Statt breiter Alleen zog man viele verschlungene Wege und Bäche vor: „Hier herrscht eine Art schöner Unordnung, eine Antisymmetrie, vor."[11] Der Gartenarchitekt hatte versucht, eine Reihe von Tableaus zu schaffen, in denen der Besucher ständig Neues entdeckte, wobei die Abschnitte seines Spazierwegs durch Bänke oder Pavillons markiert waren. Jede neue Entdeckung weckte neue Gefühle. „Man betritt den Garten zugleich als Zuschauer und als Schauspieler und erlebt dort die Dramaturgie der Natur."[12] Aber der Garten war so angelegt, daß er nicht Bewunderung für das Werk eines Menschen, sondern für das der Natur auslöste.

Das Meer des duftenden Schnees, der Berg der kostbaren Schönheit, die Pagode des milden Taus oder der Goldene See, in dem die Quellen entspringen, ließen den Besitzer der Gärten umso intensivere Freuden verspüren, je flüchtiger sie waren. Ein hoher Würdenträger konnte einen Pavillon einzig zu dem Zweck bauen lassen, den Mond über einem einmal im Jahr blühenden Mandelbaum aufgehen zu sehen; ein anderer errichtete vielleicht ein kleines Belvedere, um die Sonne aufgehen zu sehen und die besonderen Empfindungen, die damit verbunden sind, genießen zu können.

Nachahmungen in England, Deutschland und Frankreich

Als der englische Architekt William Chambers, der für die schwedische Ostindien-Kompanie tätig war, Kanton 1744 und 1748 besuchte, begeisterte ihn nachhaltig das Streben nach Harmonie zwischen Mensch und Natur, das er in jedem chinesischen Garten erblickte. Bei seiner Rückkehr nach London stellte er fest, daß auch seine Landsleute sich das Anliegen der Schriftsteller Joseph Addison und Alexander Pope zu Herzen genommen hatten, „... nicht mehr Schmuckfiguren von Adam und Eva anzufertigen, sondern vielmehr zu versuchen, die Natur nachzuahmen".[13] Diese neue Stimmung erinnerte ihn an das, was er in den Gärten Chinas gesehen hatte.

Mit seinen 1757 veröffentlichten *Designs of Chinese Buildings* verlieh Chambers der idyllischen Naturauffassung eine individualistische Note, die die nach „Kuriositäten" gierende Aristokratie eine Zeitlang zufriedenstellte. „Die Chinesen verwenden die Natur als Vorbild, und ihre Absicht besteht darin, sie in all ihren schönen Unregelmäßigkeiten nachzuahmen"[14], erklärte er im Vorspann zu dem Kapitel über die Gärten. Dann führte er auf, welche Kunstgriffe die Chinesen nutzten, um nach jeder Wegbiegung ein neues Bild zu bieten, denn „die Vollkommenheit ihrer Gärten liegt in der Anzahl, der Schönheit und der Vielfalt dieser Szenen."[15] Ihm schwebte eine Anordnung vor, in der das „Wunderbare", das „Schreckliche" und das „Friedliche" aufeinanderfolgen – in Übereinstimmung mit dem „Drama der Natur", wie es die Gärten Chinas präsentierten: „Nichts ist vielfältiger als die Methoden, die sie anwenden, um Überraschungen auszulösen. Sie führen durch Höhlen und dunkle Alleen, bei deren Verlassen den Besucher der Ausblick auf eine bezaubernde Landschaft überrascht, in der alles zu finden ist, was die Natur an Schönheiten zu bieten hat."[16]

Chambers konnte sich nicht so viele Kenntnisse über chinesische Gärten aneignen, wie er es wünschte, da sein Aufenthalt in China auf Kanton beschränkt worden war. Sein Buch enthielt daher nur „eine Zusammenfassung mehrerer Gespräche, die er mit einem berühmten chinesischen Maler namens Lepqua führte."[17] Aus diesem Grund hielten viele seiner englischen Leser die Schlußfolgerungen für fragwürdig. Als er 1772 die *Dissertation on Oriental Gardening* veröffentlichte, wurde das Werk in intellektuellen Kreisen, insbesondere von Horace Walpole und William Mason, heftig kritisiert. Mason verfaßte sogar eine Satire auf Chambers' Werk in seinem Gedicht *Heroic Epistle to Sir William Chambers.*

Doch der Adel, vor allem bei Hofe, nahm Chambers' Werk mit Begeisterung auf. Die Vorstellung, fröhliche Szenerien mit furchterregenden abzuwechseln, veranlaßte zuerst die englische und dann die französische Aristokratie, ihre neuen Gärten wie ein Theater zu konzipieren, in dem exotische Pavillons zum bevorzugten Schmuck der bezaubernden Tableaus wurden.

Chambers empfahl, daß die „Architekten dem Vorbild der Maler folgen sollten, und diesen kleinen Gebäuden keinen besonderen Zweck zuzuordnen, sie aber so zu gestalten, daß sie zum Ausruhen einluden, und den Blick auf eine Szene lenkten, die gleichzeitig die Entdeckung einer anderen ermöglichte." Er empfahl, gleich mehrere Gebäude auszuprobieren, denn „sie bereiten immer Freude, und eine Neuheit, die nichts Unangenehmes oder Schockierendes an sich hat, schafft oftmals Schönheit".[18] Ohne diese Lustschlößchen waren Gärten und Parks gar nicht mehr denkbar; aber sie waren keine galanten Treffpunkte mehr wie zu Beginn des Jahrhunderts, sondern erfüllten jetzt nur noch rein dekorative Zwecke.

Chambers war der erste, der 1761 ein solches Gebäude errichtete. Für den Park der Princess of Wales in Kew entwarf er eine achteckige Pagode nach dem chinesischen Vorbild, das er in Kanton gesehen hatte. Mit ihren zehn Stockwerken beherrscht sie den Park, den die Prinzessin später von ihrem Gärtner William Aiton unter der Leitung von Lord Bute, einem namhaften Amateur-Botaniker, in einen botanischen Garten umwandeln ließ.

Louis Le Rouge
Les Jardins anglo-chinois à la mode, 1776–1789
Schnitt durch ein chinesisches Haus
aus: William Chambers, *Designs of Chinese Buildings,* 1776

Noch bevor diese berühmte Pagode erbaut wurde, hatte Friedrich II. für seine Sommerresidenz in Potsdam bereits zwei besonders reizvolle chinesische Pavillons in Auftrag gegeben. Der preußische König war neben Katharina der Großen von Rußland der einzige Herrscher Europas, der die Jesuiten und ihre Missionsarbeit in China immer noch unterstützte. Als die drei Bourbonenkönige – Ludwig XV. von Frankreich, Karl III. von Spanien und dessen Sohn Ferdinand IV. von Neapel – 1773 Papst Clemens XIV. baten, die Jesuiten mit dem Bann zu belegen, schrieb der Papst an Jean Le Rond d'Alembert: „Ich bewahre diesen kostbaren Samen auf, so daß ich ihn eines Tages irgend jemandem geben kann, der diese seltene Pflanze in seinem eigenen Land kultivieren möchte."[19]

Der König von Preußen bewunderte besonders die Bildung der Jesuiten, aber als er 1743 seinen Architekten, G.W. von Knobelsdorff, beauftragte, eine Pagode und ein Teehaus zu errichten, war Authentizität nicht das wichtigste Kriterium. Vor allem wollte er die Exotik einer faszinierenden Welt neu erstehen lassen. Daß diese Pavillons den chinesischen Vorbildern, die weder er noch sein Architekt jemals in natura gesehen hatten, nicht entsprachen, war dabei unwichtig.

Auch in Frankreich nahm nach der Veröffentlichung von William Chambers' Buch das Interesse der Architekten an der chinesischen Kultur zu. Chambers' *Plan, Elevations, Sections and Perspective Views of the Gardens and Buildings at Kew* war in Paris seit seiner Veröffentlichung 1763 erhältlich. Auch seine *Designs of Chinese Buildings* wurden in England und auf dem europäischen Kontinent schon viel gelesen, noch bevor der Geograph Ludwigs XV., Louis Le Rouge, das Buch 1776 in seinen *Jardins anglo-chinois à la mode* vorstellte. Die Künstler aber schöpften frei aus diesem

Repertoire, um die neuen Gärten auszuschmücken, die fast jeder Aristokrat zu besitzen wünschte. So begannen sich schon bald auf der Ile de France merkwürdige Bauten abzuzeichnen: Pagoden in Chanteloup, dem Haus des Herzogs de Choiseul, und auf der Rocaille-Brücke im Garten des Erzbischofs von Arras, ein chinesisches Haus in Désert de Retz, entworfen von François Racine de Monville, chinesische Pavillons im Park des Marquis de Saint-James, des Grafen d'Artois und in den Gärten in Cassan und Rambouillet. Die Herzogin de La Trémoille ließ sich sogar einen chinesischen Taubenschlag bauen.

Der Herzog von Choiseul, Minister im Kabinett Ludwigs XV., war einer der ersten, die in Frankreich dieser neuen Mode huldigten. Auf Befehl des Königs wurde er 1770 nach Chanteloup, in der Nähe von Amboise, verbannt. Alles andere als niedergeschlagen, hielt er dort mit einer Gruppe von Freunden hof, und zwar mit einer

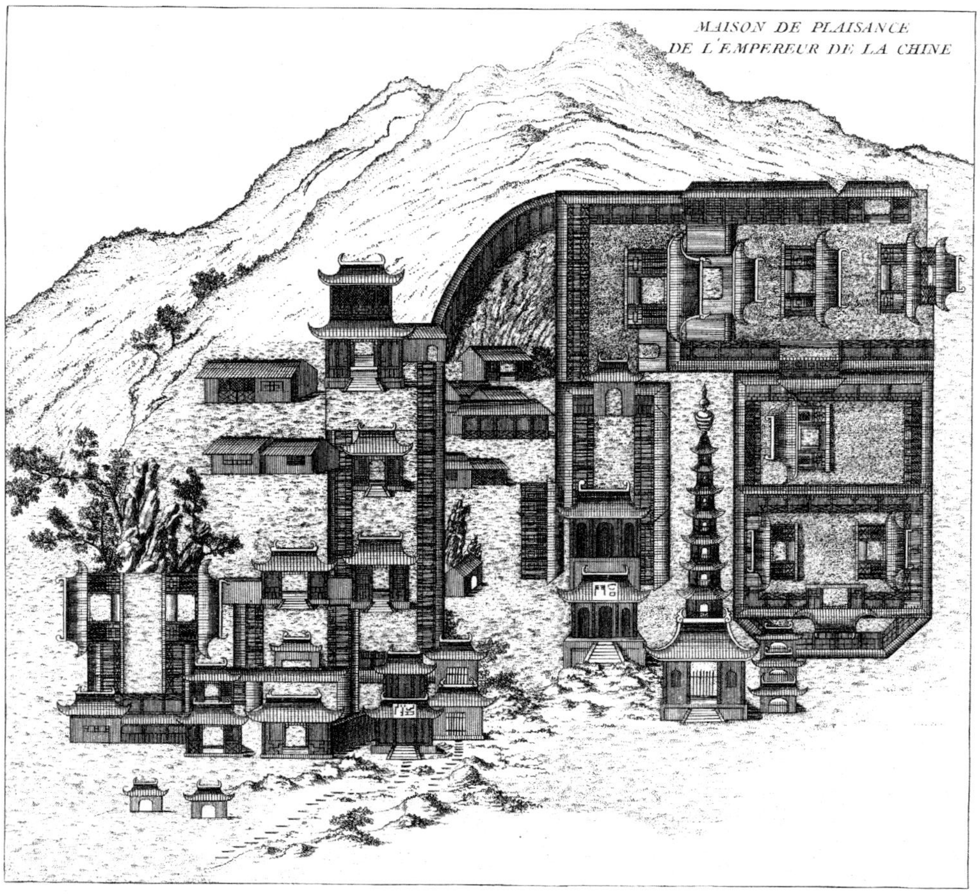

Louis Le Rouge
Les Jardins anglo-chinois à la mode, 1776–1789
Das Lusthaus des Kaisers von China

solchen Lautstärke, daß manche, wie sein Vertrauter, der Abbé Barthélemy, klagten: „... all diese Leute, das ganze Geschrei, der Lärm, das Türenknallen, Hundegebell, diese lärmenden Unterhaltungen, Stimmen, winkenden Arme und Lachsalven im Billardzimmer, im Salon oder im Musikzimmer.“[20]

Aus Dankbarkeit für die Treue seiner Freunde beschloß der ehemalige Minister, ihnen auf seinem Anwesen ein Denkmal zu errichten. Zusammen mit seinem Architekten, Le Camus de Mézières, entschied er sich für die Pagode in Kew als Vorbild. Um dem Monument einen noch exotischeren Rahmen zu verleihen, spiegelte sich die Pagode von Chanteloup (1775–1778) in einem großen, künstlich geschaffenen See, der aus einem anderen, zwölf Kilometer entfernten See gespeist wurde.

Über den Fenstern des Erdgeschosses ließ der Herzog die chinesischen Schriftzeichen für Erkenntnis, Freundlichkeit, Harmonie, Brüderlichkeit und Wissen einmeißeln. Die sentimentalen Gründe Choiseuls für den Bau der Pagode übertrug der Architekt in seinen Entwurf: Die Pagode war keine Rekonstruktion eines billigen orientalischen Zierats, sondern eine freie Adaptation des Vorbilds, dessen Form ohne irgendwelche symbolischen Konnotationen sein eigenes Wesen ausdrückte. Für Le Camus de Mézières war sie „ein Arrangement von Formen, die zugleich individuell und Teil eines Ganzen sind und eine unerschöpfliche Quelle von Illusionen werden. Unsere Versuche, mit unserer Architektur Eindrücke zu wecken, den Verstand anzusprechen und die Seele anzurühren, sollten auf diesem Grundsatz beruhen.“[21]

Die Exotik war also nicht einfach nur eine flüchtige Mode, sondern sie ermöglichte es dem Architekten, in eine Vergangenheit einzutauchen, die in noch größerer Ferne zu liegen schien als die alten Griechen und Römer.

Nur die Pagode, hier ein Symbol der ewigen Freundschaft, hat vom einstigen Glanz von Chanteloup überdauert. Das Anwesen wurde nach dem Tod des Herzogs, den seine Extravaganz in den Bankrott geführt hatte, 1785 verkauft und aufgelöst. Das Schloß selbst wurde unter Napoleon Stein für Stein abgetragen.

Eines der letzten Bauwerke, die China als Vorbild verpflichtet waren, war der herrliche Pavillon, den der Oberfinanzintendant Pierre-Jacques Bergeret zwischen 1788 und 1789 auf seiner Domäne in Cassan bauen ließ. Der vielfarbige achteckige Bau aus Holz und Glas, der eine *Salle fraîche* enthielt, war auf dem Gipfel eines Steinhügels erbaut und von einem See mit geschwungener Uferlinie umgeben. Auf der Spitze des Gebäudes mit seinen aufgebogenen Ecken waren bronzene Glockenspiele angebracht. In Cassan fanden sich also „alle typischen Merkmale der chinesischen Architektur: Wasser, Mineralisches und Pflanzliches, Klang und Farbe vereint. Aber der Pavillon, ein typischer Vertreter seiner Art, war immer noch viel eher eine äußerst gelungene Interpretation als eine getreue Nachahmung der chinesischen Architektur."[22]

Die Europäer haben die fernöstliche Kultur nur gestreift, aber nie wirklich erforscht. Am Ende des Jahrhunderts verfiel man dem Charme anderer Kontinente. Bald schon beschworen Pavillons Erinnerungen an die verwunschenen Gärten von Sultanen und Maharadschas in derselben Weise herauf, wie zuvor die Pagoden mit den Faszinationen des chinesischen Reiches assoziiert worden waren. Als Sultan Mustafa III. Ludwig XV. einige osmanische Zelte für die Jagd schenkte, griffen Architekten die Idee auf und schmückten damit die Gärten ihrer Auftraggeber. Auf Vorschlag von Louis-François Trouard errichtete der Marquis de Marigny ein solches Zelt in seinen Gärten von Ménars, in Schweden plazierte der französische Architekt Louis-Jean Desprez auf Befehl Gustavs III. zwei großartige Kupferzelte mit Trompe-l'œil-Draperien in den berühmten Gärten von Haga.

Nach dem Osmanischen Reich diente schließlich Indien als Quelle der Inspiration für die letzten Lustschlößchen des Adels. Als Kurfürst Carl Theodor 1780 Nicolas de Pigage beauftragte, in seinem Park in Schwetzingen eine Moschee zu errichten, wollte er nicht nur an die Geheimnisse des Islam erinnern, sondern auch einen Eindruck vom Orient vermitteln. Daher erinnert das Spiegelbild der Moschee in einem großen Wasserbassin sofort an das Taj Mahal, das Mausoleum in Agra, das Schah Jehan 1650 für seine Lieblingsfrau hatte errichten lassen.

Indien inspirierte 1818 auch den späteren König von England, Georg IV. Als er noch Prinzregent war, wies er John Nash an, den *Royal Pavilion* in Brighton nach dem

Rigobert Bonne
L'Empire de Chine, 1782
Landkarte

Muster der Maharadscha-Paläste in Delhi umzugestalten. Alle Räume dieses am Meer gelegenen Pavillons wurden bereits von chinesischer Kunst beherrscht: Das Zimmer des Prinzen schmückten Bambusmöbel, Porzellangeschirre, Tapeten, Kerzenleuchter in der Form von Seerosen sowie Lackarbeiten in Schwarz und Gold. 1821, im Jahr der Krönung Georgs, wurde das Lustschlößchen fertiggestellt – als Sinnbild seiner Träume und Erinnerung an den märchenhaften Glanz seines riesigen Kolonialreiches.

In Brighton wie in Schwetzingen war die *Idee,* die man vom Vorbild entwickelte, wichtiger als das *Abbild.* Deshalb verlor die Nachahmung trotz des Unterschiedes zum Original nichts von ihrem Zauber.

François Boucher
Audienz beim Kaiser von China, 1742
Skizze für einen Gobelin

Antoine Watteau
Chinesische und tatarische Figuren, 1717
Stich von Jacques-Gabriel Huquier nach Watteaus
Dekoration für das Château de La Muette

Jean-François de La Harpe
Abrégé de l'Histoire générale des voyages,
1780–1786
Cabinet de feuillage

Die Höfe Europas im Banne der Exotik ...

Giovanni Domenico Tiepolo
Gästehaus der Villa Valmarana
Vicenza
Wandschmuck für den chinesischen Salon, 1757
Tribut an die Göttin

…„Chinoiserien" füllen Salons und Boudoirs…

Giovanni Domenico Tiepolo
Gästehaus der Villa Valmarana
Vicenza
Wandschmuck für den chinesischen Salon, 1757
Mandarine und Kaufleute

Giuseppe Castiglione und Michel Benoist
Yuan Ming Yuan, 1737–1766
Kupferstich nach einer Zeichnung von Castiglione, 1783–1786
Blick auf den Irrgarten

...die Architekten des chinesischen Kaisers lassen sich von Versailles inspirieren...

André Le Nôtre
Der Schloßpark von Versailles, 1662–1687
Blick vom Apollobrunnen auf die Königsallee

Giuseppe Castiglione und Michel Benoist
Yuan Ming Yuan, 1737–1766
Kupferstiche nach Zeichnungen von Castiglione,
1783–1786

Oben:
Palast der Meeresstille, Ostseite
Unten:
Palast der Meeresstille und Wasseruhr

...eine andere Natur-auffassung...

François Racine de Monville
Anwesen des Monsieur de Monville,
1774–1789
Désert de Retz, Chambourcy
Chinesische Steinvase in der Nähe des Freilichttheaters

... wie in chinesischen Stichen

Louis Le Rouge
Les Jardins anglo-chinois à la mode, 1776–1789

Gegenüberliegende Seite oben:
Der Berg Chang Fang und der Chu-See
Links:
Der Berg der Blumen
Unten:
Park des chinesischen Kaisers

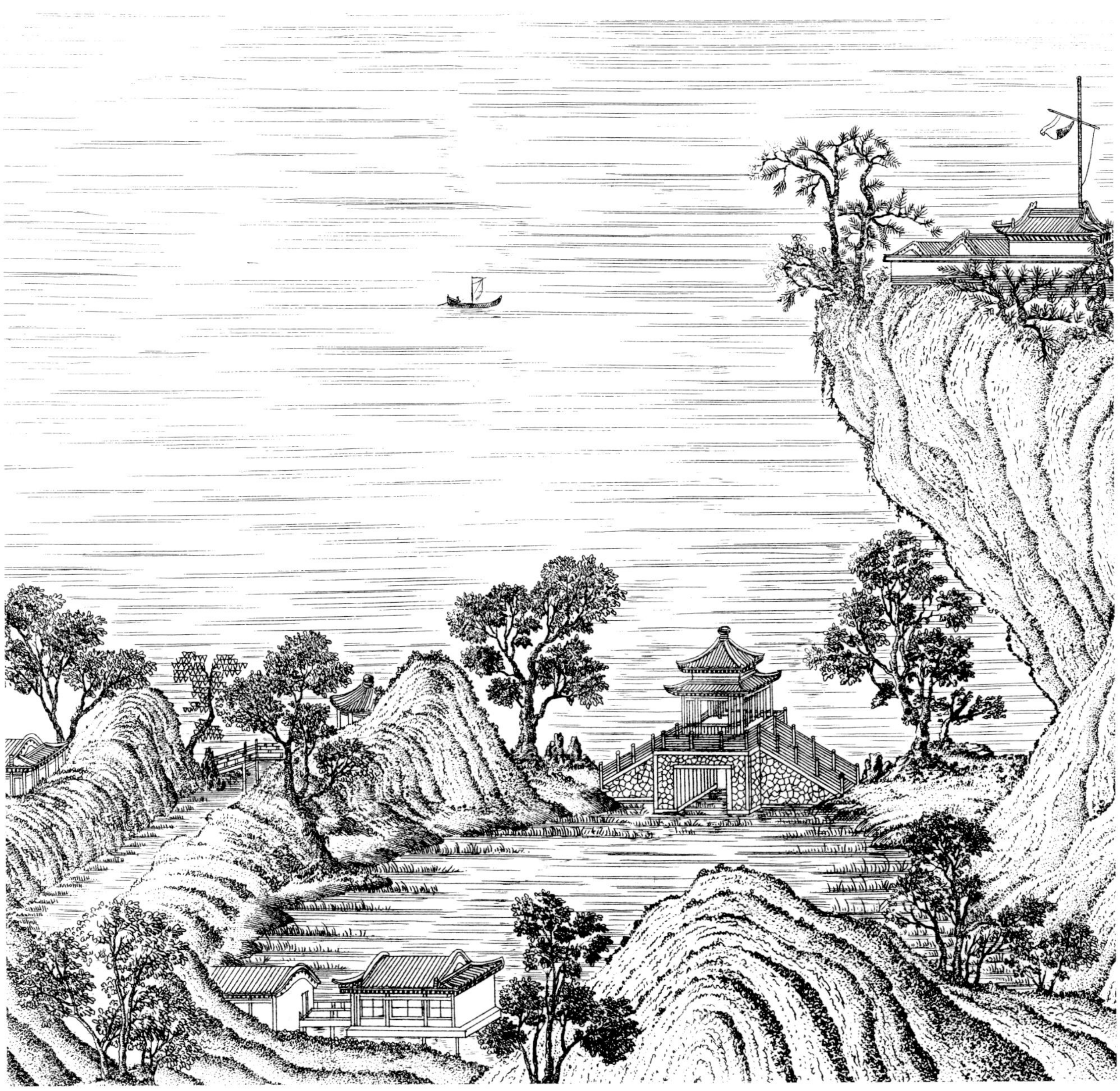

Üppige Düfte des Fernen Ostens …

Botanischer Garten, 1545
Padua
Indische Lotusblume (Nelumbo nucifera)

Johann-David Schleuen
Ansicht des Chinesischen Pavillons im Schloßpark von Sanssouci in Potsdam
Kolorierter Stich, ca. 1760

...in Sanssouci, dem Park des Preußenkönigs ...

M. Buchoz
Collection précieuse et enluminée des fleurs ..., 1776
Die rote chinesische Seerose

Nicolas de Pigage und Johann Ludwig Petri
Garten der Residenz des Kurfürsten Carl Theodor von der Pfalz, 1753–1780
Schwetzingen, Baden-Württemberg
Chinesische Brücke, die zum Englischen Garten führt, ca. 1777

...in Kew, im Park der Princess of Wales

„Nicht zu chinesisch, dann wird es zu künstlich und gewöhnlich. In einem leeren Teil des Gartens ein paar Gebäude von exotischem Aussehen aufzustellen und ihnen durch die Anfügung einiger orientalischer Elemente eine exotische Note zu verleihen, wäre überaus reizvoll.
Man benötigt Weisheit, selbst bei Torheiten, damit sich auch das Exotische in die Landschaft einfügt."

Charles-Joseph, Fürst de Ligne, *Coup d'œil sur Belœil,* 1781

Louis Le Rouge
Les Jardins anglo-chinois à la mode, 1776–1789
Grundriß und Seitenansicht der Pagode in Kew

Oben und gegenüberliegende Seite unten:
William Chambers
Kew Gardens, 1757–1763
London
Anglo-chinesischer Garten der Augusta, Princess of Wales
Die Pagode, 1761–1762

Nicolas Le Camus de Mézières
Garten von Chanteloup
Indre-et-Loire

Links und gegenüberliegende Seite:
Pagode für den Herzog de Choiseul, 1775–1778
Oben:
Louis Le Rouge
Les Jardins anglo-chinois à la mode, 1776–1789
Grundriß und Seitenansicht der Pagode

In Chanteloup, dem Anwesen des Herzogs von Choiseul ...

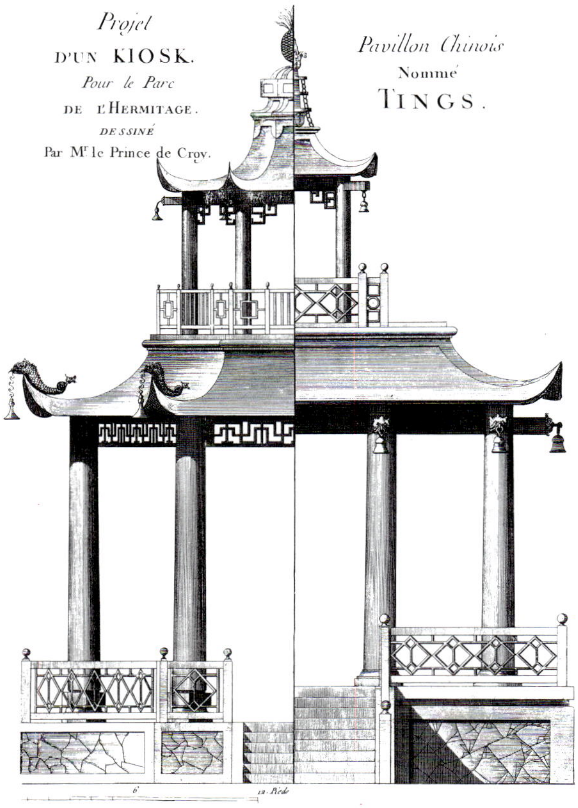

Unten und gegenüberliegende Seite unten:
Pierre-Jacques Bergeret
Der Park von Cassan, ca. 1788–1789
L'Isle-Adam, Val d'Oise
Der Chinesische Pavillon, restauriert 1971

Louis Le Rouge
Les Jardins anglo-chinois à la mode, 1776–1789

Oben:
Entwurf für einen Gartenpavillon im Parc de l'Hermitage und einen chinesischen Pavillon
Unten:
Gartenpavillon in Rambouillet
Gegenüberliegende Seite oben:
Der Chinesische Pavillon und das Philosophenhaus in Bonnelles

... vermehren sich die chinesischen „Folies“...

... die exotischen Spielereien werden vielfältiger ...

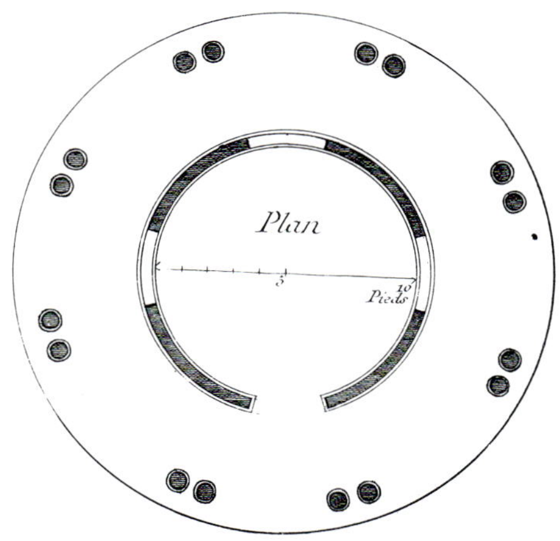

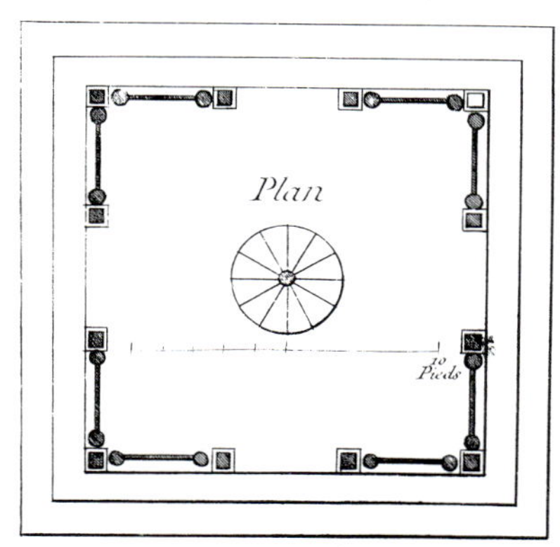

Louis Le Rouge
Les Jardins anglo-chinois à la mode,
1776–1789
Maurischer Pavillon und
Maurischer Tempel

William Kent
Villa und Park von Lord Burlington, 1727–1730
Chiswick House, London
Sphinx

Johann Prokop Mayer
Fürstbischöflicher Schloßgarten in Würzburg, 1763–1791
Veitshöchheim, Bayern
Ferdinand Dietz
Orientalischer Gartenpavillon, 1768

Louis-Jean Desprez
Entwurf für das Lederzelt im Park von Haga
Aquarell, 1787

… orientalische Luftspiegelungen …

OBEN UND GEGENÜBERLIEGENDE SEITE OBEN:
Nicolas de Pigage und
Johann Ludwig Petri
Garten der Residenz des Kurfürsten Carl Theodor von der Pfalz, 1753–1780
Schwetzingen, Baden-Württemberg
Moschee im Türkischen Garten, 1780

LINKS:
Louis Le Rouge
Les Jardins anglo-chinois à la mode, 1776–1789
Moschee mit Minaretten und Moschee mit Kammern

Oben, unten und gegenüberliegende Seite:
Royal Pavilion, 1787
Brighton, East Sussex
Umgebaut 1818 von John Nash für den Prinzregenten
und späteren König Georg IV.

Oben:
Anonymus
Les contes des Génies ou les charmantes leçons d'Horam, fils d'Asmar, 1766
„Wir hörten eine betörende Musik ..."

... der Prinzregent als Maharadscha

6
Der Weg der Verzauberung

England im 18. Jahrhundert

„So geht die Reise fort; er kommt gen Eden,
Wo, näher nun gerückt, das Paradies,
Das wonnigliche, einen grünen Ring
Von Wachstum krönend legt, gleich einem Wall,
Um eines Tafelberges schroffe Klippe,
Dessen mit Dickicht überwachsner Rand
Den Zugang stachelig und rauh verwehrt,
Und übertürmt unüberwindlich hoch
Vom ragenden Gewächs der Waldesriesen ..."[1]

In diesen Zeilen läßt der englische Dichter John Milton gegen Ende des 17. Jahrhunderts die Vision von einem verlorenen Paradies aufsteigen. Der von ihm geschilderte Garten Eden zeigt große Ähnlichkeit mit der englischen Landschaft, die er vor seiner Erblindung so sehr bewundert hatte. Der Garten ist Symbol für ein irdisches Paradies, aber auch „ein Garten, der vor Liebe blüht", ein Platz, der schwer zugänglich und so „verschlossen" ist wie eine Frau. Höfische Dichter und Miniaturenmaler haben ihn seit dem 13. Jahrhundert in all seinen mystischen und sinnlichen Formen besungen und gemalt. Aber als die Gartengestaltung schließlich in den Rang einer Kunst erhoben wurde, war dieses Bild längst wieder verblaßt, ja sogar vollkommen verschwunden.

Pietro de' Crescenzi, der als einer der ersten von einer Gartenkunst im weiteren Sinne des Wortes sprach, nannte sie: „... eine Methode, mit deren Hilfe sich ein Geschenk der Natur vervollkommnen läßt, indem man es durch mehr Ordnung, mehr Freude und mehr Nützlichkeit veredelt."[2] Der Garten verließ das Reich der Sinne, um sich in die Welt der Vernunft zu begeben. Durch die Ordnung, die der Mensch hier der Natur auferlegte, wandelte sich der Garten zum Gradmesser der Macht des Menschen über seine Umwelt und, in der Folge, zum Ausdruck der Macht schlechthin.

In seiner neuen Rolle war der Garten zwangsläufig von der Architektur abhängig, von jener Kunst, die sich der sinnlichen Wahrnehmung am meisten entzieht und den Wissenschaften nahesteht. Das 16. Jahrhundert übertrug die wichtigsten Regeln der Architektur – Axialität, Symmetrie, das richtige Verhältnis der einzelnen Teile zum Ganzen – auf die Gartengestaltung. Diese übernahm gleichzeitig auch die architektonische Formensprache, die in Kolonnaden, Terrassen, großen Treppenfluchten und, als einem der wesentlichen Elemente, in Skulpturen ihren Ausdruck fand.

Im Frankreich des 17. Jahrhunderts unterlagen die großartigen Entwürfe, die im Auftrag Ludwigs XIV. entstanden waren, alle denselben Gesetzen, nach denen die Funktion bedeutender als die Form war und jedes Bauwerk im Dienste des Monarchen stand. Le Nôtre hatte dieses Gesetz zwar noch uneingeschränkt akzeptiert, aber schon begonnen, die Regeln, die seine Kunst bestimmten, zu durchbrechen. Indem er mit Hilfe von Wasser große Lichtflächen oder durch die Variation von Blumenbeeten halbschattige Gartenabschnitte schuf, die mit den dunklen Flächen der Bosketts kontrastierten, konnte er visuelle Effekte erzielen. Seine Techniken ähnelten dabei weniger denen der Architektur als denen der Malerei, obwohl er die Perspektive nach wie vor als Mittel seiner Gartenkonzeption einsetzte.

Von den vielen Theorien Le Nôtres fanden im wesentlichen nur seine Kompositionsprinzipien die Beachtung seiner Bewunderer und Nachfolger, obgleich Le Nôtre selbst sie nicht immer ganz konsequent angewandt hatte. Dabei erkannten sie nicht, daß die großen Veränderungen, die sich in den 30er Jahren des 18. Jahrhunderts in den englischen Gärten vollzogen, sich dort schon ankündigten.

Zu der Zeit, als die Arbeiten im Schloßpark von Versailles voranschritten, hatte die Restauration in England Karl II. auf den Thron gebracht, der die Unternehmungen Ludwigs XIV. sehr bewunderte. Schon bald schickte der englische Monarch seinen Gärtner, John Rose, nach Versailles, um dort die Anlage von Gärten im französischen Stil zu studieren. Diese Tradition setzte auch sein Bruder, Jakob II., fort, der ihm 1685 auf dem Thron nachfolgte.

Henry Flitcroft
Park von Henry Hoare, begonnen 1741
Stourhead, Wiltshire
Apollotempel, ca. 1765

Vier Jahre später wurde der König, dem man seinen Katholizismus und seine engen Beziehungen zum französischen Hof vorwarf, gezwungen, zugunsten seiner Tochter Maria, der Gemahlin Wilhelms von Oranien, abzudanken. Wilhelm, der aus den Niederlanden stammte, wo man die Kunst der Blumenzucht schon lange beherrschte und zu einer Industrie entwickelt hatte, verstärkte den optischen Reiz der grandiosen Perspektiven durch geradlinige Alleen und mit dem Lineal gezogene Parterres. Wilhelm und Maria nahmen den Gärtner William Bentik, einen gebürtigen Holländer, in ihre Dienste. Die höfischen Vorlieben für streng geometrische, von hohen Hecken gesäumte Gartenabschnitte entsprachen seinen eigenen und so wuchs dem Formschnitt eine immer bedeutendere Rolle zu. Die Gärten waren nicht mehr nur mit Hecken in Form von Bällen oder Kegeln geschmückt, sondern wiesen ein endloses Repertoire von zurechtgeschnittenen Vögeln, Haustieren, Drachen, Faunen und Nymphen auf.

Während der gesamten Regierungszeit Wilhelms III. betrauten die Aristokraten am Hofe Bentiks Nachfolger, den Gartenarchitekten George London, mit der Neugestaltung ihrer Gärten. 1681 gab er seine Stelle als königlicher Gärtner auf und wurde Geschäftspartner von Henry Wise. Zu dem Zeitpunkt, als die beiden den Auftrag für den Schloßpark in Kensington erhielten, hatten sie sich bereits einen guten Ruf erworben. Sie gestalteten 20 Jahre lang viele der großen Gärten Großbritanniens und unterwiesen andere Gärtner in der Kunst des Formschnitts.

Auf der Suche nach dem verlorenen Paradies

England ließ sich nur ungern ausländische Moden aufzwingen. Im Gegensatz zum Hofe Ludwigs XIV. hielt sich am englischen nur ein kleiner Teil der Aristokratie auf. Die meisten zogen es vor, auf ihren Landsitzen zu verweilen und sich um ihre Besitzungen zu kümmern. Deshalb waren sie über das Treiben ihrer Londoner Standesgenossen wenig informiert.

Schon lange vor der Jahrhundertwende hatte der Diplomat Sir William Temple 1685 in seinem Buch *Upon the Gardens of Epicurus* die englischen Gärten kritisiert, weil die Natur dort ihrer Freiheit und damit ihrer Authentizität beraubt werde. Er wollte Gärten sehen, die die Beschreibung von Epikurs Garten zum Leben erweckten, in dem „die Süße der Luft, der Duft der Blumen und das Grün der Pflanzen ... eine vollkommene Hilfe darstellten, um Geist und Gesundheit zu besänftigen, die Sinne und die Phantasie zu beleben und Körper und Geist in süße und angenehme Ruhe zu versetzen".[3]

John Miltons Hauptwerk, *Paradise Lost,* das seit seiner Veröffentlichung im Jahre 1667 in Vergessenheit geraten war, wurde wenige Jahre später von dem Essayisten und Herausgeber des *Spectator,* Joseph Addison, wieder publik gemacht. So lange hatte man es schlicht als Klage eines Mannes interpretiert, der nach der Restauration der Monarchie von der neuen politischen Ordnung enttäuscht war.

Joseph Addison war ein großer Bewunderer des vergessenen Dichters. Für ihn mußte der Garten grundsätzlich eine Spiegelung von Miltons Eden – also der englischen Landschaft – sein: „Gen Mittag floß ein breiter Strom dahin ... Der den Garten mit Rinnsalen wässerte ... Wo er, geteilt in vier gewaltige Arme, verschiedentlich manch großes Reich durchzieht, und Land, wovon die Sage schweigen darf. ... Und Nektar spenden, da mäandergleich das kühle Naß sich unter Schatten wälzt und jede Pflanze tränkt und Blumen, die des Paradieses wert, besucht, die nicht gesuchte Kunst in Beeten und in Borten geflissentlich ...".[4]

In einem Zeitalter zunehmender bürgerlicher Freiheiten empfanden die Betrachter die streng symmetrischen Anlagen, die schon Milton abgelehnt hatte, immer mehr als Ausdruck der Unfreiheit und Beschränkung. Vor seiner Thronbesteigung hatte schließlich auch der König eine *Bill of Rights* ratifizieren müssen, die die Autorität des Parlaments sowie die Rede- und die Wahlfreiheit garantierte. Als 1702 Anne, die zweite Tochter Jakobs II., die Nachfolge Wilhelms III. antrat, sah man in ihrem strikt anglikanisch orientierten Nationalismus keineswegs einen Anlaß zur Kritik – ganz im Gegenteil. Gleich nach ihrer Thronbesteigung ordnete sie an, daß ihre Gärten von allem befreit wurden, was als Import vom Kontinent gewertet werden konnte, wie etwa die übertrieben kunstvollen Blumenrabatten und komplizierten Heckenschnitte.

Diese neue Einstellung gegenüber den Techniken der Gartenkunst, die sich im frühen 18. Jahrhundert durchsetzte, ist ein Indiz für die Veränderungen, die sich hinsichtlich der Konzeption der Gärten selbst ankündigten. Vor allem aber äußerte sich hierin eine ganz neue Auffassung von der Natur und ihrer Beziehung zur Kunst. Der Kunst fiel nicht mehr die Aufgabe zu, die Natur vollkommen zu machen, denn das war sie bereits. Sie war vielmehr das Modell, an der die Kunst sich messen lassen mußte. Die

Charles Bridgeman
Park von Lord Ockney, ca. 1720–1730
Cliveden House, Buckinghamshire
Busch im Formschnitt

Natur besaß Größe und Macht, die den Menschen erhöhten und England zur mächtigsten aller Nationen erheben konnten. Sie sollte sich deshalb so frei wie möglich entfalten können, wie die englischen Landschaften, ungehindert von Zäunen oder Begrenzungen. Der Garten wurde zum Symbol dieser neuen Freiheit, ein „durch die Suche nach Harmonie privilegierter Ort, derart, daß im Menschen die kreative Kraft seiner Natur mit der striktesten Anwendung der Vernunft zusammenfällt, daß Überfluß und scheinbare Unordnung der Natur mit all ihren Launen und Geheimnissen sich mit der menschlichen Erfindungskraft paaren".[5]

Infolge dieser neuen Naturauffassung unterlagen Gartenkunst wie Malerei einem tiefgreifenden Wandel. Als Quelle und Ursprung der fruchtbarsten Regungen konnte die Natur nicht mehr in ein System von Regeln gezwungen werden, um den Kriterien der idealen Schönheit zu entsprechen. Schriftsteller und Dichter kritisierten ständig die Idee vom formellen Garten, in dem sich dieser Prozeß der „Entnatürlichung" im Gegensatz zu künstlerischer Kreativität vollzog. Addison aber sah eine notwendige Verbindung zwischen Kunst und Natur und versuchte, die beiden so miteinander in Einklang zu bringen, daß sie dieselbe äußerste Vollkommenheit anstrebten. Die Bedeutung dieser Verbindung beschrieb er in einer Reihe von Artikeln, die er ab 1712 unter dem Titel *Pleasures of the Imagination* veröffentlichte.[6] Dieses intellektuelle Vergnügen regt die Kreativität durch die Wahrnehmung all dessen an, was in der Natur großartig, selten und schön ist. Der Anblick eines Horizonts, der sich bis ins Unendliche erstreckt, befreit den Geist des Menschen und erweckt seine Phantasie; die einer Landschaft innewohnende Harmonie zeigt ihm, wo er Schönheit finden kann, und die Vielfalt von Gestalten, die die Natur annimmt, beflügelt die schöpferischen Kräfte des Künstlers.

Park Karls II., ca. 1670
Hampton Court Palace, London
Jean Tijou
Schmiedeeisernes Tor (Detail)

Addison wollte eine vollkommene Harmonie zwischen Kunst und Natur: „Obwohl die Szenerien, die die Natur bietet, im allgemeinen anregender sind als jede künstlerische Darstellung, finden wir dennoch umso mehr Gefallen an ihnen, je mehr Kunst und Natur eine Einheit eingehen, denn unsere Freude entspringt dem doppelten Prinzip, das heißt, der augenfälligen eigenen Schönheit von Gegenständen wie auch ihrer Ähnlichkeit mit anderen. Wir erfreuen uns an ihnen gleichermaßen, ob wir eine gemeinsame Schönheit zwischen ihnen finden oder sie getrennt sehen. Wir können sie entweder als Kopien oder als Originale betrachten."[7]

Die Natur ist also schön, weil sie die Kunst inspiriert, und die Kunst ist schön, weil sie von der Natur inspiriert wird. Diese enge Beziehung zwischen den beiden veranlaßte Addison, nachdem er das unmittelbare Vergnügen, das die Phantasie aus der Landschaft schöpft, definiert hatte, das abgeleitete Vergnügen, das der Erinnerung entspringt, zu erforschen.[8]

Europa blickt nach Italien

Dieses Bedürfnis, die Erinnerung zu verherrlichen, gibt auch der Welt der Antike wieder eine neue Bedeutung – sei es, wie die Dichter Homer, Vergil und Plinius sie beschrieben hatten, sei es, wie sie in den Überresten ihrer einstigen Pracht noch zu erkennen war.

Auf der *Grand Tour*, die für jeden englischen Gentleman damals obligatorisch war und deren wichtigste Etappe Italien darstellte, konnten die bedeutenden Relikte des Altertums selbst in Augenschein genommen werden. Genauso unerläßlich war es, die Villen und Paläste von Rom, Tivoli und Frascati zu besichtigen, die vermögende Kleriker und Adlige im Laufe des 16. Jahrhunderts in Lustgärten verwandelt hatten. Zu Beginn des 18. Jahrhunderts wurden diese Anlagen jedoch nicht mehr mit der gleichen Hingabe gepflegt, die ihre Erbauer noch an den Tag gelegt hatten.[9] Da viele von ihnen verlassen waren und die Natur allmählich die Spuren menschlicher Größe wieder zudeckte, versetzten sie Maler und Architekten in melancholische Stimmung. Die Natur mit ihren soeben befreiten Kräften weckt hier beim Betrachter, der ihr, wie im Vordergrund eines Bildes, entgegentritt, die Vision einer noch archaischen Welt. Hier lag die Quelle von Addisons „abgeleitetem Vergnügen".

Man mußte also jenen verstärkte Aufmerksamkeit zuwenden, die in ihren Schriften, in ihrer Analyse des Altertums und in ihren praktischen Werken den Weg für eine Neuinterpretation bereiteten. Sie konnten helfen, diese verlorene Welt in ihrer ganzen Harmonie, dieses wiedergefundene Paradies trotz der räumlichen und zeitlichen Entfernung wieder neu zu schaffen. So machte sich Richard Boyle, der Earl of Burlington, 1719 auf die Suche nach Andrea Palladio. Er hatte Zeichnungen von Palladios Werken sowie Skizzen von Scamozzi gesehen, die Inigo Jones ein Jahrhundert zuvor für den Grafen von Arundel mitgebracht hatte. Die Veröffentlichung des ersten Bandes von *Vitruvius Britannicus,* ein Werk des Architekten Colin Campbell, im Jahre 1715 hatte Boyle von der Genialität Palladios überzeugt, und schon 1716 hatte er in seinem Park in Chiswick einige kleine Tempel im palladianischen Stil errichten lassen. 1715 wurde auch der erste Teil der *Quattro Libri dell'Architettura di Andrea Palladio* durch den italienischen Architekten Giacomo Leoni, der zu jener Zeit in England lebte, neu aufgelegt.[10]

In Italien konnte Lord Burlington nicht nur Schriften und Gebäude Palladios betrachten, sondern er hatte auch das Glück, in den Stallungen der Villa Maser mehrere Zeichnungen des großen Palladio zu finden, die er Ende 1719 nach England brachte. Auf seiner Rückreise wurde er von einem jungen Kutschenmaler begleitet, der seit 1711 im Atelier des Malers Bernardo Luti in Rom in die Lehre gegangen war. Lord Burlington gefiel der fröhliche und sympathische William Kent. Er brachte ihn in Burlington House unter, wo Kent bis zum Tode seines Wohltäters leben sollte. Er wurde vielen jüngeren, populären Londoner Architekten, darunter Henry Flitcroft, Isaac Ware und Stephen Wright, vorgestellt.

In dieser Zeit begann sich die Gartenkunst in England allmählich zu verändern. Weder Theoretiker noch Gärtner konnten Addisons Aufsätze ignorieren, die gleichfalls andere Schriftsteller beeinflußten. So hatte auch Alexander Pope, der seit 1715 an einer Übersetzung der *Odyssee* arbeitete, die Knechtung der Natur im Namen der Kunst heftig kritisiert. Um eine größere Harmonie mit dem Geist der antiken Dichter – insbesondere Vergil und Homer – herzustellen, verlieh er seinem Park in Twickenham den arkadischen Zauber der Gärten des Alkinoos, des Vaters der Nausikaa aus der *Odyssee*. Eine kleine Grotte in der Nähe des Flusses, deren Wände mit Muscheln und Glas verziert waren, wurde zum Symbol der von der Natur gespendeten Inspiration, weil das Innere der Grotte in unendlichen Variationen von Tag zu Tag und von Jahreszeit zu Jahreszeit die Landschaften der Außenwelt widerspiegelte.

Zur gleichen Zeit stellte auch der Gartenarchitekt und Schriftsteller Stephen Switzer, der bei *London and Wise* in die Lehre gegangen war, althergebrachte Ideen in Frage. In seinem Buch *The Nobleman's, Gentleman's and Gardener's Recreation* – besser bekannt unter dem Titel der zweiten, 1718 erschienenen Ausgabe *Ichnographia Rustica* – erinnerte er daran, daß ein Garten „als kluge Mischung aus dem Vergnügen und Nutzen, welche eine natürliche Landschaft zu bieten hat"[11] anzulegen sei, und versuchte, diese neudefinierte Beziehung zwischen Natur und Gärtner praktisch umzusetzen. Doch sein Zeitgenosse Charles Bridgeman, der ebenfalls bei London and Wise gelernt hatte, kam ihm zuvor. 1709 hatte er eine Stelle als Zeichner bei dem Architekten John Vanbrugh angenommen, der gute Beziehungen zu Hofkreisen unterhielt. Vanbrugh stand gerade im Begriff, Blenheim Palace fertigzustellen – jenes Schloß, das Königin Anne ihrem General John Churchill, dem Duke of Marlborough, zum Dank für seinen Sieg bei Blenheim (Hochstaedt) geschenkt hatte. Charles Bridgeman wurde besonders durch die Art und Weise geprägt, wie Vanbrugh, der selbst über 30 Jahre in der Armee gedient hatte, seine Bauten einfriedete. Selbst einen Kartoffelacker umgab er mit hohen Mauern, die eher an Militärarchitektur als an Gartenkunst erinnerten.[12]

Aber in einer Zeit, in der man die Schönheiten der offenen Landschaft wieder zu entdecken begann, geriet Vanbrugh schnell wieder in Vergessenheit. Bridgemans erster Auftrag war die Anlage des Gartens von Claremont für den Duke of Newcastle. Seine völlig neue Methode beschrieb Stephen Switzer als „schlichte und unaffektierte Art, Gärten so zu umfrieden, daß die Landschaft, in die sie eingebettet sind, so aussieht, als sei sie Teil des Gartens".[13] An den Grenzen des Anwesens hob er breite Gräben aus, deren Böden mit Steinen gepflastert wurden. Diese Gräben, die wegen des Überraschungseffektes *Ha-has* genannt wurden, hielten unter anderem Tiere davon ab, auf den Rasenflächen des Anwesens herumzustreunen, ohne dabei die Sicht zu beeinträchtigen.

Diese neue Interpretation des Gartens, der nicht mehr in sich geschlossen war, sondern sich weit in die umliegende Landschaft ausdehnte, verhalf ihrem Besitzer zu mehr Prestige, weil er hier selbst wie auch seine Gäste die Größe seines Besitzes bewußt ermessen konnte. Die englischen Adligen und Gentlemen nahmen Bridgemans Ideen mit Begeisterung auf und überhäuften ihn mit Aufträgen. In vielerlei Hinsicht war er jedoch immer noch der architektonischen Tradition der Gartenanlage verpflichtet – er fertigte zwar stets die Entwürfe für seine Gärten an, überwachte aber nur selten die praktischen Arbeiten – und adaptierte nach wie vor den klassischen Stil. Aber Springbrunnen, Parterres, Rasenplätze und Bosketts alternierten jetzt nach weniger formalen Gesichtspunkten mit einfachen Elementen wie Wiesen, die von Baumhecken umgeben waren.

Ehe Georg II. ihn 1728 als Oberaufseher seiner Parkanlagen zum Nachfolger von Wise berief, arbeitete Bridgeman Pläne für viele berühmte Gärten aus, unter anderem für die Anwesen in Rousham (1721) und Stowe (1725–1728).

Stowe war der in Buckinghamshire gelegene Sitz von Sir Richard Temple, Lord Cobham, dessen Haus John Vanbrugh gerade vergrößerte, was später Giacomo Leoni, James Gibbs und Richard Adam fortführten. Für den Park sah Bridgeman eine Folge von Wasserbassins und Kaskaden vor, die sich in einen langen Kanal ergossen, der sei-

John Milton
Paradise Lost, 1727
Hölle, Buch II

nerseits in eine riesige, die gesamte Landschaft beherrschende Wasserfläche mündete. Nach 1770 blieb von diesen Gärten, die mehr dem Geschmack französischer und italienischer Prinzen als dem englischer Aristokraten entsprachen, nichts übrig. Später beauftragte der König Bridgeman, für alle seine bedeutenden Anwesen – in Windsor, Kensington, Richmond und Hyde Park – neue Parks anzulegen.

William Kent und der Zauber der Natur

Noch vor Bridgemans Tod im Jahre 1738 hatte sich der Geschmack gewandelt. Seine Leistungen wurden von der begeisterten Aufnahme, die die Arbeiten William Kents, des jungen Protegé Lord Burlingtons, fanden, in den Hintergrund gedrängt. Kent brach nach den Worten Horace Walpoles, „mit der Idee der Einfriedung und sah die ganze Natur als einen einzigen Garten an".[14]

Seine Ausbildung als Dekorateur in Italien, die Beratungen durch Lord Burlington und vor allem sein vollkommen unbefangener Zugang zu einem neuen Gebiet – er hatte keine Gärtnerlehre absolviert – ermöglichten es William Kent, das Verhältnis zwischen Kunst und Natur neu zu definieren. Zuerst setzte er um, was Dichter und Schriftsteller seit der Jahrhundertwende gefordert hatten: Er verwandelte die Anwesen wohlhabender Engländer in „eine Natur ohne Sünde"[15], in der sie sich in der Kunst üben konnten, die schon die römischen Patrizier praktiziert hatten – die harmonische Verbindung von *otium et negotium*, Muße und Tätigsein.

William Kents erstes Projekt als Gartenarchitekt war Chiswick, ein Park voller Anspielungen auf die Klassik, der von seinem Mäzen Lord Burlington, selbst Architekt, angelegt worden war. Der junge Künstler wirkte bei der Innenausstattung des neuen Landhauses mit, dessen Arbeiten 1727 begannen und drei Jahre später abgeschlossen wurden. Der Entwurf war eine Reminiszenz sowohl an Palladios *Rotonda* als auch an Vincenzo Scamozzis *Rocca Pisana.* Für die Pläne der großen Exedra, in der sich die Villa auf den Park hin öffnet, griff Kent 1727 auf die antiken Gärten der Hadriansvilla in Tivoli zurück, die er während seines Aufenthalts in Rom besichtigt hatte. Strahlenförmig abzweigende Wege, die möglicherweise noch Charles Bridgeman entworfen hatte, verlängerten diese breite Esplanade.

John Milton
Paradise Lost, 1727
Paradies, Buch VIII

Im gleichen Jahr, 1730, wurde William Kent Lord Cobham vorgestellt, der durch den *luogo di delizia,* in den sich Chiswick verwandelt hatte, so beeindruckt war, daß er Kent bat, für ihn in Stowe zu arbeiteten. Kent gestaltete den Ostflügel der Anlage um, ließ aber die große offene Esplanade vor dem Haus intakt. Da er jetzt auf eigenen Füßen und nicht mehr unter dem Einfluß seines Gönners stand, entwarf der junge Künstler zum ersten Mal einen Garten unter dem Blickwinkel eines Malers und nicht dem eines Architekten. Ein Bach schlängelte sich gemächlich von der Höhe der Gärten in ein Tal hinunter, das unter dem Namen *Elysian Fields* Berühmtheit erlangte. An die sanften Hänge dieser Felder schmiegten sich zwischen Baumgruppen zwei von Kent selbst entworfene Tempel, der *Temple of Ancient Virtue,* nach dem Modell des Sibyllentempels in Tivoli, und der *Temple of British Worthies,* der 1735 fertiggestellt wurde und Gemälde der großen Gestalten der britischen Geschichte beherbergt – unter ihnen selbstverständlich auch ein Bild von John Milton. Etwas davon entfernt wurde der *Temple of Modern Virtue* errichtet, den der exilierte Lord Cobham mit Absicht als Ruine hatte bauen lassen – als Illustration einer von Alexander Pope verfaßten Satire auf die Regierung.

Dieser Prozeß der „Befreiung" der Gärten – befreit, weil sie die Natur nachahmten und sich ihr unterwarfen – entsprach den Intentionen ihrer Besitzer. Sie sollten die edlen Gefühle feiern, deren der Mensch fähig war, ehe er durch die Künstlichkeiten des gesellschaftlichen Lebens verdorben wurde. Der Besucher sollte an jeder Wegbiegung auf etwas Unerwartetes stoßen, etwas, worüber er reflektieren konnte. Über die ganze Parkanlage von Stowe, die erst 1790 vollendet wurde, sollten Kents Architekten Monumente und Gedächtnistempel verteilen.

Diese Bauten waren nicht mehr einfache Dekorationen in einer italienisch inspirierten Landschaft, wie etwa der Venustempel oder die Eremitage, die Kent 1732 am südlichen Ende des Anwesens errichtet hatte, sie waren vielmehr Symbole für die Höhepunkte englischer Geschichte, ja sogar Symbole für die Nation selbst. Sie verliehen dem Garten einen moralischen Wert, der dessen pittoreskem Reiz durchaus den Platz hätte streitig machen können. In diesem Geiste baute James Gibbs, der die Nachfolge des verstorbenen Vanbrugh antrat, 1739 den *Temple of Friendship* und 1741 den *Temple of Liberty* oder *Gothic Temple,* die die Entschlossenheit der Engländer, die Grundlagen ihrer Kultur in ihrer eigenen Erde zu suchen, zum Ausdruck bringen.

Noch vor Abschluß der Arbeiten in Stowe erkannten die Dichter bereits die faszinierende Kraft, die diesem Park innewohnte. So beschrieb Samuel Boyse in seinem

Gedicht *The Triumph of Nature,* wie in diesen Gärten die Natur über die Kunst und die Tugend über die Verderbnis triumphierte. Da die Tugend nicht aus der Unordnung entstehen kann, konnte die große Vielfalt von Szenen, die Kent in seinen *Elysian Fields* schuf, nur von einer überlegenen Harmonie kontrolliert werden: „Hier sehen Sie Ordnung in der Vielfalt, denn alle Dinge sind verschieden und befinden sich dennoch in Harmonie."[16] Auch William Gilpin betonte die Harmonie, die Kent und Gibbs zwischen der Vielfalt der visuellen Effekte schufen, die einerseits die Empfindungen und die Phantasie anregten, und den Tempeln und Rotunden, die andererseits das menschliche Denken befruchteten: „... Und wenn jemand sagt, die Gärten neigten in einigen Teilen zu sehr zur Liebe für das Ungezügelte, das Sinnliche, so kann doch andererseits nicht geleugnet werden, daß sie überaus edle Anregungen zu Tugend und Ehre vermitteln."[17]

Die arkadischen Landschaften in Stowe waren nicht ausschließlich für jene gedacht, die die Freuden des Landlebens genießen wollten, sondern riefen auch die Größe Englands ins Bewußtsein und suchten, sie zu verewigen. Vielleicht war einer der Gründe für das hohe Ansehen, das Palladios Architektur bei den Großgrundbesitzern jener Zeit genoß, die Tatsache, daß sie sich mit den venezianischen Adligen des 16. Jahrhunderts identifizieren konnten. Diese waren nicht nur bemüht, ihre Gärten zu verschönern, sondern hatten sich der Aufgabe verschrieben, Venedig zur größte Seemacht der Welt zu machen. Viele Adlige errichteten deshalb in Anspielung auf die Bedeutung Venedigs in ihren Gärten eine Brücke im palladianischen Stil. Tatsächlich aber hat Palladio niemals eine solche Brücke gebaut, und die Zeichnung, in seinem Buch kam über das Stadium des Entwurfs nie hinaus. Dieser kleine Bau aus Backsteinmauerwerk, bekrönt von einer Portikus, wurde errichtet, um einen Fluß, einen Teich oder das Ende eines Sees gebührend in Szene zu setzen. So hielt Palladios Brücke Einzug in die englische Landschaft.

Bereits 1717 hatte John Vanbrugh eine vergleichbare Brücke für Blenheim Palace entworfen, die aber niemals in dieser Form realisiert und auch nicht überdacht wurde. 1736 plante Lord Pembroke mit Hilfe seines Architekten Roger Morris eine ähnliche Brücke für Wilton House. In Stowe bot sich das Feld, das vom *Gothic Temple* sanft abfällt, als idealer Standort für eine Palladiobrücke (1744) an. Und der Unternehmer Ralph Allen ließ sich 1755 in Prior Park in der Nähe von Bath ebenfalls eine solche Brücke – Symbol einer Klasse, der er gerne angehören wollte –, in der Sohle des Tals erbauen.

Die neuen Entwürfe für die *Elysian Fields* in Stowe ließen Kent's Ansehen weiter steigen. 1737 wurde er von James Dormer aufgefordert, die Gärten von Rousham, das dieser von seinem älteren Bruder, Colonel Robert Dormer, geerbt hatte, neu zu gestalten. Der ursprüngliche Entwurf stammte von Charles Bridgeman, der dem belesenen jungen Besitzer zu konventionell erschien und seiner Ansicht nach nicht dem Vergilschen Naturverständnis entsprachen.

William Kent verfuhr hier genauso wie in Stowe. Er arbeitete nicht nach einem vorgefaßten Plan, sondern wanderte umher, suchte die Stellen, die seinem Malerauge am reizvollsten erschienen, und hielt sie in einer Reihe von Tuscheskizzen fest. Er gestaltete die neuen Gärten so, daß sie vollkommen mit der ausgedehnten Landschaft harmonierten. Wegen des Gefälles schienen die umliegenden Felder, Dörfer und Wälder selbst Teil des Gartens zu sein. Vor allem aber wollte er die Gärten dem Bild anpassen, das er sich von ihnen gemacht hatte. Deshalb dienten ihm neben seinen eigenen Skizzen auch Bilder von Nicolas Poussin, Gaspard Dughet, Claude Lorrain und Salvatore Rosa als Inspiration, die er durch die Gesellschaft Burlingtons schätzen gelernt hatte.[18] Er liebte diese Gemälde, weil sie an die römische Landschaft und die Hügel von Tivoli erinnerten. Die architektonischen Anspielungen von Chiswick wiederholten sich in Stowe mit größerer Intensität. Kent begnügte sich jedoch nicht damit, einige architektonische Elemente aufzugreifen, sondern wollte die ganze Landschaft in seine Komposition einbezogen wissen.

Die Anlage des Parks in Rousham macht sich die Höhenunterschiede der Landschaft zunutze. So kann der Besucher auf seinem kurvenreichen Weg die unterschiedlichsten Ausblicke genießen. Jedes Panorama geht langsam in das nächste über. Den Anfang macht das bezaubernde Tal der Venus, das sich auf eine heitere Wiese mit einem Tempelchen öffnet. Auf der zweiten Ebene umgeben Hügel mit altem Baumbestand eine einfache und rustikale Eremitage aus Stein. Unten schließlich faßt ein Bach das Anwesen ein, und eine kleine Brücke vervollständigt die Komposition. Dann entfaltet sich dem Besucher eine unverstellte Sicht auf die umliegende Landschaft. Am Horizont erinnert ein letztes architektonisches Element daran, daß die Schönheit der Szenerie ein Werk der Natur ist. Dieser Blickfang befindet sich genau dort, wo Himmel und Erde sich zu berühren scheinen. In Rousham handelt es sich um einen etwa anderthalb Kilometer entfernten mittelalterlichen Bogen auf einem Getreidefeld, in Stowe ist es eine römische Porta auf der Wiese, und in Blenheim erhebt sich eine Gedächtnissäule auf einer Schafsweide.

Nach Rousham konnte Horace Walpole in *On Modern Gardening* schreiben, daß „William Kent Maler genug ist, um den Zauber der Landschaft wahrzunehmen, zäh und fest genug in seinen Ansichten, um Grundsätze darüber aufzustellen, und mit genügend Genius auf die Welt kam, um ein Ganzes zu sehen, das aus unserem unvollkommenen Streben heraus errichtet wurde".[19]

Nachdem die Gärten von den Regeln der Architektur befreit waren, mußten Gartenkünstler andere Mittel finden, um die Natur nachzuahmen. Deshalb wandten sie sich der Malerei, der Kunst der Illusion, zu. „Die ganze Gartenkunst", sagte Pope, „muß vom Landschaftsmaler kommen."[20] So wurden lineare Perspektiven durch Luftperspektiven ersetzt, in denen das Zusammenspiel von Farben in den verschiedenen Teilen des Gartens dazu genutzt wurde, Tiefe anzudeuten und unendli-

Salvatore Rosa zugeschrieben
Tempel der Sibylle in Tivoli (Detail)
Radierung, ca. 1740

che Entfernungen zu schaffen, die unmerklich mit dem Himmel verschmolzen. Eindrucksvolle und raffinierte Effekte wurden hingegen durch das Wechselspiel zwischen dem dunklen Braun des Laubs, dem hellen Grün der Rasenflächen und dem tiefen Blau des Wassers von Flüssen, Seen und Teichen erzielt.

In William Kents neuer Anlage diente das Wasser einem doppelten Zweck: Als „Lichtpunkt", wie es Horace Walpole beschreibt, konnte es eine Szenerie plötzlich aufhellen und so den Besucher mit ständig neuen Sinneseindrücken versorgen. Darüber hinaus verknüpfte es die verschiedenen Punkte, an denen der Besucher innehielt, um die Aussicht zu bewundern, miteinander und stellte damit die Harmonie des Kunstwerks her.

Diese zweifache Funktion des Wassers, die Einheit und Vielfalt zugleich zu schaffen, ließ einen der vollkommensten Gärten der ersten Hälfte des 18. Jahrhunderts entstehen. Schon 1740 hatten Philip Southcote und Charles Hamilton gemäldeähnliche Kompositionen für ihre Parks in Woburn Farm und Painshill entworfen. Aber erst in den Gärten von Stourhead, am Rande von Salisbury Plain, wurden die Theorien, die William Kent in Rousham vertreten hatte, mit aller Konsequenz angewandt und dabei sogar das Vorbild in den Schatten gestellt. Diese Gärten in Wiltshire gehörten zu einem Stück Land, das der Bankier Henry Hoare 1717 erworben hatte. 1741, nach einem ausgedehnten Italienaufenthalt, wollte sein Sohn, Henry Hoare II., das Land mit Hilfe des Architekten Henry Flitcroft, einem Freund Kents, in einen Lustgarten verwandeln. Er hatte die Gärten Roms vor Augen, deren pastorale Szenerien ihn an die Dichtungen Vergils erinnerten. Als er nach England zurückkehrte, führte er sogar eine von Andrea Locatelli angefertigte Kopie von Claude Lorrains *Blick auf Delphi mit Prozession* im Gepäck – ein Bild, das er mit der *Äneis* in Verbindung brachte. Diese Welt wollte er durch architektonische Anleihen wiedererstehen lassen, zugleich aber auch dem Betrachter wieder atmosphärisch entrücken.

Zwischen den sanften Hügeln lag ein See mit kurvenreicher Uferlinie. Das unaufdringliche Arrangement der Bäume trennte die grünen Rasenflächen und bot sich als Hintergrund an für Tempel, die von Claude Lorrains Werk inspiriert waren: ein Floratempel, ein Pantheon und ein Apollotempel. Auf dem vorgezeichneten Weg durch den Park wurde der Besucher von keiner dieser Wegmarken überrascht. Sie waren bereits vom anderen Ufer des Sees aus sichtbar und spiegelten sich mehrfach in ihm, aber stets aus einem anderen Winkel. Diese Effekte der Luftperspektive legten eine Art Schleier über die Landschaft und vermittelten dem Spaziergänger den Eindruck, den Henry Hoare beabsichtigt hatte – sich einer unzugänglichen Welt zu nähern. Bis zu seinem Tod vermied Henry Hoare alles, was diese eifersüchtig gehütete Vision vom verlorenen Paradies irgendwie hätte stören können.

Poetisch betrachtet bewahrt dieser Lustgarten nicht nur das Geheimnis der ewigen Schönheit der Kunst, sondern beherbergt auch in den Tiefen einer verwunschenen Grotte die Quelle der Inspiration, die durch die schlummernde Nymphe, ein Werk John Cheeres, symbolisiert wird. Auf dem Bassin, auf dem sie ruht, sind folgende Worte von Alexander Pope eingemeißelt:

„Nymphe der Grotte, diese heiligen Quellen bewahre ich,
Und schlafe zum Gemurmel dieser Wasser;
Ach! Schone meinen Schlummer, tritt leise in die Höhle,
Und trinke still, oder bade schweigend!“[21]

Heiliger Hain des Vicino Orsini, 1552–1584
Bomarzo, Viterbo
Tempel

Im Zwielicht der Verzauberung

1780 nahm der Enkel von Henry Hoare II., Sir Richard Colt Hoare, dem Ort seinen Zauber, als er um den See einen Kiesweg anlegen ließ. Gleichzeitig pflanzte er zahlreiche exotische Pflanzen und Rhododendren an, die sich bei den an Botanik interessierten Landbesitzern zunehmender Beliebtheit erfreuten.

Dennoch blieb die exotische Gestaltung des Gartens von Kew, in dem William Chambers einige dekorative Gebäude unterschiedlichster Stilrichtungen – einen klassischen Tempel, eine muslimische Moschee, eine römische Ruine, ein chinesisches Haus und sogar eine Rekonstruktion der Gärten der Alhambra sowie die berühmte Pagode – plaziert hatte, in der Gartenkunst nichts anderes als eine Zwischenstation.

Kenner konnten sich den Gärten nur über die Bildkunst annähern. „Lausche nun, gelehriger Schüler, meinen Gesängen; lerne, wie sehr deine Kunst von der Malerei zu lernen hat; die Malerei ist eine Schwester der Gartenkunst, mach dich mit ihren Regeln vertraut“[22] – empfiehlt William Mason 1772 in seinem Gedicht *The English Garden.*

Während Poeten die Reflexe der Kunst suchten, indem sie in den Spiegel der Natur blickten, schöpften die Landschaftsgärtner alle Möglichkeiten aus, die das Verhältnis zwischen Natur und Kunst bot, indem sie aus ihren Gärten sämtliche Spuren menschlichen Tuns, wie etwa Gartenpavillons, Tempel oder Lustschlößchen, verbannten. Deshalb wurde für die Gestaltung der Gärten in der zweiten Hälfte des 18. Jahrhunderts nicht die Exotik Chambers' als vorbildhaft erachtet, sondern die großen Kreationen seines Rivalen, Lancelot Brown, einem Schüler Kents. Obwohl zwischen ihren Werken vollkommene Kontinuität zu herrschen schien, führte ihre höchst unterschiedliche Zielsetzung zum Verlust der Idee, daß Gärten einen Zauber ausstrahlen sollten.

Lancelot Brown, der 1741 Gärtner in Stowe wurde, war während seiner 10jährigen Lehre bei William Kent über die einfache Gärtnerei hinausgewachsen. 1751 gab er seine Stelle auf und machte sich in Hammersmith als Landschaftsgärtner selbständig. Da William Kent zwei Jahre zuvor gestorben war, erhielt er schon bald von den Freunden und Bekannten Lord Cobhams einige größere Aufträge. Er schuf sofort „ein kleines ideales Universum, vollkommen angepaßt an die Gesellschaft, für die er arbeitete. Der Eingriff des Menschen hinterließ keine Spuren mehr; vielmehr übernahm die Natur die Herrschaft – beständig, opulent, wohlproportioniert, fruchtbar und weiblich."[23]

In allen seinen Landschaftsgärten legte Lancelot Brown großen Wert darauf, dem Besucher einen allgemeinen Eindruck von dem jeweiligen Anwesen zu vermitteln, indem er die naturgegebenen Aussichtspunkte miteinander verband. Das Hauptelement dieser Verbindung waren natürlich die Gewässer. In Syon Park, der 1767 für den Herzog von Northumberland angelegt wurde, schlängelt sich ein Flüßchen durch die Anlage. Da das Land vollkommen flach war, variierte Brown die Ausblicke, indem er Pflanzen und Waldungen sorgfältig an den Ufern des Bachs plazierte. Er pflanzte niedrige Gruppen von Iris und Seerosen neben höhere Gruppen von Rhabarber oder Tulpenbäumen, deren große Blätter die kleineren Pflanzen überlappten. Im Hintergrund vervollständigten Buchen und Eichen die Komposition. In Luton Hoo, dem Sitz von John Stuart, Earl of Bute, der ein enger Freund der Prinzessin von Wales war, machte Brown einen Bach zum wesentlichen Element des Parks, der hinsichtlich seiner Größe mit dem von Blenheim Palace vergleichbar war. Dort hatte sich Brown allerdings für einen See statt eines Bachs entschieden, als er 1770 mit der Neugestaltung von Vanbrughs und Bridgemans Anlage begann.

Dem Park von Stowe verlieh Brown nach 1770 durch denselben Kunstgriff eine völlig neue Dimension. Bridgemans Entwurf ersetzte er durch eine Rasenfläche, die zu dem kleinen, in Form eines Achtecks angelegten See hinunter führte. Sein Ufer war von Hainen gesäumt, in die Kent seine ersten Ornamentalbauten gesetzt hatte. Vom Haus aus gesehen lenkt eine breite Öffnung, die zwei kleine, ursprünglich von Vanbrugh errichtete, aber 1764 vollkommen umgebaute Seepavillons begrenzen, den Blick in die ferne Landschaft. Ein am Horizont aufragender korinthischer Bogen dient als Blickfang.

In seinen Gärten schrieb Lancelot Brown keinen symbolischen Pfad vor. Seine Anlagen hielten sich an keine vorgefaßten Ideen oder Theorien, ihre einzige Funktion bestand darin, Freude zu spenden. Brown sah in der Natur eine endlose Reihe von Gelegenheiten, den Garten noch angenehmer zu gestalten – woher sein Spitzname „Capability Brown" rührt, unter dem er in die Geschichte einging.

In seiner Hommage an den Meister der englischen Landschaftsgärtner zeigte Horace Walpole die Sackgasse auf, in die sich Capability Brown unaufhaltsam hineinmanövrierte: „Sein großer und schöner Genius bleibt unübertroffen ... Man kann mit Fug und Recht behaupten, daß sein Sinn für Synthese und Eleganz niemals trog. Aber – und darin liegt sein Genie – je schöner seine Erfolge waren, um so leichter wurden sie übersehen; seine Darstellungen der Natur sind so lebensecht, daß sie Gefahr laufen, unerkannt zu bleiben."[24]

Indem sie sämtliche Spuren ihres Wirkens verwischten und den Anschein erweckten, die Natur habe den Menschen in ihrem ewigen Kampf bezwungen, erreichten Capability Brown und sein Nachfolger, Humphrey Repton, genau das Gegenteil: Sie hatten die Natur aller Macht, die man ihr seit Jahrhunderten zuschrieb, beraubt. Sie besaß keine verborgenen Geheimnisse mehr, war nicht länger die Hüterin der Quelle des Wissens und des Gefühls.

Die großen fließenden und transparenten Entwürfe von Blenheim und Luton Hoo riefen keines der Gefühle hervor, die Thomas Whately in einer Landschaft suchte. Jede Szene, jeder Ausblick sollte für den Verfasser der *Observations on Modern Gardening* eine ganze Skala von Empfindungen – von der einfachen Betrachtung bis zum Seelenzustand – auslösen: „Ein See, in dessen tiefem und dunklem Wasser sich ein finsterer Schatten spiegelt, ist ein geeigneter Ort für Melancholie."[25] Aber für Gärten, die unbekannte Gefühle wecken und Unbehagen bewirken konnten, fanden sich unter den Grundbesitzern dieser Epoche keine Liebhaber mehr. Sie verlangten vielmehr, daß die Parks grenzenlos erschienen und ein unverrückbares, vollkommenes und ewiges Bild der Landschaft, die sie gerade umformten, boten.

Der intensive Landbau, wie er seit 1750 betrieben wurde, begann das ohnedies bereits gefährdete Gleichgewicht zwischen Stadt und Land zu erschüttern, nachdem neue Gesetze in Kraft getreten waren, die es den Großgrundbesitzern erlaubten, Gemeindegrund einzuzäunen und zu bewirtschaften. Daher standen diese großen Gärten, in denen der Zauber der Illusion Platz machte, vielleicht in Verbindung mit „den höllischen Flammen der Schmieden von Coalbrookdale, den Slums, der Prostitution und den Verbrechen"[26], wie Michel Le Bris bemerkte. Sie konnten als Versuch gewertet werden, die Risse in der britischen Gesellschaft zu übertünchen, die Disraeli bald dazu führen würden, von „zwei englischen Nationen" zu sprechen.

Charles Bridgeman
Park von Lord Ockney, ca. 1720–1730
Cliveden House, Buckinghamshire
Giacomo Leoni
Blenheim Pavilion, ca. 1727

Chiswick: ein Ort des Entzückens …

Andrea Palladio
Villa Almerico-Capra
Vicenza
La Rotonda, 1570

Vincenzo Scamozzi
Rocca Pisana, 1576
Lonigo, Vicenza

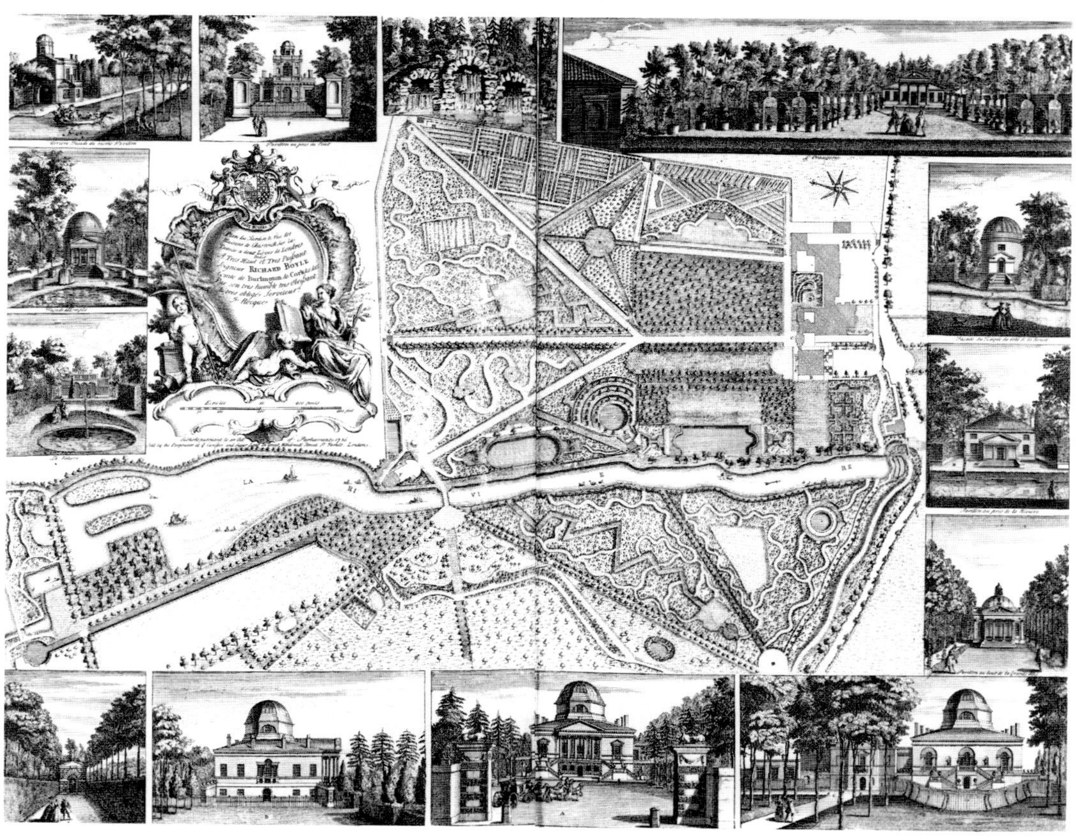

John Rocque
Plan of the Garden of the Houses at Chiswick on Thames
Stich, 1736

Villa und Park von Lord Burlington, 1727–1730
Chiswick House, London
William Kent
Exedra

Charles Bridgeman, William Kent und
Capability Brown
Park von Lord Cobham, 1716–1790
Stowe House, Buckinghamshire

OBEN:
Oxford Bridge, 1760–1761
RECHTS:
Dorischer Bogen, 1768
UNTEN:
James Gibbs
Denkmal für Lord Cobham, 1747–1748

... Stowe: Feier edler Gefühle ...

Charles Bridgeman, William Kent und
Capability Brown
Park von Lord Cobham, 1716–1790
Stowe House, Buckinghamshire
William Kent
Elysian Fields und Temple of Ancient Virtue, 1734

... die Palladiobrücke, Symbol einer Elite ...

Charles Bridgeman, William Kent und Capability Brown
Park von Lord Cobham, 1716–1790
Stowe House, Buckinghamshire
Palladiobrücke, 1742

GEGENÜBERLIEGENDE SEITE UNTEN:
Wilton House, 1736
Wiltshire
Lord Pembroke und Roger Morris
Palladiobrücke

Andrea Palladio
I Quattro Libri dell'Architettura, 1570
„Eine Steinbrücke nach meiner Phantasie"

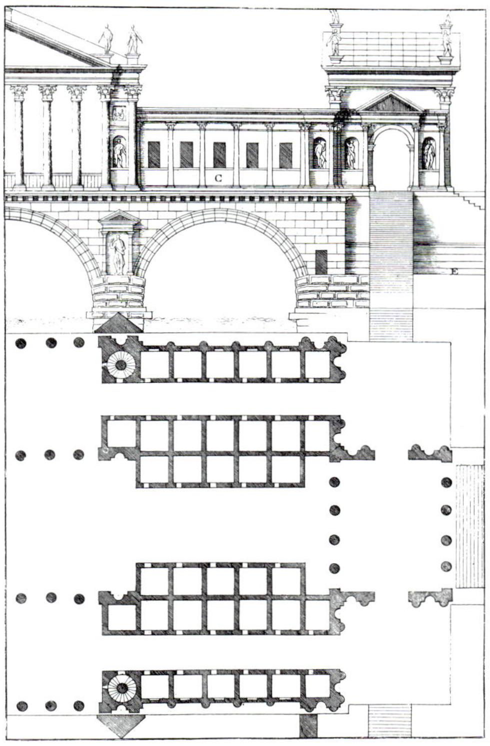

Prior Park
Bath
Palladiobrücke, ca. 1755

Oben und gegenüberliegende Seite:
Charles Bridgeman, William Kent und Capability Brown
Park von Lord Cobham, 1716–1790
Stowe House, Buckinghamshire
James Gibbs
Gothic Temple, 1741–1744

Louis Le Rouge
Les Jardins anglo-chinois à la mode, 1776–1789
Frontansicht der Gothic Church in Kew

... der Gothic Temple, Symbol der Überlebenskraft der Nation ...

William Kent
Park für General James Dormer, 1737–1741
Rousham House, Oxfordshire

LINKS:
Landschaft mit künstlichen Ruinen im Hintergrund
UNTEN:
Tal der Venus

… Rousham: die malerische Vision William Kents …

William Kent
Park für General James Dormer, 1737–1741
Rousham House, Oxfordshire
Eine künstliche Ruine als Blickfang

… Stourhead: ein Land der Verzauberung …

„Der erstaunte Zuschauer sieht zu seinem Entzücken
Das funkelnd fließende Wasser,
Den grünen Rasen erscheinen und die Wälder auftauchen,
Hier, durch den dichten Schatten,
Bohren sich Bauten ihren Weg,
Dort schwebt der silberne See zwischen seinen Ufern;
Eine hinreißende Vielfalt bezaubert die Seele,
Und als Krönung all dessen – die sich ergebende Harmonie."

Samuel Boyse, *The Triumphs of Nature*, 1742

Henry Flitcroft
Park von Henry Hoare, begonnen 1741
Stourhead, Wiltshire

LINKS:
Blick über den See
UNTEN:
Henry Hoare
Apollotempel, ca. 1765

Henry Flitcroft
Park von Henry Hoare, begonnen 1741
Stourhead, Wiltshire
Pantheon, 1752–1756

C.C.L. Hirschfeld
Theorie der Gartenkunst, 1779–1785
Grabdenkmal

Henry Flitcroft
Park von Henry Hoare, begonnen 1741
Stourhead, Wiltshire
Die Grotte, 1750–1760

OBEN:
Ansicht vom See
RECHTS:
John Cheere
Flußgott

... Refugium der Nymphen ...

Henry Flitcroft
Park von Henry Hoare, begonnen 1741
Stourhead, Wiltshire
Die Grotte, 1750–1760
John Cheere
Schlummernde Nymphe

… an den Seen von Stowe …

Charles Bridgeman, William Kent und
Capability Brown
Park von Lord Cobham, 1716–1790
Stowe House, Buckinghamshire
Achteckig angelegter See und Eleven-Acre Lake,
begonnen 1770

Oben:
Grotte
Rechts:
William Kent
Eremitage

… vollkommene Harmonie zwischen Kunst und Natur …

Charles Bridgeman, William Kent und
Capability Brown
Park von Lord Cobham, 1716–1790
Stowe House, Buckinghamshire
Korinthischer Bogen als Blickfang, 1767
Blick vom Herrenhaus entlang der Achse

Capability Brown
Syon Park, 1767–1773
angelegt für Sir Hugh Smithson,
Herzog von Northumberland
London

LINKS:
Tulpenbaum
UNTEN:
Blick über den Fluß

… bedrohter Zauber in Syon Park und Blenheim

John Vanbrugh und Henry Wise
Park für John Churchill, Duke of Marlborough, begonnen 1722
Blenheim Palace, Oxfordshire
Capability Brown
Blenheim Lake, 1770

7
Der Weg der Illusion

Frankreich im 18. Jahrhundert

Während der 50 Jahre, die auf die Regentschaft Ludwigs XIV. folgten, hatte sich die Pariser Gesellschaft in Paris und seiner Umgebung eine Vielzahl von *Folies* errichtet. Diese Anwesen mit ihren zwei oder drei Hektar großen Gärten hatten den etwas verschlafenen Charakter des Pariser Umlands verändert. Die Felder um Clichy und La Roquette, das Marschland von Chaussée d'Antin, die Ebenen von Vaurigard und Sèvres, die Wälder von Neuilly und Meudon oder auch Dörfer wie Monceau und Montmartre hallten wider vom Kommen und Gehen der Besitzer, Besucher und Bediensteten, die die neuen Herrensitze mit Leben erfüllten.[1] Inzwischen hatte sich auch die Bezeichnung *Folie,* Verrücktheit oder Spielerei, eingebürgert – treffend, spiegelte sie doch die Extravaganz ihrer Besitzer wider. Die ausgefallenste aller *Folies* aber ließ sich der Bruder König Ludwigs XVI., der Graf d'Artois, errichten.

Im Frühsommer 1777 stürzte sich der Graf, um eine Wette über 100 000 *Livres* zu gewinnen, die er mit seiner jungen Schwägerin Marie-Antoinette abgeschlossen hatte, in die verrückteste aller Unternehmungen: Innerhalb von 70 Tagen – während des Aufenthalts der Königin in Fontainebleau – wollte er ein baufälliges Lustschlößchen mit dem Namen *Bagatelle,* das er zwei Jahre zuvor gekauft hatte, in eine der charmantesten *Folies* verwandeln, um dort zur Feier von Marie-Antoinettes Rückkehr einen der rauschendsten Bälle zu geben.

Diese vor den Toren des Bois de Boulogne in der Nähe des Château de Madrid gelegene *petite maison* hatte während der Herrschaft Ludwigs XV. bereits viele Feste gesehen. 1720 organisierte hier der Marschall d'Estrées Soireen, die bald ebenso berühmt waren wie diejenigen, die seine Nachbarin Mademoiselle de Charolais im Petit-Madrid veranstaltete, oder wie die herrlichen Diners, zu denen der König ins nahegelegene Château de La Muette einlud. 1739 schrieb der Marquis d'Argenson: „In La Muette, wo der König gegenwärtig residiert, ist die Gesellschaft glücklich und unabhängig. Man hat die Damen eingeladen, die man kennt und an die man sich gewöhnt hat. Wir dinieren bei Mademoiselle im Madrid und soupieren im La Muette; nachmittags amüsieren wir uns vorzüglich – wer will, kann sich auch der Liebe hingeben – in der Bagatelle beim Marschall d'Estrées; alles ist großartig organisiert."[2]

1747, zwei Jahre nach dem Tod des Marschalls, ging das Haus in den Besitz der Marquise de Monconseil über, die ebenfalls für ihren galanten Lebensstil und frivole Festlichkeiten bekannt war. Doch 1770 verkaufte sie, ernüchtert vom Alter und durch die endlosen Restaurierungsarbeiten, die das von vornherein schlecht gebaute und zusehends verfallende Haus erforderte, finanziell ruiniert, die Bagatelle an den Fürsten de Chamay. Fünf Jahre später veräußerte sie dieser an den Grafen d'Artois.

Der Bruder des Königs ging sofort nach Abschluß der Wette ans Werk. Er beauftragte seinen Architekten François-Joseph Bélanger, Pläne für einen neuen Pavillon zu entwerfen, der an die Stelle des alten Hauses treten sollte. Innerhalb von 48 Stunden waren die Pläne gezeichnet und abgenommen. 800 Arbeiter wurden angeheuert, und die Arbeit konnte beginnen. „Jedes Mittel ist recht, um die Fertigstellung zu beschleunigen. Die Gendarmerie sorgt dafür, daß Neugierige keinen Zutritt erhalten. Je nach Bedarf hält man Fahrzeuge an, die Steine, Gips und anderes Material transportieren, das für die Häuser von Privatpersonen bestimmt ist: man bemächtigt sich ihrer und dirigiert sie einfach um ..."[3] Am 26. November 1777 war der Pavillon fertiggestellt, und der Graf hatte seine Wette gewonnen. Doch die beleidigte Marie-Antoinette schützte eine leichte Unpäßlichkeit vor und nahm an der Einweihungsfeier der neuesten Pariser *Folie,* die letztendlich mehr als doppelt so viel gekostet hatte, wie der Graf veranschlagt hatte, nicht teil.

Die Bagatelle war das Musterbeispiel einer *petite maison*: An ein großes Vestibül im Erdgeschoß schlossen sich rechts ein Billardzimmer und links ein Eßzimmer an; geradeaus erwartete den Besucher ein großer, von einer Kuppel überwölbter Salon, durch den man in zwei kleine Boudoirs gelangte. Die erste Etage enthielt weitere Privatgemächer, Schlafräume und das Zimmer des Kammerdieners. Trotz der Umbauten, die im 19. Jahrhundert der damalige Besitzer Lord Seymour, Earl of Hertford, durchführte – er ließ das obere Stockwerk erhöhen und die heutige Kuppel erbauen –, hat

Graf de Caraman und Richard Mique
Park des Petit Trianon, 1777–1782
Versailles
Hubert Robert und Thévenin
Apollobassin, 1774–1779
Balthazar und Gaspard Marsy
Die Sonnenpferde

die Bagatelle ihren ursprünglichen Zauber behalten. Nur die galanten Malereien, die die Wände schmückten, sind nicht mehr zu sehen, weil sie Graf d'Artois nach seiner Rückkehr aus dem Exil im Jahre 1815 aus religiösen Gründen übertünchen ließ.

Sobald die Bagatelle fertiggestellt war, verpflichtete der Graf einen schottischen Gärtnermeister, Thomas Blaikie, der unter der Aufsicht von Bélanger die Gartengestaltung durchführen sollte. Und die beiden Männer verwandelten den Garten, den der Graf bis 1782 erweitern ließ, in einen anglo-chinesischen Garten, der, entsprechend dem Geschmack der Zeit ein wirkliches „Kuriositätenkabinett" war – das jeder aufgeklärte Aristokrat der Zeit besitzen zu müssen meinte.

In der zweiten Hälfte des 18. Jahrhunderts setzte sich die Meinung durch, daß die Gartengestaltung nicht länger an den Ideen eines Dézallier d'Argenville festhalten müsse. In seinem *Essai sur l'Architecture* von 1755 zeigte sich Abbé Laugier besorgt darüber, daß die Gartenkunst zu sehr von der Architektur abhängig sei und der Spaziergänger nun endlich wieder „den Schatten, die Rasenflächen und die Bäche, die verschiedenen Aussichtspunkte und die unterschiedlichen Panoramen mit ihrem naturbelassenen Ambiente genießen" können sollte.[4]

J.C. Kraft
Recueil d'architecture civile, 1804
Die Ile d'Amour de Bagatelle

Pariser *Folies*

Einige Jahre später, 1761, verkündet Jean-Jacques Rousseau die bevorstehende Befreiung der französischen Gärten und ihre Rückkehr zur Natur. In seiner *Julie oder Die neue Héloïse* läßt er Monsieur de Wolmar, der Saint-Preux gerade seinen berühmten Garten in Clarens zeigt, sagen: „Sie sehen nichts Begradigtes, nichts Eingeebnetes; niemals kam eine Meßschnur an diesen Ort; die Natur pflanzt nichts nach der Schnur. Die Krümmungen mit ihrer scheinbaren Unregelmäßigkeit sind kunstvoll angebracht, um die Promenade zu verlängern, die Ufer der Insel zu verbergen, ihren scheinbaren Umfang zu vergrößern, ohne daß man jedoch unbequeme und allzu häufige Umwege nehmen müßte."[5]

Der Autor bekennt sich offen zu seiner Abneigung gegen die galanten, allzu geometrischen Gärten seiner Zeit, obgleich Dézallier d'Argenville ihnen etwas von ihrer Strenge genommen hatte. In ironischem Ton fährt er fort: „Ich stelle mir einen reichen Mann aus Paris oder London vor, dem dieses Haus gehörte und der nun einen teuer bezahlten Baumeister mitbrächte, um die Natur zu verunstalten. Mit welcher Verachtung würde er diesen schlichten, armseligen Ort betreten! Wie geringschätzig würde er diesen ganzen Plunder herausreißen lassen! Wie würde er doch alles nach der Schnur ausrichten! Welch schöne Alleen würde er durchhauen lassen! Welch schöne sternförmige Wege, welche Bäume in Gestalt von Fächern und Sonnenschirmen! Welch schönes, fein geschnitztes Gitterwerk! Welch schön entworfene, schön beschnittene, schön gewundene Laubengänge! Welch kunstreiche Grasflächen von feinem englischen Rasen, rund, viereckig, geschweift, oval! Was für schöne, aus Taxus geschnittene Figuren in Drachengestalt, in Form von Pagoden, Gnomen und Ungeheuern aller Art! Welch schöne Vasen von Bronze, welch schöne Früchte aus Stein, mit denen er seinen Garten schmücken würde!"[6]

Ein Jahr nach dem Erscheinen von *Die neue Héloïse* wurde Rousseau wegen der Veröffentlichung des *Emile* vom Pariser Parlament verurteilt und gezwungen, ins Exil zu gehen – zunächst in die Schweiz und dann, 1766, nach England.

Die Pariser Salons hingegen nahmen den letzten Roman des Philosophen sehr gut auf: „Es ist unmöglich, die Begeisterung, die er auslöst, zu beschreiben oder sich auch nur vorzustellen", schrieb Lord Hume an einen Freund in London. „Er hat Voltaire und alle anderen in den Schatten gestellt."[7] Im gleichen Jahr war Horace Walpole, berühmter Verfechter eines neuen Stils der Gartengestaltung und späterer Verfasser von

On Modern Gardening, von der Gräfin de Boufflers und dem Herzog de Nemours, die eben aus England zurückgekehrt waren, in die Pariser Salons eingeführt worden. Der drei Jahre zuvor unterzeichnete Frieden von Paris hatte den Austausch zwischen London und Paris wieder rege werden lassen. Frankreich machte nun Bekanntschaft mit den Übersetzungen englischer Schriften, die eine wahre Revolution des Geschmacks auslösten.[8] Die Beschreibungen der prächtigen Landsitze in Stowe, Rousham und Painshill erregten großes Interesse, und „London wurde von französischen Reisenden überrannt, die eine leidenschaftliche Anglophilie an den Tag legten ...".[9]

Auch François-Joseph Bélanger wurde von dieser Welle erfaßt. Zwei Jahre nachdem er die Französische Königliche Akademie für Architektur verlassen hatte, ging er nach England, wo er bis 1771 blieb. Sein Interesse galt jedoch mehr der Architektur des Palladio als der Gartengestaltung. Die Skizzen, die er mit nach Hause brachte, zeigten von Palladio inspirierte Tempel, Rotunden und Brücken, die er bei seinen Besuchen auf den herrschaftlichen Anwesen besichtigt hatte. 1778 reiste er ein weiteres Mal nach England, um die Bauwerke von Stourhead und die Palladiobrücke in Wilton House zu zeichnen, die der Graf d'Artois in seinem neuen Garten errichten lassen wollte.

Für den Entwurf der Parkanlage des Grafen hielt sich Thomas Blaikie nur an eine Vorlage – an Thomas Whatelys 1770 veröffentlichte *Observations on Modern Gardening*, die ein Jahr später von dem berühmten Botaniker François-de-Paule Latapie ins Französische übersetzt wurden. *L'Art de former les jardins moderns* war die erste Veröffentlichung zu diesem Thema, seit die Diskussion über Gartengestaltung neu begonnen hatte, und sie galt bald in ganz Frankreich als Leitfaden. Wie jede neue Mode sich mit dem Alten versöhnen muß, so gefiel die neue Sprache der Gestaltung deshalb besonders, weil alle glaubten, darin die chinesischen Gärten wiederzuerkennen, wie sie die Jesuiten und William Chambers beschrieben hatten. Während man in England den Gärtnermeister der Prinzessin von Wales und seine Theorien noch skeptisch beurteilte, stieß er beim französischen Adel auf uneingeschränktes Wohlwollen.

Die Franzosen wollten in ihren Gärten eine ständig sich erneuernde Szenerie sehen, die unablässig für neue Gefühle sorgen sollte. So konnte bei der Anlage eines neuen Weges durch die nunmehr „anglo-chinesisch" genannten Gärten die ganze Palette von Emotionen, von den beklemmenden zu den heitersten, angesprochen werden. Der Zauber des englischen Parks war an sich bereits eine absichtliche Illusion. So erklärt Julie Saint-Preux in *Die neue Héloïse*: „Sie [die Natur] flieht die dichtbewohnten Gegenden. Auf den Gipfeln der Berge, in der Tiefe der Wälder, auf menschenleeren Inseln breitet sie ihre eindrucksvollsten Reize aus. Wer sie liebt und doch nicht so weit

J.C. Kraft
Recueil d'architecture civile, 1804
Der große Felsen in der Folie Saint-James

gehen kann, um sie aufzusuchen, ist genötigt, ihr Gewalt anzutun, sie gewissermaßen zu zwingen, daß sie komme und bei ihm wohne. Das alles aber läßt sich ohne ein wenig Vortäuschung nicht erreichen."[10]

Der Weg der Illusion sollte auch den anglo-chinesischen Park des Grafen d'Artois prägen. Die Etappen seines *parcours* enthielten verkürzt alles, was die Erde an Pittoreskem und Verblüffendem zu bieten hatte. In dem 1787 veröffentlichten *Guide des amateurs et des étrangers voyageurs à Paris* findet sich eine erstaunliche Beschreibung der verschwenderischen Fülle an „Firlefanz" im Park der Bagatelle: Das Haus des Philosophen, die Eremitage, in der „in einer Ecke ein Einsiedler aus Wachs zu sehen war, der sich an diesen zauberhaften Ort zurückgezogen hatte"[11], eine chinesische Brücke, eine andere Brücke, „angeblich von Palladio", einen Palladio-Turm, einen Tempel der Liebe und einen Pharaonen-Tempel. In diesem Park mit seinen entlang eines Bachs oder um einen kleinen See plazierten zerbrechlichen Bauten aus Holz, bemaltem Metall, Treillage oder Stuck – von denen nichts übriggeblieben ist – feierte der Graf d'Artois noch bis zur Revolution rauschende Feste. Dennoch konnte keiner dieser extravaganten Empfänge mit jenen mithalten, die der Herzog de Chartres in der *Folie* Monceau abhielt.

1773 hatte Louis Philippe Joseph d'Orléans in der Nähe des Dorfes Monceau ein Stück Land gekauft, das er in einen anglo-chinesischen Garten verwandeln wollte. Doch anstatt einen Architekten oder Landschaftsgärtner zu verpflichten, gab er seinem Zeremonienmeister Louis Carrogis, genannt Carmontelle, die Gelegenheit, seine Fähigkeiten als Maler und Bühnenbildner in dem neuen Garten unter Beweis zu stellen. Der Garten sollte – so Carmontelle selbst – „einfach eine Phantasie sein, Ausdruck des Wunsches nach einem außerordentlichen Garten, nach reinem Amusement und nicht der Versuch, eine Nation nachzuahmen, die sogenannte natürliche Gärten dadurch anlegt, daß sie mit Walzen über alle Rasenflächen rollt und die Natur durch die ungelenke Kunst phantasieloser Gärtner verhunzt".[12]

Sobald der Besucher die Tore von Monceau durchschritt, konnte er nicht umhin, seinem Gefühl der Verblüffung angesichts der ihn empfangenden Szenerie Ausdruck zu verleihen. Hinter einem chinesischen Pavillon hatte der Bühnenbildner eine Pagode plaziert, deren Inneres mit bemalten Spiegeln ausgekleidet war, die es in einen riesigen Spiegelsaal verwandelten. Nach diesem Erlebnis der optischen Illusion erwartete den Besucher ein akustischer Genuß: Er betrat eine tiefe Grotte, in der er Klänge und Harmonien hörte, ohne sagen zu können, woher sie kamen. Wieder im Freien warteten weitere Unterhaltungen. Neben einem Minarett stand ein tatarisches Zelt, vor dem ein Diener in türkischer Kleidung ein Kamel herumführte. Ein Tempel aus weißem Marmor, eine von der Hadriansvilla inspirierte Naumachie und ein ägyptisches Grabmal in Form einer Pyramide sollten bei dem Besucher nostalgische Gefühle erwecken.

Als Carmontelle 1779, ein Jahr nach der Fertigstellung, einige Stiche seines ungewöhnlichen Werks veröffentlichte, lieferte er selbst die beste Begründung für seinen *parcours de l'illusion:* „Wenn jemand einen malerischen Garten in ein Land der Illusion verwandeln möchte – warum sollte man etwas dagegen haben? Illusion ist die einzige Art, wie wir uns vergnügen können: Wenn Freiheit und Kunst die Führer dieser Illusion sind, entfernen wir uns niemals von der Natur."[13]

Die Bälle in der *Folie* Monceau und *Folie* d'Artois lockten die gesamte Aristokratie herbei, erweckten aber auch Neid, insbesondere bei Claude Baudard de Saint-James. Dieser Großbürger, Schatzmeister der französischen Marine, hatte den Namen des Dorfes, in dem er geboren worden war, Saint-Gemmes-sur-Loire, seinem Nachnamen angefügt, allerdings in englischer Schreibweise.

1772 hatte er ein Stück Land in der Nähe des späteren Landsitzes des Grafen d'Artois in Neuilly erworben. Sobald d'Artois seine *Folie* gebaut hatte, beschloß Claude de Saint-James, „... es ihm gleich zu tun. Es schmeichelte seiner Eitelkeit, in unmittelbarer Nachbarschaft einer Fürstenresidenz einen Besitz zu haben, der diese noch an Glanz übertraf. Deshalb wandte er sich zur Erfüllung dieses Wunsches an François-Joseph Bélanger und ließ ihm alle Freiheiten, nur das Ergebnis mußte teuer sein ..."[14]

Und Bélanger scheute keine Kosten. Nachdem er ein schönes Haus im italienischen Stil auf zwei Ebenen gebaut hatte, das sich in einer anmutigen Loggia zum Garten hin öffnete, entwarf er eine Parkanlage mit den unterschiedlichsten und seltsamsten Bauwerken, die in erster Linie kostspielig sein mußten. Der verrückteste dieser Entwürfe bezog einen riesigen Felsen mit ein, der eine Vorhalle mit sechs dorischen Säulen überragte und einen weiten Badesaal beherbergte, dessen Decke mit Kassetten und Rosetten aus Stuck prächtig ausgeschmückt war. Das Nymphäum, aus dem sich eine Kaskade ergoß, spiegelte sich in einem Bassin wider, was den Eindruck olympischer Grandezza verstärken sollte. Für den Bau dieser besonderen *Folie* hatte Bélanger mit Hilfe von 40-köpfigen Pferdegespannen riesige Steinblöcke aus den Wäldern von Fontainebleau herbeischaffen lassen. Dies allein kostete Saint-James 1 600 000 *Livres.*

Als die Arbeiten beendet waren, begeisterten sich zwar einige an den aufwendigen Bauten, Kenner jedoch störten sich an der augenfälligen Geltungssucht des Besitzers. Der Fürst de Ligne, für den Bélanger ebenfalls Umbauten auf seinem Anwesen in Belœil durchgeführt hatte, schrieb 1781: „In der Nähe von Neuilly gibt es einen Garten, der unglaublich schön wäre, wenn er nicht so überladen wäre. Mit weniger Geld hätte Monsieur de Saint-James mehr erreicht. Zu viele Gebäude stehen zu dicht beieinander; nur der gute Geschmack, von dem die Bauten selbst zeugen, kann als Entschuldigung gelten."[15]

Claude de Saint-James blieb wenig Zeit, die Freuden seines Gartens zu genießen, denn 1787 wurde er, nach hochriskanten finanziellen Transaktionen, wegen Überschuldung verhaftet. Als er das Gefängnis verließ, war seine Residenz an den Herzog de Choiseul-Praslin, einen Freund seines Rivalen, des Grafen d'Artois, verschleudert worden.

Zwischen 1775 und 1785 verwandelten auch andere Großbürger, die ihren Reichtum oftmals dem Seehandel verdankten, die Gärten, die ihre *petites maisons* umgaben, in *parcs de curiosités* wie ihre „verrückten" fürstlichen Vorbilder.

Jean-Joseph de Laborde
Description des nouveaux Jardins de France,
1808–1816
Temple de l'Amour im Park von Trianon

„Aber sind die Gärten wirklich dazu da, daß man Führungen in ihnen veranstaltet? Sollten wir in den Garten gehen wie in ein Theater? Erst dann, wenn die Gelangweilten, die hier lediglich das Amusement suchen, in die Städte zurückkehrt sind, wird man einen Spaziergang in diesen Gärten wieder genießen können."[16]

Zu der Zeit, als der Fürst de Ligne über diese Zeilen nachdachte, stießen die Extravaganzen eines Herzogs de Chartres und Grafen d'Artois oder von Finanzmagnaten, die es ihnen gleich tun wollten, nicht überall auf Gegenliebe. Die Neigung, so viele Möglichkeiten der Ablenkung und der Zerstreuung unter Ausschluß von jedweder Form der Landschaftsgärtnerei zu schaffen, wurde zunehmend kritisiert. Denn die meisten großen Anwesen jener Zeit verfügten immer noch über traditionelle Gärten, die zunehmend vernachlässigt wurden.

„Alles in ihnen ist schön, und das Auge ist entzückt; aber dieses Entzücken verfliegt rasch ... Die Bäume sehen müde aus, die Hecken sind ermattet, die Wege sind zu zerfurcht, als daß man auf ihnen spazieren gehen könnte, das Gras ist krank, hochgeschossenes Heu statt saubere Rasenflächen, ... lächerliche Pflanzen, traurige Hecken ohne Sinn und Zweck, und drum herum Mauern, die den Blick auf umliegende Landschaft verstellen."[17]

Die Reaktion der Maler, Schriftsteller und sogar der Besitzer selbst ließ nicht auf sich warten. Unter Berufung auf Thomas Whatelys berühmte Abhandlung ließen sie sich von den Gärten Englands inspirieren, ohne den Exzessen der anglo-chinesischen *Folies* zu verfallen.[18] Sie hatten alle ein Prinzip gemeinsam: Als Vorbild sollte die Natur dienen, mit ihren jahreszeitlichen Veränderungen und der unendliche Vielfalt, die ein landschaftsarchitektonischer Ansatz bot.

Für den Theoretiker Jean-Marie Morel, der den Umbruch in der Gartenkunst vorantrieb, sollte „... diese Kunst die Natur nicht künstlich wiedergeben, sondern die Gärten entsprechend den von der Natur selbst festgelegten Regeln gestalten".[19] Für den Maler Claude-Henri Watelet hingegen bedeutete die Nachahmung der Natur immer noch, sie der Kunst zu unterwerfen. In seinem 1774 publizierten *Essai sur les jardins* nannte der Künstler drei Merkmale, auf denen jede Anlage beruhen sollte: das Malerische, das Poetische und das Romantische. Der Gärtner schafft das Malerische, indem er jeden Anblick in einem Garten angenehm gestaltet: „Er wird alle Möglichkeiten seiner Kunst ausschöpfen, um Spazierwege in einer intelligenten, attraktiven Art und Weise anzulegen. Er wird diese Wege hin- und herwinden lassen, um Abstand zwischen Garten und Betrachter zu schaffen oder sie einander näher zu bringen – je nach der Absicht seines Entwurfes. Und er wird dafür Sorge tragen, daß der Wanderer Ruhe und Entspannung dort findet, wo sein Werk sich von der schönsten Seite zeigt."[20]

Jean-Joseph de Laborde
Description des nouveaux Jardins de France,
1808–1816
Blick auf die Kaskade in Méréville

Die Szenen, die dem Besucher geboten wurden, lösten die unterschiedlichsten Gefühle aus, denn sie waren ebenso edel, rustikal, angenehm, fröhlich, traurig oder ernst wie die Szenen einer arkadischen Landschaft. Die sorgfältige Plazierung von Tempeln, Rotunden und Inschriften verlieh diesen Gärten einen poetischen Charakter. Doch Watelet waren diese „poetischen Accessoires" suspekt: „Sie können die Freuden gebildeter, mit flexibler Phantasie ausgestatteter Menschen bereichern; es versteht sich jedoch, daß sie für die meisten nichts anderes als Kuriositäten sind."[21]

Während die Kunst der Malerei die Komposition des Gartens beherrscht und die Poesie durch die Verwendung architektonischer Anspielungen bestimmte Szenen in Erinnerung ruft, appelliert das Romantische besonders an die Welt der Gefühle: „Romantische Ideen sind vager, persönlicher; sie gehören sozusagen eher zum Individuum als zur Menge."[22] Um der Komposition einen romantischen Charakter zu verleihen, konnten, so Watelet, durchaus jene Kunstgriffe eingesetzt werden, die William Chambers zur Schaffung furchterregender Szenerien empfohlen hatte, jedoch warnte er „die Gartendekorateure" davor, diese Elemente zu exzessiv einzusetzen, denn sie „neigen eher dazu, die Phantasie zu beunruhigen und Geschmacksverirrungen hervorzubringen".[23]

Diese malerische, poetische und romantische Sicht ermöglichte es, die Gärten nach englischem Vorbild zu gestalten, wobei eine weitere Neuerung eingeführt wurde. Die Neigung zur Emotion und Empfindsamkeit ließ die Illusion ohne Rückgriff auf allzu konkrete Elemente wirken. Im Garten spielte jeder seine Rolle auf einer ewig ländlichen Bühne, weil „... man mehr Grund hat, die wohlüberlegte Anlage eines Parks mit einer Theaterinszenierung zu vergleichen als mit einem Gemälde"[24], schrieb sogar Watelet.

Ein neues Verlangen

Auf ihrer Suche nach Inspirationen begannen Künstler und Gartenarchitekten erneut, nach Italien zu blicken – jenes Land, das die schönsten Landschaften besitzt. Aber sie wollten nicht mehr die ideale Schönheit finden, nach der die Engländer so gierig Ausschau hielten. Französische Künstler erinnerten sich mit einer gewissen Nostalgie jener wirklichen und doch illusionären Orte Italiens, die Zeugen einer für immer vergangenen Herrlichkeit waren.

Die Zeichnungen, die Fragonard und Hubert Robert während eines Aufenthaltes in der Villa d'Este im Sommer 1761 angefertigt hatten und in denen die Zeit in einer von Vegetation überwucherten Ruinenlandschaft stillzustehen scheint und nur ein paar Schäfer auf die Existenz des Menschen hinweisen, waren bei den Sammlern wieder gefragt. Vor allem die Zeichnungen Fragonards, die der Abbé de Saint-Non 1765 in einer Sammlung von Stichen veröffentlicht hatte, faszinierten die Liebhaber des Pittoresken. Hier finden sie „in den Bildern strohgedeckter Häuschen und Ruinen jene köstliche Rast, die sie von der Suche nach dem Nützlichen und der Mühsal des Zweckorientierten und der Sorge um den gesellschaftlichen Rang enthebt; in dieser Welt, in der sich nichts ereignet und die Dinge einfach nur Gegenstand für Betrachtungen sind."[25]

Immer mehr Fürsten und Fürstinnen begannen, ihre Maler oder Architekten – die Funktion der Gärtnermeister bestand einfach darin, deren Entwürfe in die Praxis umzusetzen – zu beauftragen, jenen Teil ihres Anwesens, der *à la française* gestaltet war, in einen Garten *à l'anglaise* umzuwandeln. Die meisten dieser Schöpfungen umgab eine ätherische und italianisierende Atmosphäre, die den Gärten einen Eindruck von Leichtigkeit verlieh.

Die Illusion des Natürlichen

Der Fürst de Condé war einer der ersten, der zwischen 1772 und 1773 in Chantilly das an den *Grand Canal* angrenzende Waldstück zur Rechten des Châteaus durch seinen Architekten Julien-David Leroy im englischen Stil umgestalten ließ. Im folgenden Jahr betraute Marie-Antoinette, die gerade in den Petit Trianon gezogen war, ihren Gärtner Claude Richard mit Entwürfen für einen Park, der an die Stelle des von Ludwig XV. angelegten botanischen Gartens treten sollte. Doch als der junge Gärtner ein Ensemble vorschlug, das sie übertrieben anglo-chinesisch fand, bat sie den Grafen de Caraman um Rat, dem es gelungen war, seinen Gärten in Roissy „mit unendlichem Geschick und gutem Geschmack eine englische Note zu verleihen".[26]

Mit Hilfe des Chefarchitekten der Königin, Richard Mique, entwarf der Graf einen Garten mit breiten, harmonischen Linien, den Marie-Antoinette 1777 akzeptierte. Der ganze Plan beruhte auf zwei benachbarten Landschaften an den Ufern eines sich windenden Baches, der einem malerischen Felsen zu entspringen schien. Für die künstliche Grotte ließ sich die Königin 14 Entwürfe vorlegen und entschied sich am Ende für den Plan des Malers Hubert Robert. Diese Grotte wurde 1781 erbaut.

Robert hatte zwei Jahre zuvor den großartigen Dekor des Apollobeckens für den Park in Versailles gestaltet, einen neuen Palast der Thetis, in dem eine prachtvolle Grotte den Gott, sein Gefolge und seine Bediensteten beherbergte.

Die Grotte im Park von Trianon fiel bescheidener aus und war über eine Steinbrücke mit einem kleinen Belvedere verbunden, einem achteckigen von Richard Mique erbauten Musikpavillon. Kurz darauf wurde der Besucher mit einem zweiten Bild konfrontiert: dem *Temple de l'Amour*, einer kleinen Rotunde mit einer von 22 weißen Marmorsäulen getragenen Portikus, die sich melancholisch im Wasser des sie umgebenden Baches spiegelt. Hier stand die berühmte Kopie von Bouchardon, *L'Amour se taillant un arc dans la massue d'Hercule*.

Während die Arbeiten am Park von Trianon andauerten – sie wurden erst 1782 beendet –, und bis zum Bau ihres ländlichen Weilers veranstaltete die Königin dort gerne Feste unter freiem Himmel, die jeweils mit grandiosem Feuerwerk endeten.

1778 weihte Marie-Antoinette den *Temple de l'Amour* unter eigens für diesen Zweck errichteten Treillagen ein. Nachmittags wurden in einem Freilichttheater italienische Komödien gegeben, und am Abend leuchtete der Garten von 1800 Laternen wider. Jeder Besuch eines ausländischen Herrschers – etwa von Großherzog Paul von Rußland, Gustav III. von Schweden, Erzherzog Ferdinand, Statthalter der Lombardei, um nur drei zu nennen – lieferte den Vorwand für einen weiteren Empfang im Trianon. Der Lieblingsmaler der Königin, Claude-Louis Châtelet, hielt diese Begebenheiten in zahlreichen Bildern fest. Als diese an die Höfe von Österreich und Deutschland gelangten, entwickelte sich auch dort eine Vorliebe für die neuen „malerischen" Gärten.

Noch vor Fertigstellung des Petit Trianon folgten Mitglieder der französischen Königsfamilie dem Beispiel Marie-Antoinettes. So beauftragte der Herzog de Penthièvre seinen Architekten Paindebled, einen Teil seines Anwesens in Rambouillet in einen Park mit Grotte, Kaskade und Bach zu verwandeln. Um den Reiz des Gartens noch zu steigern, baute man zwischen zwei Arme des Baches ein strohgedecktes Häuschen. Anders als sein schlichtes Äußeres vermuten ließ, war das Innere kunstvoll mit

N. Restif de la Bretonne
Tableaux de la Vie ou Mœurs du XVIIIe siècle,
1791
C'est un fils, Monsieur!

Muscheln dekoriert und erinnerte damit an die Nymphäen der vorangegangenen Jahrhunderte, sicher sehr zur Freude der Fürstin von Lamballe, der das Anwesen von ihrem Schwiegervater schließlich vermacht wurde.

In der Nähe von Versailles, in Montreuil, paßte Jean-François Chalgrin 1780 im Auftrag der Comtesse de Provence, der Schwägerin des Königs, den künstlichen Trompe-l'œil-Garten ihres Musikpavillons ebenfalls der neuesten Mode an. Im gleichen Jahr folgten Madame de Balbi, die Lieblingsmätresse des Comte de Provence, und die „Mesdames de France", die Tanten des Königs, ihrem Beispiel und baten Charles Lesage, für ihr Château de Bellevue neue Gärten zu entwerfen. Immer führten ein See, ein Teich oder ein fließender, sich träge dahinschlängelnder Bach durch diese Gärten der Illusion. Spaziergänge an den Ufern wurden zum neuen Zeitvertreib.

Rousseau, der soeben *Die Träumereien des einsamen Spaziergängers* veröffentlicht hatte, wurde neu entdeckt, und auch *Die neue Héloïse* wurde wieder gelesen. Die größte Kunst der Frauen bestand in einer natürlichen Erscheinung, und zwar nicht nur, indem man der Vorliebe für die wiederentdeckte Natur Ausdruck gab, sondern gleichermaßen im Hinblick auf einen neuen Lebensstil, der vor allem die Freuden der Mutterschaft glorifizierte. Restif de la Bretonne sprach von den *Vrais plaisirs ou les délices de la maternité*[27], und viele Bilder zeigten den „guten Ehemann", wie er seiner jungen Frau das Kind hinhält, damit sie ihm die Brust geben kann.[28]

Das Land draußen vor der Stadt wurde nicht mehr nur als Landschaft angesehen, auch die mit dem Landleben verbundenen Aktivitäten galt es, als Modell einer idealen Lebensführung zu imitieren. Tatsächlich aber hütete sich jedermann davor, die Realität des Landlebens, das Elend, das dort herrschte, zur Kenntnis zu nehmen.

Kleine Weiler und Schäfereien tauchten von nun an im Dekor der fürstlichen Parks auf. Watelet selbst hatte seine Abhandlung mit einem Kapitel über die „nützlichen Einrichtungen" begonnen und der Ausstattung sowie der Anlage der verschiedenen Gebäude eines Bauerngehöfts große Bedeutung beigemessen: Ställe, Kornkammern, Molkereien und Bienenhäuser waren allesamt dazu bestimmt, „die Wohltaten der Natur zur Entfaltung zu bringen, denn die Freuden des Landlebens sollten ein Gefüge von ungezierten Wünschen sein, erfüllt von mühelosen Befriedigungen ...".[29]

Die Idee eines „dekorativen" Bauernhofs, der *ferme ornée*, stammte ebenfalls aus England. Zwischen 1732 und 1743 hatte sich der Dichter William Shenstone als erster auf seinem Besitz in Leasowes einen Modell-Bauernhof bauen lassen.

Und auch Watelet hatte bereits 1754 seinen neu erworbenen Besitz, der unweit von Paris zwischen Colombes und Argenteuil gelegen war, mit rustikalen Bauten – einer Molkerei und einer kleinen Mühle, daher der Name *Moulin-Joly* – ausstatten lassen. Die Malerfreunde François Boucher und Hubert Robert, angelockt von den reizvollen Motiven dieser Idylle, zählten zu seinen regelmäßigen Gästen. Das Moulin-Joly war denn auch Ausdruck einer malerischen Vision und wirkte auf den Betrachter wie ein romantisches Gemälde. Selbst der Fürst de Ligne begeisterte sich für die Illusion dieser so reizvollen, ästhetische Freuden vermittelnden Komposition: „... wenn Ihr kein verhärtetes Herz habt, so setzt Euch in Moulin-Joly an den Ufern des Baches unter die Zweige einer Weide. Lest, schaut und weint, aber nicht aus Traurigkeit, sondern vor Wonne. Und Ihr werdet das Bild Eurer Seele sehen ..."[30]

N. Restif de la Bretonne
Tableaux de la Vie ou Mœurs du XVIIIe siècle,
1791
Les vrais plaisirs ou les délices de la maternité

Der Fürst de Condé folgte als erster Watelets Beispiel und ließ sich 1775 in Chantilly einen Weiler mit sieben Häuschen im normannischen Stil bauen, die sich um einen kleinen, grasbewachsenen Platz drängten. Und 1780 erlagen auch die Tanten des Königs in Bellevue, aber auch Madame de Provence in Montreuil und der Graf d'Artois auf seinem Anwesen von Raincy, dem Zauber der rustikalen Bauwerke.

Marie-Antoinette gab ebenfalls 1782 bei Richard Mique und Hubert Robert einen ländlichen Park mit Mühle, Molkerei, Volière, Scheune und Hof in Auftrag – Bauten, die um die *Maison de la Reine* verstreut lagen und sich in einem kleinen See spiegelten. Von einem Aussichtsturm, der *Tour de Marlborough* – so benannt in Anspielung auf das von Beaumarchais wieder popularisierte Lied *Marlborough s'en va-t-en guerre* –, konnte man ein Ensemble bewundern, das, einschließlich der Risse in den Hauswänden, nur eine Attrappe war und erst 1789 fertiggestellt wurde, „... zu einem Zeitpunkt, da die Wölfe in den Schafpferch eindringen sollten ...".[31]

Auch Ludwig XVI. interessierte sich nach dem Erwerb des Anwesens in Rambouillet für das ländliche Leben, aber in einer weniger idyllischen Art und Weise als die Königin. Zahlreiche Grundbesitzer hatten von den seit kurzem in England angewandten intensiven Anbaumethoden gehört und zeigten großes Interesse an dieser „neuen Landwirtschaft". Deshalb richtete der König auf seinem neuen Besitz eine Versuchsstation für die Zucht von Merinoschafen ein. Um die Königin zu einer Besichtigung des Hofes zu bewegen, beauftragte er Thévenin mit dem Bau einer Molkerei, die Hubert Robert mit einem malerischen Park umgeben sollte. Unter einem von zwei Säulen getragenen Vordach nach dem Vorbild klassischer Tempel gelangte man in die

Salle fraîche aus Marmor, an die sich ein weiterer Raum anschloß, der eine von Julien gefertigte Skulptur der Nymphe Amalthea beherbergte.

Die *Laiterie* sollte die Königin und ihr Gefolge dazu animieren, am großen Marmortisch des ersten Saals „eine Schäfersmahlzeit, bestehend aus Milch und einigen Früchten, einzunehmen ...“.[32] Aber Marie-Antoinette zog es vor, im Trianon die Bauersfrau zu spielen, wo die Molkereibecher kostbare Spezialanfertigungen waren und keine unangenehmen Stallgerüche störten.

Solche Freuden konnten weder die Stadt noch die Gesellschaft bieten, was viele Bürger veranlaßte, sich „... vor allem im Frühling ein ländliches Refugium zu suchen. Es war ein romantisches Ideal, wie das von Liebe, Erfolg und Glück, dem jedermann nachhing ...“[33] Der Aristokrat oder der reiche Grundbesitzer konnte sich aus der Welt zurückziehen, um allen seine Seele in einem günstigeren Licht zu zeigen; „...das wird eine vertrauliche Mitteilung bei hellem Tageslicht sein, ein Geständnis, das jedermann wird lesen können ...“.[34] Eingestimmt auf den *parcours* der feinfühligen Illusion, hatte jeder Gast das Privileg, an den Stimmungen des Gastgebers und Schöpfers teilnehmen zu dürfen. Klug ausgewählte Elemente enthüllten Plätze, die sich immer an einem Flußlauf, um einen Teich oder kleinen See ordneten: Dort fand der Besucher Inschriften, meditierte über den Spuren vergangener Kulturen oder beugte sich von Nostalgie erfaßt über ein Grabmal. „Es genügt nicht, das Auge zu erfreuen, man muß zum Herzen sprechen“[35], verlangte Abbé Delille, der neue Großmeister der Gärten der Empfindsamkeit.

Die sichtbare Illusion

Dieser Gedanke bewegte auch René-Louis de Girardin, Hauptmann in der Leibgarde des polnischen Königs, Stanislas Leczinski, der in Lunéville im Exil lebte und 1770 damit begann, seinen Familienbesitz in Ermenonville umzubauen. Auf mehrmaligen Reisen nach England hatte er selbst das Konzept für seinen Park nach dem Vorbild von Stourhead entworfen.

Das Land, das sich vor dem Château erstreckte, wurde umgestaltet, um den See zu betonen, der in der Mitte des Parks angelegt war. Ein als „La Launette“ bezeichnetes Bächlein floß durch das ganze Anwesen und führte den Spaziergänger zu den Ufern des Sees. Eine mit Pappeln bepflanzte Insel, in deren Mitte sich ein Grabmal erhob, bildete den nächsten Blickfang. Dieses offenbarte den Geist des Gartens, war es doch das Grabmal von Jean-Jacques Rousseau. Der Philosoph war 1767 nach Paris zurückgekehrt und hatte dort unter falschem Namen gelebt, als er 1778 vom Marquis de Girardin eingeladen wurde, den Sommer in Ermenonville zu verbringen. Doch kaum zwei Monate nach seiner Ankunft, am 2. Juli, verstarb er auf der Rückkehr von einem Spaziergang. Der Marquis war tief erschüttert und bat Hubert Robert, das Areal zur ewigen Ruhestätte seines berühmten Gastes umzugestalten. Die Aufgabe, das Grabmal zu errichten, wurde dem Bildhauer Lesueur übertragen. René-Louis de Girardin konnte keine perfektere Verbindung zwischen Natur und menschlichem Geist finden als diese ewige Präsenz des großen Philosophen – auch wenn 1794 Rousseaus Asche ins Panthéon von Paris überführt werden sollte.

Seit den ersten Entwürfen für den Park hatte Girardin gewollt, daß das Wasser, die Wiesen und die Wälder die edelsten Gedanken befördern sollten, die die vereinzelten Bauwerke, Gedenksäulen und Inschriften zeigten. Der unvollendete *Temple de la Philosophie,* der Montaigne gewidmet war, war eine Aufforderung, die „Unvollkommenheit des menschlichen Wissens“ anzunehmen, der selbst große Denker wie Newton, Descartes, Voltaire und Rousseau ausgesetzt waren, denen die gebrochenen Säulen rund um den Tempel geweiht waren. Andere, weniger formale, aber sentimentalere Gebäude fanden sich hier und da im Park verstreut: der *banc des mères de famille*, der *banc de la reine* sowie das Grab des Malers Johann Prokop Mayer.

Nördlich des Châteaus erstrecken sich ein zweiter, erheblich größerer See sowie steiniges Ödland, wo nur Heidekraut gedieh und sich „die Hand des Menschen gehütet hatte, die Natur zu entweihen“.[36] Noch ein Stück weiter entfernt erinnert das *Monument des anciennes Amours* an die unmögliche Liebe zwischen Julie und Saint-Preux.

Diese betont melancholische Stimmung war jedoch genau das Gegenteil von dem, was François-Nicolas Racine de Monville, Aufseher über die Wasser- und Forstwirtschaft von Rouen, im Sinn hatte, als er 1774 sein neues Haus in Retz, in der Nähe des Dorfes Chambourcy, bezog. Als echtes Kind seiner Zeit war dieser Großbürger, der vom Großvater ein erhebliches Vermögen geerbt hatte, ein ausgewiesener Botaniker, begabter Musiker, ein vielseitiger Sportler – und natürlich ein galanter Gentleman. Er wollte nicht, daß sein Anwesen romantische Träumereien auslöste, unterhielt oder bezauberte wie die anglo-chinesischen *Folies* des Herzogs von Chartres oder des Grafen d'Artois. Sein einziger Wunsch war es, seine eigene Empfindsamkeit und die seiner

Gäste mit Hilfe des großen Versuchsfeldes zu wecken, das die Natur ihm bot. Seine Absicht war es, die verschiedensten Elemente der Parkanlage derart zu verfeinern und zu plazieren, daß sie eine Art „persönlicher Autobiographie“ darstellten.[37]

Eine düstere Grotte, beleuchtet von zwei riesigen fackeltragenden Satyrn, stand am Anfang seines *Désert de Retz*; viele Ruhesitze oder Landhäuser von Wohlhabenden wurden damals „Desert“ genannt. Während der Besucher durch den Garten wanderte, stieß er auf ein chinesisches Haus nach Entwürfen von William Chambers, ein Freilichttheater, ein Eishaus in Form einer Pyramide, den Pan-Tempel und die Ruinen einer gotischen Kirche aus dem 13. Jahrhundert, die dem nahegelegenen Dorf abgekauft worden waren. Doch beherrscht wurde der Park von einer riesigen zerbrochenen Säule, dem „Säulenhaus“, in dem Monsieur de Monville 1780 seine geschmackvolle Wohnung einrichtete. Nachdem dieses Refugium fertiggestellt war, verbrachte er ganze Monate in Retz, wo er mit Vorliebe Maler und Literaten empfing und sich um seinen Park kümmerte. Auch in Retz war der Geist Italiens allgegenwärtig. Die grandiose, ins Licht der Ile de France getauchte Säule verlieh der Szenerie einen Hauch von Unwirklichkeit. Der Pan-Tempel und die Pyramide, die an die Grabmäler der Via Appia gemahnten, riefen die Ansichten Roms von Hubert Robert und Piranesi – der von dem Architekten Pierre-Adrien Pâris in Frankreich bekannt gemacht wurde – ins Gedächtnis.

Maler, die die idyllische, italische Vision heraufbeschwören konnten, waren nun gefragt – vor allem Hubert Robert, der jene zarte Harmonie zwischen Himmel, Wasser, dem Grün der Landschaft und den alten Ruinen Italiens herbeizaubern konnte.

Gedächtnis, Nostalgie und die Verehrung eines geliebten Menschen waren die Lieblingsthemen der letzten Gärten der Illusion. Als Jean-Joseph de Laborde 1784 im Alter von 60 Jahren das Château de Méréville im Tal der Juine kaufte, erklärte er, daß es für ihn der Ort sein solle, in dem er die letzten Jahre seines Lebens in Frieden und Ruhe verbringen wolle. Der Architekt François-Joseph Bélanger, geprägt von den *Folies* des Grafen d'Artois, wollte hier einen Park „à la Watelet“ schaffen, ein pastorales Refugium mit Windmühlen, kleinen Brücken und Fischerhütten. Aber das entsprach nicht den Vorstellungen Labordes, der ihn durch Hubert Robert ersetzte.

Und der Maler schuf tatsächlich eine Landschaft, die wie gemalt wirkte, eine durch nichts beeinträchtigte Harmonie: Bauwerke wie der *Temple de la Piété filiale* und die *Laiterie* versetzten den Betrachter in eine andere Welt. Aber das Denkmal für den englischen Seefahrer Captain James Cook von Augustin Pajou und die Säule, die Martin Leprince zum Gedächtnis an die beiden Söhne des Besitzers, die bei einem Schiffsunglück ums Leben gekommen waren, geschaffen hatte, warfen einen dunklen Schatten über dieses übertrieben arkadische Bild. Als sich die Arbeiten am Château dem Ende zuneigten, war am Horizont bereits der Sturm der Revolution erkennbar, und während der Schreckensherrschaft Robespierres wurde Laborde 1794 auf dem Schafott hingerichtet. Nach dem Verkauf im Jahre 1819 verfiel Méréville, doch Ende des 19. Jahrhunderts wurde es auf einem benachbarten Gut unter dem Namen Parc de Jeurre wiederaufgebaut. Dessen Besitzer, der Graf de Saint-Léon, erwarb 1891 die verbliebenen Bauten von Méréville und erweckte die Landschaft Labordes zu neuem Leben.

Pierre-Louis de la Rive
Grabmal der Suzanne de la Rive, 1787
Ölgemälde

Ende des 18. Jahrhunderts versuchte ein Liebhaber arkadischer Nostalgie, der Baron de Castille, ein letztes Mal, das Italien, das er auf seinen Reisen nach Florenz, Rom und in die Campania zu den Ruinen von Paestum kennengelernt hatte, auf seinem Grund in Uzès wiedererstehen zu lassen. In einem Brief an die Gräfin d'Albany schrieb er: „Ich habe eine solche Sucht nach den Säulen Italiens entwickelt, daß ich soeben vier Monopteros-Tempel habe erbauen lassen, um mir die Einsamkeit meines Ruhestands zu verschönern. Ich habe hier das geschaffen, was ich anderswo sah und was mir so sehr gefiel; jede Szene meines Gartens schließt jetzt etwas von Menschenhand Geformtes ein ... ein Wasserbassin, umgeben von Säulen, einen Brunnen in Gestalt eines Tempels; alles, was ich geschaffen habe, ist *en miniature*.“[38] In der ganzen Umgebung ließ er auf Feldern und in Wäldern Säulen aufstellen, die oft an verstorbene Personen erinnern sollten. Die Säulen des Peristyls für das Mausoleum seiner Frau waren mit einem Halbmond für seinen Sohn bekrönt waren, der in der Schlacht von Essing gefallen war.

Bald darauf aber zerstoben alle Illusionen, und die Nostalgie machte der Vernunft Platz. Und der Garten, der Mensch und Natur nähergebracht hatte, zeigte nun auf, daß alles „der Vergänglichkeit anheimgegeben ist, daß wir dazu verdammt sind, zu vergehen wie die Generationen, die uns vorausgegangen sind, daß die Weisheit darin besteht, sich den Wechselfällen und Abenteuern des Lebens, das in einem größeren Zusammenhang eingebunden ist, zu beugen. Wir müssen den Weg freimachen für andere, die nun ihrerseits den Platz als Zuschauer des großartigen Schauspiels einnehmen ... Die Natur, die Quelle des menschlichen Genius, ... macht uns in einem ekstatischen Tanz bekannt mit der Vorstellung von Ruinen und dem Verfall der Materie. Unsere letzte Wonne liegt darin, uns selbst dem Tod hinzugeben – ein Sinnenrausch, der der mühseligen Nacht vorangeht, in der wir einst aufgehen werden.“[39]

Die Verrücktheit der Folies ...

François-Joseph Bélanger
Bagatelle, *Folie* des Grafen d'Artois, 1777
Paris

Rechts:
Sphinx auf der Freitreppe zum Garten
Unten:
Ansicht vom Ehrenhof
Gegenüberliegende Seite oben:
Gartenseite

Gegenüberliegende Seite unten:
François-Joseph Bélanger
Les Plans du château, cours et jardins de Bagatelle, 1777
Ansicht vom Ehrenhof

... eine Wette des Grafen d'Artois ...

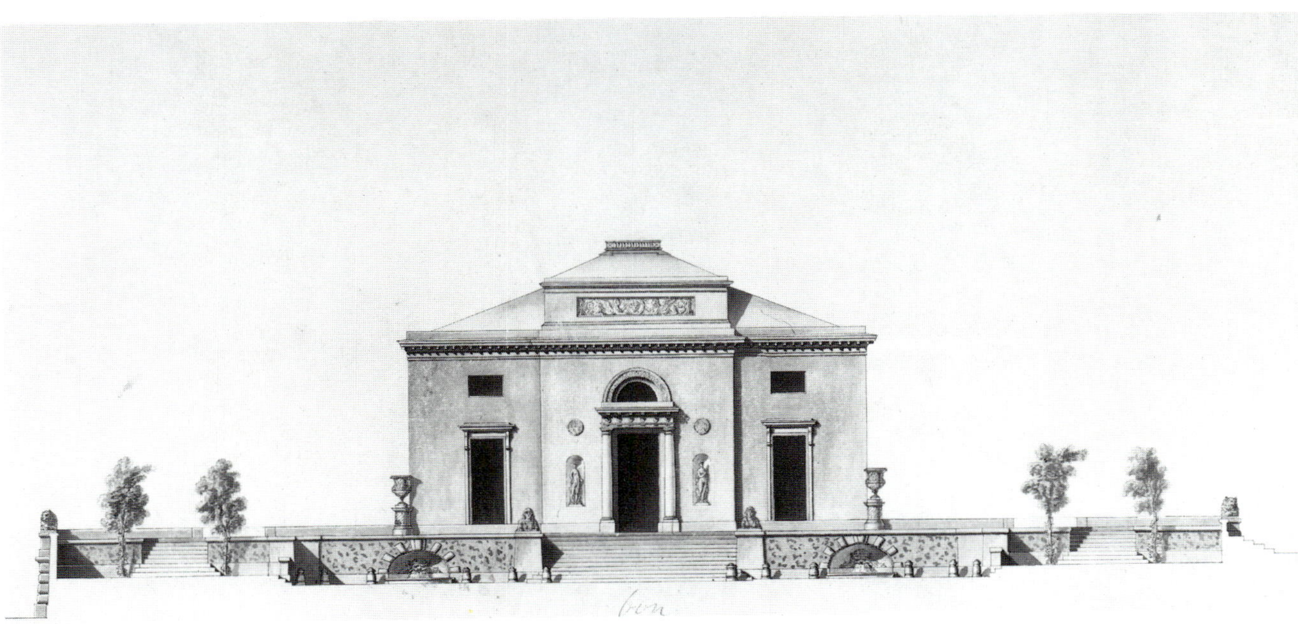

... das Gold der Bagatelle ...

„... wird der Bois de Boulogne nicht durch einen großen Fürsten aufgewertet? Die Bagatelle ist die hübscheste Bagatelle der Welt. Die Salons, das Mahagoni-Treppenhaus, die herrliche Umgebung; dort ist alles angenehm, alles wunderbar."

Charles-Joseph, Fürst de Ligne, *Coup d'œil sur Belœil*, 1781

François-Joseph Bélanger
Bagatelle, *Folie* des Grafen d'Artois, 1777
Paris
Dekorationen des Salon Rond, 1777–1779
Nicolas-François Lhullier, Stuckarbeiten
Daniel Aubert, Malerei und Vergoldung
Jean-Marie Dussaux, Arabeskenentwürfe
Jean-Démosthène Dugoure, Trompe-l'œil-Kamee

... eine flüchtige Anwandlung ...

Thomas Blaikie
Park der Bagatelle, 1777–1786
Paris
Gartenpavillon mit Treillagen

J. C. Kraft
Recueil d'Architecture civile, 1804
Park der Bagatelle, Gartenpavillon

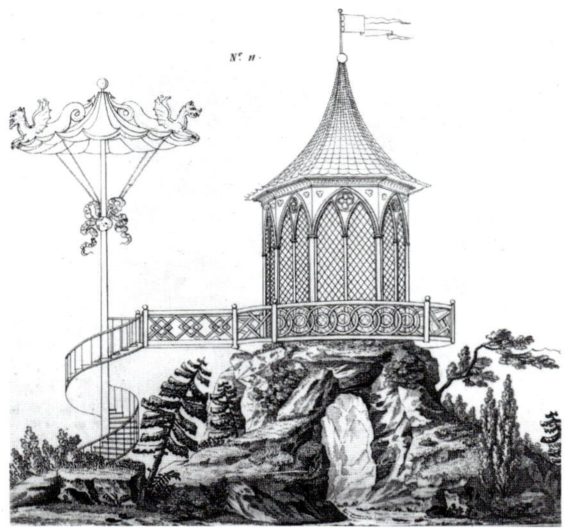

Carmontelle
Jardins de Monceau, 1779
Park der Bagatelle, Hauptpavillon und „jeu de bagues"

... Gärten im anglo-chinesischen Stil ...

Carmontelle
Jardins de Monceau, 1779
Das Tatarenzelt

Antoine-Patrice Guillot
Blick auf die *Folie* Beaujon, 1827
Ölgemälde

... eine neue Mode ...

LINKS:
Jean-Honoré Fragonard
Das Fest in Rambouillet oder die Ile d'Amour, ca. 1780
Ölgemälde

UNTEN:
Graf de Caraman und Richard Mique
Park des Petit Trianon, 1777–1782
Versailles
Hubert Robert und Thévenin
Apollobassin, 1774–1779

… die Illusion des Pittoresken …

Graf de Caraman und Richard Mique
Park des Petit Trianon, 1777–1782
Versailles
Fels, 1781

Thomas Blaikie
Park der Bagatelle, 1777–1786
Paris
Chinesischer Fels

... idyllische Gärten ...

Graf de Caraman und Richard Mique
Park des Petit Trianon, 1777–1782
Versailles
Richard Mique
Temple de l'Amour, 1778

… Feste ohne Morgen …

Graf de Caraman und Richard Mique
Park des Petit Trianon, 1777–1782
Versailles
Richard Mique
Belvedere-Pavillon, 1781

Claude-Louis Châtelet
Beleuchtung des Belvedere-Pavillons für Kaiser Joseph II., 1781
Ölgemälde

Nicolas Lafrensen
Das Fest für Gustav III. von Schweden im Park des Trianon, 1784
Gouache

Jean-Joseph de Laborde
Description des nouveaux Jardins de France,
1808–1816
Die Pyramide des Philosophen

Park des Marquis René-Louis de Girardin, 1766–1780
Ermenonville, Oise

OBEN:
Gedenksäule
UNTEN:
Tempel der Philosophie

… die Illusion einer Rückkehr zur Natur …

Park des Marquis René-Louis de Girardin, 1766–1780
Ermenonville, Oise

Oben:
Hubert Robert und Jacques Lesueur, 1779
Pappelinsel mit dem Grabmal Jean-Jacques Rousseaus
Links:
Pont de la Brasserie

... leben in der Illusion einer pastoralen Idylle ...

Graf de Caraman und Richard Mique
Park des Petit Trianon, 1777–1781
Versailles
Hubert Robert und Richard Mique
Der Weiler, 1782–1789

OBEN:
Haus der Königin
GEGENÜBERLIEGENDE SEITE:
Tour de Marlborough

Jean-Joseph de Laborde
Description des nouveaux Jardins de France, 1808–1816
Der Kuhstall von Raincy

Paindebled
Englischer Garten des Château von Rambouillet,
1779–1780
Entworfen für den Herzog de Penthièvre
Rambouillet, Yvelines
Außen- und Innenansicht des Muschelhauses

... ein strohgedecktes Häuschen für eine Fürstin ...

… eine Molkerei für eine Königin …

Thévenin und Pierre Julien
Molkerei im englischen Garten des Château von Rambouillet, 1785–1788

Oben und gegenüberliegende Seite unten:
Die Nymphe Amalthea in der Salle de fraîcheur
Rechts:
Stirnseite

Gegenüberliegende Seite oben:
Charles Percier
Schnitt durch die Molkerei in Rambouillet, ca. 1790
Federzeichnung

François-Joseph Bélanger und
Hubert Robert
Schmuckbauten im Park von Méréville,
1785–1793
Angelegt für Jean-Joseph de Laborde
Parc du Jeurre, Essonne

LINKS:
Denkmal für James Cook, 1786–1790
UNTEN:
Molkerei, 1790–1793
GEGENÜBERLIEGENDE SEITE OBEN:
Temple de la Piété filiale, 1786–1789

... Tempel für edle Gedanken ...

Jean-Joseph de Laborde
Description des nouveaux Jardins de France,
1808–1816
Der Tempel in Méréville

Anwesen des Monsieur de Monville,
1774–1789
Désert de Retz, Chambourcy
Stich des Pan-Tempels

... die letzten Illusionen ...

Anwesen des Monsieur de Monville, 1774–1789
Désert de Retz, Chambourcy

OBEN:
Gebrochene Säule, Detail
LINKS:
Pan-Tempel

... der Natur Gewalt antun ...

Anwesen des Monsieur de Monville, 1774–1789
Désert de Retz, Chambourcy
Gebrochene Säule

Louis Le Rouge
Les Jardins anglo-chinois à la mode, 1776–1789
Perspektivische Ansicht der Säule in Retz

… ihr Vernunft auferlegen …

Claude-Louis Châtelet
Der Garten und die Pyramide von Maupertuis,
ca. 1780
Ölgemälde

Barbault
Les plus beaux Monuments de la Rome ancienne,
1766
Die Pyramide des Caius Cestius

Anwesen des Monsieur de Monville, 1774–1789
Désert de Retz, Chambourcy
Eishaus

Domaine de Castille, 1794–1823
angelegt von G. Joseph de Froment,
Baron de Castille
Uzès, Gard
Mausoleum

Domaine de Castille, 1794–1823
Angelegt von G. Joseph de Froment, Baron de Castille
Uzès, Gard

Oben:
Nebengebäude mit Tempelportikus
Gegenüberliegende Seite:
Ruinen am Eingang zum Château

François-Philippe Charpentier
Giovanni Paolo Panninis Ruinen eines alten römischen Tempels, 1761
Radierung

… die Ewigkeit festhalten …

„Unter allgegenwärt'gem Staub verborgen
Zeigt uns die süße Illusion nimmer morgen
Die Bäder, die Paläste, die Gräber der Caesaren,
Wo Vergils, Ovids, Horaz' Spuren lesbar waren
Glück, des Gartenkünstlers hundertfaches Glück
Der göttliche Relikte kann um sich scharen,
Und schon verlangt die Natur ihr Recht zurück
Von den Großen, die glaubten Weltenherrscher zu sein."

Abbé Delille, *Les Jardins*, 1786

Anmerkungen

Kapitel 1

Der Weg der Initiation

1. André Chastel, *Le mythe de la Renaissance, 1420–1520*, Genf 1969

2. Leon Battista Alberti, *De re aedificatoria* (verfaßt zwischen 1447 und 1455), Florenz 1485. Abgedruckt in Manfredo Tafuri, *Architecture et Humanisme de la Renaissance aux réformes*, Paris 1981

3. Ibid.

4. Emanuela Kretzulesco-Quaranta, *Les jardins du songe: Poliphile et la mystique de la Renaissance*, französische Ausgabe, Paris 1976

5. Michel Melot, *L'Illustration*, Genf 1984

6. André Chastel, *La crise de la Renaissance, 1520–1600*, Genf 1968

7. Michel de Montaigne, *Journal de Voyage en Italie par la Suisse et l'Allemagne, 1580–1581* (Gesammelte Werke), Paris 1962

8. Francesco Colonna, *Hypnérotomachie ou Discours du Songe de Poliphile*, Paris 1546

9. Ibid.

10. Ibid.

11. Jacqueline Theurillat, *Les mystères de Bomarzo et les jardins symboliques de la Renaissance*, Genf 1973

12. Christiane Gil, *Bianca Capello*, Paris 1983

13. Vicino Orsini, *Lettre de Vicino Orsini au cardinal Alessandro Farnese*, Bomarzo 1563. Abgedruckt in J. Theurillat, Ibid. 11

14. Ibid. 6

15. Ibid. 4

16. Ibid. 4

17. Charles De Brosses, *Lettres historiques et critiques sur l'Italie*, Paris 1799

18. Ibid. 8

Kapitel 2

Der Weg des Wissens

1. Francesco Colonna, *Hypnérotomachie ou Discours du Songe de Poliphile*, Paris 1546

2. Ibid.

3. Marguerite Charageat, *L'art des jardins*, Paris 1962

4. Pietro de' Crescenzi, *Le livre des prouffits champestres et ruraux*, 2 Bde, Lyon 1530, Kapitel 8

5. *Le Roman de la Rose*, allegorischer Roman in zwei Teilen. Erster Teil um 1236 von Guillaume de Lorris, zweiter Teil zwischen 1275 und 1280 von Jean de Meun.

6. Jacques Dupont und Cesare Gnudi, *La peinture gothique*, Genf 1954

7. „Ein verschlossener Garten ist meine Schwester, meine Braut; ein verschlossener Born, eine versiegelte Quelle." Salomon, 14:12–15

8. André Chastel, *Le mythe de la Renaissance, 1420–1520*, Genf 1969

9. Jean Orieux, *Catherine de Médicis*, Paris 1986

10. Etienne Barilier, *Le dixième Ciel*, Paris 1986

11. Ibid. 3

12. Michel Brunet, „Le parc d'attractions des Ducs de Bourgogne à Hesdin" in *Gazette des Beaux-Arts*, Paris 1971

13. André Félibien, *Mémoires pour servir à l'histoire des maisons royalles et bastiments de France, 1681 ...*, Paris 1874

14. Robert Carvallo, *Villandry et ses jardins*, Colmar-Ingersheim 1978

15. Ibid. 9

16. Jacques Androuet Du Cerceau, *Les plus excellents Bastiments de France*, 2 Bde, Paris 1576–1579

17. Ibid. 9

18. William Howard Adams, *The French Garden, 1500–1800*, New York 1979

19. Ibid. 18 und Ronsard, *Eglogue III, Chant pastoral sur les Noces de Monseigneur Charles, duc de Lorraine, et Madame Claude, fille deuxième du roi Henri II*, 1559

20. Ernest de Ganay, *Les jardins de France et leur décor*, Paris 1949

21. André Du Chesne, *Antiquitez et recherches des villes, chasteaux*, 1602. Abgedruckt in Ganay, Ibid. 20

22. Axelle de Gaigneron, „Les eaux vives qui entretiennent – côté jardin – la renommée fastueuse de Vaux-le-Vicomte" in *Connaissance des Arts*, Paris 1976

23. Die Meeresnymphe Thetis war die Tochter des Nereus und Mutter des Achill, die Titanin Thetys die Tochter des Uranos und Gemahlin des Meeresgottes Okeanos. Laut *Encyclopédie Larousse* ist ‚Thetis' eine falsche Schreibweise, die Künstler für ‚Thetys' bei der Darstellung der in das Reich des Meeres eindringenden Sonne gebrauchten, so bei der von Girardon, Regnaudin, Marsy und Guérin für die *Grotte de Thétis* in Versailles geschaffenen Gruppe.

Kapitel 3

Der Weg der Faszination

1. Übersetzungen der Abhandlungen über Architektur von Jean Martin: L.B. Alberti, *De l'Architecture*, Paris 1553; S. Serlio, *Le Premier Livre d'architecture (Le Second Livre de perspective)* ..., Paris 1545; Vitruvius, *L'Architecture ou art de bien bâtir* ..., Paris 1547.

2. Abhandlungen von Jacques Androuet Du Cerceau: *Les Grotesques* ..., 1566); *Le Premier, le Second et le Troisième Livre d'architecture*, Paris 1559–1561 und 1572; *Les plus excellents Bastiments de France*, Paris 1576–1579

3. William Howard Adams, *The French Garden, 1500–1800*, New York 1979

4. Jean Orieux, *Catherine de Médicis*, Paris 1986

5. Ibid.

6. Ibid.

7. Ernest de Ganay, *Les jardins de France et leur décor*, Paris 1949

8. Jacques Boyceau de La Baraudière, *Traité du Jardinage selon les raisons de la nature et de l'art*, Paris 1638

9. Ibid.

10. Ibid.

11. Marguerite Charageat, *L'art des jardins*, Paris 1962

12. Bernard Jeannel, *Le Nôtre*, Paris 1985

13. François Crouzet, „Versailles" in *Spectacles du Mond*, 1986

14. Saint-Simon, „Mémoires" in Jeannel, Ibid. 12

15. Ibid. 12

16. Jean Starobinski, *L'invention de la liberté*, Genf 1964

17. Mademoiselle de Scudéry, *La promenade de Versailles*, Paris 1669

18. Pierre Gaxotte, *La France de Louis XIV*, Paris 1946

19. Benoist-Méchin, *L'homme et ses jardins ou les métamorphoses du Paradis terrestre*, Paris 1975

20. André Félibien, *Les divertissements de Versailles* ..., Paris 1674

21. Ibid. 19

22. Saint-Simon, *Mémoires*, Paris 1659–1661

23. Ibid.

24. Ibid.

25. Carlo Vanvitelli, Luigis Sohn, vollendete 1759 die Kaskade von Caserta für Ferdinand IV., als dieser Karl IV. auf den Thron folgte. Karl IV. wurde unter dem Namen Karl III. König von Spanien.

Kapitel 4

Der Weg der Galanterie

1. Jean Starobinski, *L'invention de la liberté*, Genf 1964

2. Ibid.

3. Ibid.

4. William Howard Adams, *The French Garden, 1500–1800*, New York 1979

5. Ibid. 1

6. Benoist-Méchin, *L'homme et ses jardins ou les métamorphoses du Paradis terrestre*, Paris 1975

7. John Locke, *An Essay Concerning Human Understanding*, 1690

8. Antoine-Joseph Dezallier D'Argenville, *La Théorie et la Pratique du Jardinage*, Den Haag 1715

9. Marguerite Charageat, *L'art des jardins*, Paris 1962

10. André Mollet, *Le jardin de plaisir*, Stockholm 1651

11. Jacques-François Blondel, *De la distribution des maisons de plaisance et de la décoration des édifices en géneral*, Paris 1737

12. Ibid.

13. Ibid. 1

14. Ibid. 11

15. Ibid. 1

16. Ibid.

17. Pierre Gaxotte, *Louis XV*, Paris 1980

18. Ibid. 1

19. Ibid. 11

20. Antoine-Joseph Dezallier D'Argenville, *Voyage pittoresque des environs de Paris*, Paris 1762

21. Ibid.

22. Christopher Thacker, The Rococo garden, in: *The History of Gardens*, London 1979

23. Claude Arthaud, *Les palais du rêve*, Paris 1970

24. Ibid. 22

25. Ibid. 1

26. Ibid.

27. Ibid.

28. Nicolas Le Camus de Mézières, *Le génie de l'architecture, ou l'analogie de cet art avec nos sensations*, Paris 1780

29. Jacques Wilhelm, „Les rapports artistiques avec l'Europe", in: René Huyghe, *L'art et l'homme*, Bd. 3, Paris 1961

30. Ibid. 1

31. Denis Diderot, *Les bijoux indiscrets*, Paris 1747

32. Ibid. 1

33. Henry Soulange-Bodin, „La 'folie' du sieur Van Robais, Bagatelle", in: *Le Figaro artistique*, November 1926

Kapitel 5

Der Weg des Exotischen

1. Voltaire, *Relation du banissement des Jésuites de la Chine*, Amsterdam 1876

2. Jean-François de La Harpe, „Voyages, négociations et entreprises des Hollandais à la Chine", in: *Abrégé de l' Histoire générale des voyages*, Bd. 7, Paris 1780

3. „Précis des differents voyages à la Chine, depuis le XIIIe siècle jusqu'à nos jours", in: Ibid. 2.

4. Ibid.

5. Michel Beurdeley, „Un extravagant Versailles, version chinoise", in: *Connaissance des Arts*, 1957

6. Jean-Denis Attiret, *Un récit particulier des jardins de l'Empereur de Chine*, 1752; englische Übersetzung von Sir H. Beaumont, *A Particular Account of the Emperor of China's Gardens Near Peking*, London 1752. Vgl. auch

Correspondance des missionaires portant sur les jardins de l'Empereur: R. P. Louis le Comte, *Mémoires,* 9 Bde, 1696; *Lettres édifiantes écrites des missions étrangères,* 1717–1776, 34 Bde. (Korrespondenz von Jesuiten, u.a. von Pater Attiret aus dem Jahre 1743)

7. George Soulié de Morant, *L'épopée des Jésuites français en Chine 1534–1928,* Paris 1928

8. Ibid.

9. Ibid. 5

10. Ibid. 7

11. Ibid.

12. Jurgis Baltrusaitis, *Jardins, pays d'illusion.* Vorwort zum Katalog der Ausstellung *Jardins en France, 1760–1820,* organisiert von der Caisse nationale des Monuments historiques, Paris 1977

13. Dereck Clifford, *A History of Garden Design,* London 1962

14. William Chambers, *Designs of Chinese Buildings,* in: Georges-Louis Le Rouge, *Les Jardins anglo-chinois à la mode,* Paris 1776–1789

15. Ibid.

16. Ibid.

17. Ibid.

18. Ibid.

19. Ibid. 7

20. Henri-Paul Eydoux, *Monuments curieux et sites ètranges,* Paris 1974

21. Nicolas Le Camus de Mézières, *Le génie de l'architecture, ou l'analogie de cet art avec nos sensations,* Paris 1780

22. Olivier Choppin de Janvry, „Le pavillon chinois de Cassan: Restauration et mise en valeur d'un témoin précieux de l'architecture des jardins du XVIIIe siècle", in: *La Revue Française,* 1975

Kapitel 6

Der Weg der Verzauberung

1. John Milton, *Paradise Lost,* Viertes Buch, London 1667. Deutsche Übersetzung von Hans Heinrich Meier

2. Jean Starobinski, *L'invention de la liberté,* Genf 1964

3. Sir William Temple, *Upon the Gardens of Epicurus, or of Gardening in the Year 1685,* Miscellanea, Teil 2, in: *Works,* Bd. 2, London 1720

4. Ibid. 1

5. Michel Le Bris, *Journal du Romanticisme,* Genf 1981

6. Joseph Addison, in: *The Spectator,* London, Juni–Juli 1712, Nr. 411–412

7. Ibid., Nr. 414

8. Ibid., Nr. 416

9. Anonymus, *Nouveau voyage d'Italie,* Bd. 2, 5. Aufl., Den Haag 1731

10. Erste vollständige englische Ausgabe von Andrea Palladio, *I Quattro Libri dell'Architettura,* 1570: Giacomo Leoni, *I Quattro Libri,* London 1715; Colin Campbell, *Palladio's First Book of Architecture,* London 1728; Isaac Ware, *Palladio's Four Books of Architecture,* London 1738

11. Dereck Clifford, *A History of Garden Design,* London 1962

12. Christopher Hussey, *English Gardens and Landscapes, 1700–1750,* London 1967

13. Ibid. 11

14. Horace Walpole, *Anecdotes of Painting in England ... and Incidental Notes on Other Arts,* 4 Bde, London 1762–1780, Bd. 4: *On Modern Gardening.* Französische Übersetzung von Louis-Jules-Barbon Mancini-Mazarini, Herzog de Nivernais, *Essai sur l'Art des jardins modernes,* Strawberry Hill 1785

15. Ibid. 6

16. William Gilpin, *A Dialogue upon the Gardens of the Right Honorable Lord Viscount Cobham at Stowe in Buckinghamshire,* London 1749

17. Ibid.

18. Über die Verteilung von Lorrain-Zeichnungen und Gemälden von Gaspar Dughet in englischen Sammlungen des 18. Jahrhunderts, vgl. die Einführung von Marie-Madeleine Martinet in: *Art et Nature en Grande-Bretagne au XVIIIe siècle,* Paris 1980

19. Ibid. 14

20. Alexander Pope, *Epistle IV to Lord Burlington,* 1731

21. Übersetzung von Alexander Pope für ein Gedicht des Kardinals Bembo, das dieser 1725 in seiner Korrespondenz niedergeschrieben hat.

22. William Mason, *The English Garden,* Dublin 1782; Band 1 erschien 1772

23. Ibid. 11

24. Ibid. 14

25. Thomas Whately, *Observations on Modern Gardening,* London 1770. Französische Übersetzung von François-de-Paule Latapie, *L'art de former les jardins modernes, ou l'Art des jardins anglois,* Paris 1771

26. Ibid.

Kapitel 7

Der Weg der Illusion

1. Beatrice De Andia, „Folies, fêtes et favorites" im Katalog zur Ausstellung *De Bagatelle à Monceau: Les Folies du XVIIIe siècle à Paris,* Domaine de Bagatelle und Musée Carnavalet, Paris 1978–1979

2. René-Louis de Voyer de Paulmy, Marquis d'Argenson, *Mémoires et Journal inédit du marquis d'Argenson,* mit Anmerkungen versehen und veröffentlicht von seinem Urenkel, dem Marquis d'Argenson, Paris 1857–1858

3. Jean Stern, *A l'ombre de Sophie Arnould, François-Joseph Bélanger,* Paris 1930

4. Marc-Antoine Laugier, *Essai sur l'architecture,* 2. Aufl., Paris 1755

5. Jean-Jacques Rousseau, *Lettres de deux amants habitants d'une petite ville au pied des Alpes (Julie ou la Nouvelle Héloïse),* Amsterdam 1761. Deutsche Übersetzung von Johann Gottfried Gellius.

6. Ibid.

7. Benedetta Craveri, *Madame Du Deffand et son monde,* Paris 1987

8. Marie-Madeleine Martinet, *Art et nature en Grande-Bretagne au XVIIIe siècle,* Paris 1980

9. Ibid. 7

10. Ibid. 5

11. Ibid. 3

12. „La Folie Monceau" im Katalog zur Ausstellung *De Bagatelle à Monceau,* Ibid. 1

13. Ibid.

14. Ibid. 3

15. Charles-Joseph, Fürst de Ligne, *Coup d'œil dur Belœil,* Belœil 1781

16. Ibid.

17. Ibid.

18. Thomas Whately, *Observations on Modern Gardening,* London 1770

19. Jean-Marie Morel, *Théorie des jardins,* Paris 1776

20. Claude-Henri Watelet, *Essai sur les jardins,* 1774

21. Ibid.

22. Ibid.

23. Ibid.

24. Ibid.

25. Jean Starobinski, *L'invention de la liberté,* Genf 1964

26. Ernest de Ganay, *Les jardins de France et leur décor,* Paris 1949

27. Nicolas Restif de la Bretonne, *Tableaux de la Vie ou Moeurs du XVIIIe siècle,* Paris 1791

28. Jean-François Marmontel, *Contes moraux,* Paris 1779

29. Ibid. 20

30. Ibid. 15

31. Ernest de Ganay, „Plaisirs de Trianon", in: *Jardin des Arts,* August 1959

32. Ibid. 20

33. Ibid.

34. Ibid.

35. Abbé Jacques Delille, *Oeuvres (Les Jardins),* Paris 1786

36. René-Louis Girardin, Marquis de Girardin, *De la composition des paysages,* Paris 1777

37. Ibid. 26

38. Monique Mosser, „Le château de Castille entre le néo-classicisme et le romantisme", in: *Monuments Historiques,* Nr. 108, 1980

39. Ibid. 25

Quellen

Jean-Jacques Rousseau, *Julie* oder *Die neue Héloïse,* dt. von Johann Gottfried Gellius. © 1978 und 1988 Artemis & Winkler Verlag, Düsseldorf und Zürich (S. 198 und S. 199).

John Milton, *Das verlorene Paradies,* 4. Buch, dt. von Hans Heinrich Meier. © 1969 Philipp Reclam jun., Stuttgart (S. 169 und S. 170).

Marcel Proust, *Auf der Suche nach der verlorenen Zeit,* dt. von Eva Rechel-Mertens. © 1967 Suhrkamp Verlag, Frankfurt (S. 6).

Bibliographie

Adams William Howard, *The French Garden, 1500–1800,* New York 1979

André E., *L'art des jardins: Traité général de la composition des parcs et jardins,* Paris 1879

Barton S., *Monumental Follies: An Exposition on the Eccentric Edifices of Britain,* Worthing, Sussex 1972

Benoist-Méchin, *L'homme et ses jardins ou les métamorphoses du Paradis terrestre,* Paris 1975

Berrall Julia S., *The Garden: An Illustrated History,* New York 1966

Blaikie Thomas, *Diary of a Scotch Gardener at the French Court at the End of the Eighteenth Century,* Einleitung von Francis Birrell, London 1931

Bord J., *Mazes and Labyrinths of the World,* London 1976

Borsi Franco, *Ville e Giardini,* Novara 1984

Bouchart F. X., *Jardins fantastiques,* Paris 1982

Chimay J. de, *Les jardins à travers le monde,* Paris 1962

Clifford Derek, *A History of Garden Design,* London 1962

Coffin David R., *The Villa d'Este at Tivoli,* Princeton 1960

Collins George R., *Les bâtisseurs du rêve,* Paris 1980

Conner P., *Oriental Architecture in the West,* London 1979

Cowell F. R., *The Garden as a Fine Art: From Antiquity to Modern Times,* London 1978

De Bagatelle à Monceau: Les Folies du XVIIIe siècle à Paris. Katalog der Ausstellung in der Domaine de Bagatelle und im Musée Carnavalet, Paris 1978–1979

Eckardt G., *Verzeichnis der Bauten und Plastiken im Park von Sanssouci,* Potsdam 1973

Erdberg E. von, *Chinese Influence on European Garden Structures,* Cambridge, 1936

Erichsen-Firle U., *Geometrische Kompositionsprinzipien in den Theorien der Gartenkunst des 16. bis 18. Jahrhunderts,* Köln 1971

Eydoux Henri-Paul, *Châteaux fantastiques,* Paris 1969–1973

Monuments curieux et sites étranges, Paris 1970

Fox Helen M., *André Le Nôtre, Garden Architect to Kings,* London 1962

Francastel P., *La sculpture à Versailles: Essai sur les origines et l'évolution du goût français classique,* Paris 1970

Ganay Ernest de, *Les jardins de France et leur décor,* Paris 1949

Beaux jardins de France, Paris 1950

André Le Nôtre, 1613–1700, Paris 1962

Godoli A. und Natali A., *Luoghi della Toscana medicea,* Florenz 1980

Grimal P., *L'art des jardins,* Paris 1954

Gromort G., *Jardins d'Italie,* Paris 1931

L'art des jardins, Paris 1934

Guerniero Giovanni Francesco, *Plans et desseins des bastiments, cascades et fontaines dont Charles, Landgrave de Hesse, Prince de Hersfeld, a décoré la montagne vulgairement nommée la Montagne de l'Hiver ...,* Rom, Kassel 1749 (Originalausgabe 1706)

Hager L., *Nymphenburg, le château, le parc et les pavillons,* Französische Ausgabe, Paris 1980

Hansmann W., *Gartenkunst der Renaissance und des Barock,* Köln 1983

Harris John, *The Palladians,* London 1981

Hautecoeur L., *Les jardins, des dieux et des hommes,* Paris 1959

Hazlehurst Franklin Hamilton, *Gardens of Illusion: The Genius of André Le Nôtre,* Nashville 1980

Hazlehurst Franklin Hamilton und Macdougall, Elisabeth B., *The French Formal Garden,* Washington, D.C. 1974

Hirschfeld C. C. L., *Anmerkungen über die Landhäuser und die Gartenkunst,* Leipzig 1773

Theorie der Gartenkunst, Leipzig 1775

Theorie de l'Art des jardins, Leipzig 1779–1785 (Neuauflage 1973)

Hunt John D., *The Figure in the Landscape: Poetry, Painting and Gardening during the Eighteenth Century,* Baltimore 1976

Hunt John D. und Willis Peter, eds. *The Genius of the Place. The English Landscape Garden, 1620–1820,* London 1975

Hussey Christopher, *English Gardens and Landscapes, 1700–1750,* London 1967

Hyams Edward S., *The English Garden,* London 1964
A History of Gardens and Gardening, London 1971

Jardins *en France, 1760–1820: Pays d'illusion, terre d'expériences,* Katalog zur Ausstellung des Caisse nationale des Monuments historiques, Paris 1977

Jones B., *Follies and Grottoes,* London 1974

Kayser B., und R., *L'amour des jardins célebré par les écrivains,* Paris 1986

King Ronald, *The Quest for Paradise: A History of the World's Gardens,* New York 1979

Kraft J. C., *Receuil d'Architecture civile ... Jardins,* Paris 1804
Plans des plus beaux jardins pittoresques de France, d'Angleterre et d'Allemagne, Paris 1809

Kretzulesco-Quaranta Emanuela, *Les jardins du Songe: Poliphile et la mystique de la Renaissance,* Paris 1976

Laborde Jean-Joseph de, *Description des nouveaux Jardins de la France,* Paris 1808–1816 (Neuauflage 1971)

Lassus Baronne Simone de, „Les fabriques de Méréville à Jeurre", in: *L'Information d'Histoire de l'Art,* Nr. 1 (1975)

Lazzaro-Bruno C., „The Villa Lante at Bagnaia: An Allegory of Art and Nature", in: *Art Bulletin 59* (1977)

Lemoine P. und Girard J., *Versailles aux couleurs du temps,* Paris 1983

Le Rouge Georges-Louis, *Les Jardins anglo-chinois à la mode,* Paris 1776–1789

Louis XIV, *Manière de montrer les Jardins de Versailles,* eingeleitet von Simone Hoog, Paris 1982

Magnol-Malhache V. und Weill G., *Jardins et paysages des Hauts-de-Seine,* Katalog der Ausstellung in den Archives départementales des Hauts-de-Seine, Nanterre 1982

Magrini G., *Grandi giardini d'Italia,* Mailand 1970

Marie A., *Jardins français classiques aux XVIIe et XVIIIe siècles,* Paris 1949
Jardins français créés à la Renaissance, Paris 1955
Naissance de Versailles: Le château, les jardins, Paris 1968

Martinet Marie-Madeleine, *Art et nature en Grande-Bretagne au XVIIIe siècle: De l'harmonie classique au pittoresque du premier romantisme,* Paris 1980

Masson Georgina, *Italian Gardens,* London 1961

Mauricheau-Beaupré C., *Palais et jardins du Grand Siècle,* Paris 1950

Neubauer E., *Lustgärten des Barock,* Salzburg 1966

Nobile B. M., *I Giardini d'Italia,* Bologna 1984

Racine M., *Architecture rustique des rocailleurs,* Paris 1981

Rohde Eleanor S., *The Old English Gardening Books,* London 1972

Shepherd John Chiene und Jellicoe G. A., *Italian Gardens of the Renaissance,* New York 1966

Siren Osvald, *China and Gardens of Europe of the Eighteenth Century,* New York 1966

Soldini F. M., *Il reale giardino di Boboli nella sua pianta e nelle sue statue,* Florenz 1789 (Neuauflage 1976)

Thacker Christopher, *The History of Gardens,* London 1979

Theurillat Jacqueline, *Les mystères de Bomarzo et les jardins symboliques de la Renaissance,* Genf 1973

Wiebenson Dora, *The Picturesque Garden in France,* Princeton 1978

Willis Peter, *Charles Bridgeman and the English Landscape Garden,* London 1977

Personen- und Sachregister

A

B

C

D

E

F

G

H

I

J

K

L

M

Abbildungsverzeichnis

Aufschlagseiten der Kapitel

Abbildungen

Literatur